働くための
社会制度

橘木俊詔　高畑雄嗣

東京大学出版会

Social Systems Which Enable All People to Work
Toshiaki TACHIBANAKI and Yuji TAKABATAKE
University of Tokyo Press, 2012
ISBN 978-4-13-040254-5

はしがき

現今の日本経済における最大の問題，特に国民の生活に関することに関しては，次の二つである．一つは，国民全員に仕事が与えられていない，すなわち失業者の数の多いことである．特に若者と高齢者に働き口がない．職が見つからないので求職をあきらめている人まで含めれば，潜在的には10人に1人は仕事がないほどの深刻さである．二つは，たとえ仕事のある人であっても低賃金，低所得で苦しむ人が多く，ワーキングプアとして認識される人が多いことである．このことは日本が格差社会，あるいは貧困大国に突入したことの証である．

本書の目的は，なぜ日本がここで述べた二つの問題で苦しむようになったかを探求し，そしてそれを解決するための望ましい政策を考えることにある．労働市場は企業や労働者の行動を誘導する様々な制度的特性，あるいは規制の影響を受ける．それらの制度や規制は，世界各国に共通なものがあるし，日本に特有なものもある．本書ではいくつかの制度的特性と規制に注目して，それらが日本の労働市場のパフォーマンスにどのような影響を与えているかを分析するとともに，それらの功罪を明らかにする．

具体的には，(1) 解雇規制，(2) 失業保険制度（日本では雇用保険制度と呼ばれる），(3) 最低賃金制度，(4) ワークフェアー政策，(5) 正規労働者と非正規労働者の併存，(6) ベーシック・インカム，などである．これまでの日本の労使関係の一般的な特色としては，(7) 年功序列制，(8) 終身（あるいは長期）雇用制，(9) 新卒一括採用方式，などがあったがこれらは変化の過程にある．本書ではこれらの諸制度と諸特性が雇用，失業，賃金，所得などにどのような影響を与えているかをていねいに分析する．

分析手法としては，主として次の二つの方法を採用する．第一に，日本と先進諸国における制度の実態と，多くの研究成果をサーベイすることによって，何がわかっているかを明らかにし，かつ何を知らなければならないかを追求する．第二は，日本の雇用，失業，賃金などのパフォーマンスを評価するに際して，労働市場を分析する際に有用な経済理論を援用して，これまで述べてきた制度や規制の効果を統計データを用いて数量分析を行うことにある．それを簡単に言えば，労働市場の理論的・計量的分析ということになる．

実証研究に際しての特色を述べておこう．統計データに関しては個人や企業のミクロ個票データを用いるし，推計方法もできるだけ最新の方法を用いて，実証結果に頑健性と信頼性を持たせるようした．

最後の目的は，できるだけ多くの人が働くことのできるような社会にし，そして低賃金で苦しむ人の賃金を上げるような政策を考えることにある．一つの方法として，非正規労働者を正規労働者に転換する政策や最低賃金をアップ政策が浮かぶが，ことはそう簡単には進まないことは事実である．例えば企業の支払い能力に限界があるし，企業経営にとってもマイナス効果が及ぶこともあるかもしれない．そこでこれらの制約をクリアーできるような，そして同時に労働者の勤労意欲を高めることのできるような政策を考えることにする．

当然のことながら企業と労働者が一体となって，ここで述べた目的に沿うような行動をすることに期待がかかるが，政府あるいは公共部門の役割が，これを背後から後押しする意味で重要なので，それらを政策として具体的に提唱する．

このように本書では，失業，貧困，低賃金など雇用にまつわる日本の現状を確認するとともに，それらが生じる理由を考察し，対策案を提示する．言うまでもなく本書に残っているかもしれない誤謬や，思想・主張に関することの責任は著者たちに帰するものである．

橘木俊詔・高畑雄嗣

目　次

図表一覧

I

望ましい雇用政策を考える

1

解雇規制と雇用保険の関係

1. はじめに

日本は企業が従業員を安易に解雇できない解雇規制の強い国とされる．これに関しては経済学者から賛否両論の意見があるので，それを概観する．解雇された労働者を生活苦に陥れないための制度として雇用保険制度がある．日本の雇用保険制度の特色を明らかにして，制度改革をどうすればよいかを議論する．

2. 解雇規制をどう評価するか

2.1 厳しい日本の解雇規制

企業が労働者を解雇することの困難性は，それを解雇規制と呼ぶが，OECDによると，日本では2003年時点で加盟国28ヶ国中の第7位となっており，解雇が簡単に実行できない国とみなせる．ポイントの高いほど解雇が困難な指標によると，もっとも解雇が困難なのはポルトガルとスウェーデンの4.0であり，逆にもっとも容易なのはアメリカの0.5，イギリスの1.3である．ちなみに日本は3.5となっている．詳しくは表1-1を参照してほしいが，算出方法は複雑なので原文に譲る．

この表から得られる興味ある点は，解雇規制の厳しいのはポルトガル・スペインなどの南欧諸国とスウェーデン・ノルウェーなどの北欧諸国ということである．福祉国家として有名な北欧諸国では，労働者保護の程度が高いことは自然に理解できるが，非福祉国家である南欧諸国で低いのは労働者保護の程度が弱いからである．日本を加えた南欧諸国では家族の役割を重視する共同体主義

表 1 - 1　常用雇用（正規雇用）の雇用保険指標（主要分野）の推移

	解雇手続きの不便性			帰責事由のない個別労働者の解雇の予告期間と解雇手当			解雇の困難性			常用雇用全体		
	1980 年代末	1990 年代末	2003 年	1980 年代末	1990 年代末	2003 年	1980 年代末	1990 年代末	2003 年	1980 年代末	1990 年代末	2003 年
オーストラリア	0.5	1.5	1.5 (8)	1.0	1.0	1.0 (8)	1.5	2.0	2.0 (6)	1.0	1.5	1.5
オーストリア	2.5	2.5	2.5(18)	2.0	2.0	0.9 (5)	4.3	4.3	3.8(24)	2.9	2.9	2.4
ベルギー	1.0	1.0	1.0 (3)	2.3	2.3	2.4(23)	1.8	1.8	1.8 (5)	1.7	1.7	1.7
カナダ	1.0	1.0	1.0 (3)	1.0	1.0	1.0 (7)	2.0	2.0	2.0 (6)	1.3	1.3	1.3
チェコ	—	3.5	3.5(24)	—	2.7	2.7(25)	—	3.8	3.8(24)	—	3.3	3.3
デンマーク	1.0	1.0	1.0 (3)	2.0	1.9	1.9(18)	1.5	1.5	1.5 (3)	1.5	1.5	1.5
フィンランド	4.8	2.8	2.8(20)	1.9	1.4	1.0 (8)	1.8	2.8	2.8(13)	2.8	2.3	2.2
フランス	2.5	2.5	2.5(18)	1.5	1.5	1.9(18)	3.0	3.0	3.0(15)	2.3	2.3	2.5
ドイツ	3.5	3.5	3.5(24)	1.0	1.3	1.3(12)	3.3	3.3	3.3(18)	2.6	2.7	2.7
ギリシャ	2.0	2.0	2.0(11)	2.4	2.2	2.2(22)	3.0	2.8	3.0(15)	2.5	2.3	2.4
ハンガリー	—	1.5	1.5 (8)	—	1.8	1.8(16)	—	2.5	2.5(11)	—	1.9	1.9
アイルランド	2.0	2.0	2.0(11)	0.8	0.8	0.8 (4)	2.0	2.0	2.0 (6)	1.6	1.6	1.6
イタリア	1.5	1.5	1.5 (8)	0.6	0.6	0.6 (3)	3.3	3.3	3.3(18)	1.8	1.8	1.8
日　本	**2.0(10)**	**2.0(12)**	**2.0(11)**	**1.8(13)**	**1.8(17)**	**1.8(17)**	**3.3(15)**	**3.5(22)**	**3.5(22)**	**2.4**	**2.4**	**2.4**
韓　国	—	3.3	3.3(23)	—	0.9	0.9 (5)	—	3.0	3.0(15)	—	2.4	2.4
メキシコ	—	1.0	1.0 (3)	—	2.1	2.1(21)	—	3.7	3.7(23)	—	2.3	2.3
オランダ	5.5	4.0	4.0(27)	1.0	1.9	1.9(18)	2.8	3.3	3.3(18)	3.1	3.1	3.1
ニュージーランド	1.3	1.3	2.0(11)	—	0.4	0.4 (2)	—	2.3	2.7(12)	—	1.4	1.7
ノルウェー	2.0	2.0	2.0(11)	1.0	1.0	1.0 (8)	3.8	3.8	3.8(24)	2.3	2.3	2.3
ポーランド	—	3.0	3.0(21)	—	1.4	1.4(13)	—	2.3	2.3 (9)	—	2.2	2.2
ポルトガル	4.0	3.5	3.5(24)	5.0	5.0	5.0(28)	5.5	4.5	4.0(27)	4.8	4.3	4.2
スロバキア	—	5.0	5.0(28)	—	2.7	2.7(25)	—	3.3	2.8(13)	—	3.6	3.5
スペイン	4.8	2.0	2.0(11)	3.1	2.6	2.6(24)	3.8	3.3	3.3(18)	3.9	2.6	2.6
スウェーデン	3.0	3.0	3.0(21)	1.7	1.6	1.6(15)	4.0	4.0	4.0(27)	2.9	2.9	2.9
スイス	0.5	0.5	0.5 (2)	1.5	1.5	1.5(14)	1.5	1.5	1.5 (3)	1.2	1.2	1.2
トルコ	2.0	2.0	2.0(11)	—	3.4	3.4(27)	—	2.5	2.3 (9)	—	2.6	2.6
イギリス	1.0	1.0	1.0 (3)	1.1	1.1	1.1(11)	0.8	0.8	1.3 (2)	0.9	0.9	1.1
アメリカ	0.0	0.0	0.0 (1)	0.0	0.0	0.0 (1)	0.5	0.5	0.5 (1)	0.2	0.2	0.2
(OECD 平均)	2.2	2.1	2.2	1.6	1.7	1.7	2.7	2.7	2.7	2.2	2.2	2.2

注）日本および 2003 年の（　）内は，点数の低い順（規制の弱い）から並べた順位（点数はデータ作成者が端数まで計算）．ただし，その後，雇用保護法制の見直し等が行われている国があるので，本表の数値は参考である．1980 年代末は指標が計算されていない国がある．

出所）*Buisiness Labor Trend 2007.* 7, p. 27; OECD *Employment Outlook 2004.*

思想が強いので，一度雇用した労働者は家族の一員のようなものとみなして，容易に解雇することは家族を切り離すことにつながることになり，できるだけそれを避けるという思想をもっているから，と解釈できる．

一方，解雇が容易なのはアメリカ・イギリスといったアングロ・サクソン諸国である．これらの国は経済の効率性を重視する国であることから，労働者を抱え込むということは企業経営にとって非効率となるので，労働者が不必要になれば費用節約のために解雇してもよい，という合意がある．これを「経営権の自由」を保障するという思想とみなしてもよい．

日本がなぜ解雇規制が厳しいかと言えば，ここで述べた共同体主義的な思想の果たす役割に加えて，年功序列と終身雇用が日本にとってふさわしい効率的な企業経営方式と信じられてきた伝統も影響している．英米とは異なった意味で経済合理性にかなった側面もあったと理解しておくべきである．

ところで，日本の解雇規制が強いことは，日本のマルクス経済学者を除いて，経済学者からの批判が強い．多くは英米流の規制緩和，競争促進，福祉削減，市場原理尊重といった政策を信じている経済学者が，その主張の一環として解雇規制の緩和を主張している．一言で要約すれば経済効率化を達成する目的から解雇規制が排除されるのである．代表例として八田（2006）を挙げておこう．

一方で法学者は必ずしもこれら規制改革派の経済学者とは同じ路線をとらず，労働法専攻の専門家を中心にして解雇規制の擁護派が主流である．そこで本章では，経済学者と法学者の意見の相違についても注意を払うことにする．

2.2　解雇規制のメリットはどこにあるか

一般に労働法の専門家には解雇規制の支持者が多いが，その根拠は市場に参加する労働者は企業と比較すると弱い立場にいるので，最低限度国家が介入して法律によって，弱い労働者を保護することが容認されるとするものである．働いている労働者が企業から一方的に解雇されるのは，生活権を奪われることになりかねないので，正に労働者が弱い立場にいることの証拠なのであり，なんらかの規制によってそれを阻止せねばならないということになる．一方で，労働者は働いている企業から自由に離職できることが許されている．これが容認されているのは，大量に離職されたら困るかもしれないが，少数の離職であれば企業はすぐに人員を補充できるのであり，企業が労働者よりも強い立場にいると解釈できるからである．

ここで述べたことを一言で述べれば，「労働は商品ではない」という思想に凝縮されよう．解雇された労働者は心理的に大きなダメージを受けるかもしれないし，長期間の雇用は人々に安心感を与えるメリットがある．あるいは解雇はたちまち収入源を失うことにつながりかねないので，労働者への影響が大きいのである．たとえ契約社会であっても，契約が破棄（すなわち解雇）されると，弱い立場の労働者は奈落の底に落ちるので，法律で保護すべしというのが，法学者の思想なのである．これら労働法学者の主張については，菅野（2008），諏訪（2009）が有用である．

解雇された労働者の心理的ダメージをどう処理すればよいか，あるいは安心感がどれだけ人々にとって重要なのか，本書でそれらを論じる余裕も資格もない．しかし，収入を失うリスクに関しての対応策はいくつかある．失業保険制度が充実していると，失業中の所得保障は可能であるし，解雇後すぐに新しい仕事に就くことができれば，失業を経験しないので収入源を失うことはない．これらについては後に詳しく論じることにする．

安心感が人々にとってどれほど重要であるかは，本来はもっと探究されねばならないテーマである．もし労働者に解雇の危惧がないのであれば，企業に報いようと一生懸命働くかもしれないし，逆に安心しきって怠惰になる可能性もあり，どちらがより現実性が高いかは，解雇規制をどう評価するかにとって重要だからである．これは職場における働き方を実地に検証してわかることである．著者たちは前者，すなわち解雇の心配がなければ人はよく働くという意見に同意するが，一方で解雇の可能性があれば人は解雇されないように頑張ることもあるので，断定はできない．

既に述べたように主流派の経済学者は，解雇規制は経済効率にとってマイナスと主張する．詳しいことは次節で論じるが，ここで主流派とみなせる経済学者から解雇規制を擁護する主張もあるので，それを簡単に述べておこう．それは中馬（1998），江口（2004）に代表される言説である．

中馬（1998）は企業が労働者に訓練投資（それはOJTに代表されるもの）を行うことに注目して，解雇が頻繁に行われると，企業は企業に特有な人的資本を失う可能性が高まり，投資した訓練費用を回収できないどころか，有能な人を失ってしまうリスクすらある．その一方で，解雇を含めた転職が容易になれば，企業は従業員に訓練を施さない可能性が高まり，生産性の低い労働者を多く抱え込む可能性がある．これらをまとめると，解雇規制があることによって，訓練投資が労働者に高い生産性をもたらす可能性の高いことを評価するのである．

江口（2004）は中馬（1998）と同様に，企業に特殊的な人的資本の役割を重視するが，異なった視点からも解雇規制を擁護する．その論拠は，解雇には高い取引費用がかかることに注目して，できるだけ労使が解雇を避けたいと希望する．解雇されないために労働者は不況のときには低い賃金支払いを容認するだろうし，とくに訓練中の低い賃金をもよろこんで受け入れることのメリットに注目する．企業側はこの低い賃金を受容した労働者に報いるため，不況期にあっても解雇することを避けるだろうと考えるのである．

これら中馬（1998）と江口（2004）の経済的な考え方は，最近の企業理論において有力な学説となっている「不完備契約理論」に立脚して解釈可能であることが，常木（2006）によって示されている．もっとも常木（2006）は中馬や江口の論理を批判していることを強調しておこう．福井（2006）も常木と同様に，中馬・江口を批判しているが，ここではこれらの批判を取り上げることは控える．

もう一つの経済学からの解雇規制擁護論は，大橋・中村（2004）による効率賃金仮説を適用したものである．効率賃金仮説とは，賃金が高くなると労働者が勤労意欲を高めるので生産性が上昇すると考える．逆に賃金を下げると生産性が下落するので，企業にとっては好ましくない．この理論を想定すると，企業は賃金を下げようとしないことから，解雇規制の存在がかえって解雇者の数を減少させることにつながるので，労働者にとっても企業にとって失うものは小さくなることを明らかにした．この論理に対して久米（2006）は反対論を展開しているが，福井（2006）と同様にこれに関して言及しない．むしろ本書では解雇規制を緩和せよ，あるいは撤廃せよ，という主張の論理そのものに関心を集中する．

2.3　解雇規制のデメリット

解雇規制が存在することによるデメリットに関しては，多くの経済学者が主張していることであり，ここでは誰が何を根拠にどのようなデメリットを述べているかということには関心を寄せず，それらをまとめて一括してここで論じてみたい．解雇規制が経済の非効率化をもたらし，かつ格差を助長する恐れがあると主張している文献は，奥平（2008）や奥平・大竹（2008）のほか，福井・大竹（2006）に含まれているほとんどの論文であり，あえてここでは個々の著者については言及しない[1]．

その前に，企業が労働者を解雇したいと思うのはどのような状態にあるときか，ということを理解しておく必要がある．それは次の三つの状態に要約される．

(1) ある企業の製品やサービスへの需要が低下して，売上げが減少することによって，その企業が過剰人員を抱えたとき．
(2) 特定の企業とは無関係に，景気の悪化によって需要全体が不振に陥って，売上げが低下したとき．
(3) ある特定の従業員の生産性がかなり低いとわかったとき．

ここで（1）と（2）の違いは，どちらも企業の売上げが減少したことに変わりないが，（1）はその企業に特有の事情，（2）は経済全体，あるいはその企業が属する産業全体の事情なので，影響力は異なるので敢えて二つに区分している．でも繰り返すが，需要の低下という意味では共通である．

これら３つの事情が発生すれば過剰人員を削減したいため，あるいは生産性の低い人を職場から外すため，従業員を解雇したいと企業は考えるであろう．

---

1)　海外ではLazear（1990）による先駆的研究以来，雇用保障の程度を指標化して就業率や失業率に対する影響が検証されてきたが，明確な結果は得られていない．近年は欧米を中心にミクロデータを用いた研究が進み，新たな分析手法も用いられるようになったが，いまだに雇用率や失業率に対する解雇規制の効果に関しては明確にはなっていない（Miles 2000; Autor 2003; Autor, Donohue and Schwab 2006）．

しかし，法律あるいは慣習によって解雇が困難であるなら，企業は解雇したい候補者を企業に抱え込むであろう．これらの労働者を抱え込むことのデメリットが，即解雇規制のデメリットと考えてよい．ところで一昔前であれば，労働者を抱え込むこと（それをレーバー・ホーディングと呼ぶ）をむしろメリット，ないし良い政策と考えたこともあった．簡単に労働者を解雇すれば，一時的に景気が悪いことによる (2) の要因ならば，その後景気回復したときに人員が再び必要となり，新しく人を雇用せねばならない．そうするよりもしばらくの間でも，労働者を抱え込んでおいて，それらの人が再び生産に従事した方がよいことが多いからである．景気の振動に応じて，人を頻繁に採用したり解雇したりするよりも，同じ人を雇用し続けた方が結局は費用の節約や生産性の維持に役立つと考え，合理的であるとみなすからである．

労働者の抱え込みを日本の企業がなぜ進んで行っていたかをまとめておこう．

(1) 新規採用や解雇には取引コストがかなりかかるが，抱え込みはこの費用を節約できる．ただし，労働者を抱え込むことにも費用がかかる，すなわち生産に貢献しない分の労働費用の負担がある．少なくとも今までの企業は前者の費用が後者の費用を上まわると判断してきたので，多くの企業が解雇せずに，労働者を抱え込んできたのであった．

(2) 解雇すれば従業員がその企業で蓄積した技能を生かせないが，労働者の抱え込みは，景気が回復すると再びそれらの人の技能をその企業で十分に生かすことができる．

(3) 解雇を頻繁に実行する企業は，悪名を世に知らしめることになりかねず，有能な人がその企業に応募してこないということを恐れた．

(4) 労働者側にもできるだけ一つの企業で長く働きたいという希望が強かったので，景気の悪いときでも耐えてその企業にいたいと考えた．したがって，そのようなときに労働時間の短縮や賃金，あるいはボーナスのカットも受け入れたのであった．

このような理由によって日本企業の多くは労働者を抱え込んできたのである．これはできるだけ労働者を解雇しない，という方策を間接的であっても支持することにつながるので，解雇規制を容認する一つの根拠となっていた．現代において企業はどの程度の労働者を抱え込んでいるのだろうか．2009年度の経済財政報告（通称・経済財政白書）によると，2008年の1～3月期において最大38万人であったが，リーマン・ショックによる大不況への突入で，09年1～3月期において最大607万と激増したのである．これらの人が失業者となれば，失業率は10%に達したのであろうが，抱え込みによって5%台に抑えられているのである．

しかし，時代は進んで長期雇用制よりも労働流動化説への支持が強くなり，解雇もやむなしという雰囲気を生むこととなり，解雇規制の緩和や撤廃が主張される時代になったのである．これを主張する論者は，解雇規制のどこにデメリットを見出しているのであろうか．

(1) 企業にとって解雇が容易でないのなら，抱え込む労働者の数が増加することになる．それを避けるため，新規の労働者の採用をできるだけ抑制しようとする．これは失業者の増加をもたらすし，高校や大学を卒業して就職を探す新卒者にとって不利となる．

(2) 解雇規制の恩恵を受ける人は主として正規労働者なので，比較的その規制がおよばないパートタイマー，派遣社員，雇用期限付き労働者などのいわゆる非正規労働者を企業は多く雇用しようとする．正規労働者と非正規労働者の間で賃金や労働条件などの格差は大きく，これが日本を格差社会に導いた一つの大きな理由となった．

(3) 解雇規制が厳しければ，生産性の低い人の解雇が困難なので，どのような人を採用するかを巡って企業は慎重となる．すなわち誰を採用するかは企業にとってリスクの高いことなので，正規雇用者の採用を縮小する．これがまた非正規労働者の採用を増加させる要因となる．

(4) 採用のときに労働者の生産性の見極めが困難だけに，基準として性別，学歴，コネといった情報に頼る傾向がある．性別に関してはこれが「統計的差別」として生きているし，学歴に関しては「指定校制度」で代表される学校名にこだわる姿勢になるし，コネは「採用失敗のリスク」を最小にするか，「失敗のツケをコネ提供者に押しつけることができる」といった目的もある．別の言葉で言うなら，男性，高学歴者，コネなどを基準にすれば，過去の採用経験から評価すると，生産性の低い人や，やる気のない人を雇用するという間違いが少ないのである．しかし，こういう採用方法は特定の人を優遇することになるから，望ましくないと批判する．

(5) たとえ怠ける人がいたとしても，解雇規制があれば労働者は職を失うことはないので，それらの人は努力したいという意欲をもたないことがある．これは企業の非効率化につながるので望ましくないとみなせる．

これら五つのデメリットに関して，コメントなり対応策を述べておこう．

(1) の失業者の増加と新規学卒の不利益について

解雇規制が厳しければ，企業は新規採用を控えようとするので，求職者が職を見つけることができず，失業者が増加するという指摘は間違いではない．それが特に新規学卒者に影響大であることは，新規学卒の一括採用の伝統がある日本では深刻な問題である．しかしこの論理は，解雇規制があることによって失業者が企業から排出されない事実（労働者の抱え込みもその策の一つ）と比較せねばならないことである．新規採用を控えるということは，逆に企業から解雇されて失業する人の数を抑制する効果があるので，この両者の正と負の効果を相殺する必要がある．もしその相殺が正であれば前者の影響力がより強いことを意味するので，失業者が純増することになる．この場合には解雇規制の負の効果を削減するために，緩和策が求められる．

一方でもし相殺効果が負であれば，解雇規制が失業者の増加を阻止している効果がより強いと判断できるので，解雇規制のあることが失業者を生み出しているとする解雇規制緩和論者の主張は論拠が薄弱となる．前者と後者の効果に関して，どちらが優勢であるかは実証研究の成果を待たねばならない．あるいは求職中の新卒生と既に雇用されている人のどちらを優先するか，という問題である．学界においても，この両者を同時に考慮して比較した研究例を知らないので，解雇規制の存在が純粋に失業者の数を増加させているかは断定できない．ここで主張したかったことは，解雇規制が失業者を生み出していると主張する論説に対して，それを主張するには逆に企業から失業者を排出していない効果をも考慮する必要がある，ということである．もう一つあえて加えれば，もし解雇規制を排除して，企業が従業員を解雇し始めたとき，同時に新しい人を雇用するのか，という危惧がある．過剰雇用だから解雇したのであって，同時に新規採用を控えるのではないか，というのがここでの危惧である．ついでながら，現在は過剰雇用でなくとも，将来景気が悪くなったときに，もし解雇規制が強ければ解雇が困難なので，新規採用を控えるということもありうる．

むしろ新規学卒者の採用控えへの効果は，潜在的には深刻な問題とも言える．これから社会に入って勤労生活を始めようとする新卒者に，最初から仕事がないというのは，酷なことだからである．しかし，既に述べたように，解雇規制を緩和したとき，解雇を始めた企業が新卒者の採用を同時に実行するかと問われれば，長期人材確保の必要性から少数の新卒者を採用するかもしれないが，解雇者の数と同数の新卒者を採用するとは思えない．したがって，解雇規制の緩和が新卒生の採用控えを阻止する効果は，限定されたものにすぎないと言える．なお日本で学校から就職への移行に関しては橘木（2010a）参照．

(2)（3）の非正規労働者の増加と格差拡大について

解雇規制が厳しいと，企業は解雇のやりやすい非正規労働者の数を増加する結果，日本で深刻な格差社会を生む一つの要因になったとの指摘はどうだろうか．これについては，前者の論理すなわち解雇規制によって，企業は非正規労働者へのシフトを起こしたことは事実である，と言えよう．しかし，非正規労働者の増加の原因を正規労働者への解雇規制だけに帰することはできない．非正規労働者の賃金費用が低くてすむとか，非正規労働者は社会保険に加入していない場合が多いので，社会保険料の企業負担分を節約できるというメリットを企業が感じていることが大きい．

後者の格差への影響であるが，たとえ非正規労働者の数が増加したとしても，正規と非正規労働者の間で賃金や他の労働条件の格差が小さければ，格差拡大を招かないことに留意したい．換言すれば，深刻な格差問題の原因はあくまでも正規と非正規労働者の間での大きな処遇の格差に求めるべきであって，解雇規制の存在が格差拡大をもたらしたとの主張には根拠が薄い．もっとも，解雇規制が非正規労働者の増加に寄与した，ということまで完全否定するつもりはない．

この分野で興味あることは，解雇規制が格差拡大を生んだ原因になっているとする論者，それは主として規制緩和，競争促進といったいわゆる新自由主義ないし市場原理主義の思想をもった人に多いが，それらの人々は別のところで経済効率を達成するには格差拡大やむなしと主張している場合が多い．例として福井・大竹（2006）の書物の中での執筆者を挙げておこう．

一方で格差拡大を容認しておきながら，他方で解雇規制が格差拡大を生んでいるから解雇規制の緩和を主張しているのは，やや論理の矛盾がある．なぜなら，解雇規制があるから格差拡大につながったにせよ，格差拡大を容認するなら解雇規制を批判するのは筋違いではないか，と言えなくもない．換言すれば，解雇規制が格差拡大の原因となっているから，解雇規制をやめるという主張をせずに，他の論理を用いて解雇規制を批判するのが正当である．

(4) の採用基準が公正でなくなることについて

企業が人を新規に採用するとき，候補者の資質や生産性を短期間で見極めるのが困難であることは確実であると言えよう．資質や生産性を観察する期間を確保するため，試用期間という制度をもっと活用してよい．現にこの制度は存在しているが，運用がうまくなされていないとも言えるのである．

採用基準として性別，学歴，コネといったものが重視されかねないという批判に関しては，次のようなコメントが用意できる．性別に関しては，男女平等は既に市民権を得た原則とみなせるので，この原則を貫徹する施策が望まれる．学歴に関しては，候補者がどのような教育を受け，どのような資格なり技能を保有しているかの証拠の一つになるので，採用基準から外せとまでは主張できない．むしろ入社後は，その人の学歴を履歴から外して，本人の働きぶりだけで人事評価を行うべき，と主張しておきたい．コネに関しては，これを用いることは不公平なので，好ましいことではない．

(5) の怠惰になる可能性について

解雇規制があれば企業は労働者をクビにできないと予想して，労働者は安心しきって旺盛な勤労意欲はもたないだろう，というのはその通りである．すべての労働者がそうだと述べないが，一部にそういう労働者が出てくるのは，人間の性（さが）として避けられない．これを阻止するための有効な政策は，人事評価・管理を公正，かつ厳格に行って，怠ける人や意欲のない人には低い処遇（遅い昇進や低い賃金）で対応するしかない．もっとも低い賃金といっても，食べられない賃金にまで下げることは許されない．

3. 雇用保険制度の効果

失業保険制度（日本では雇用保険制度と呼ばれているので，これより日本を語るときはそのように呼ぶ）は，労働者が失業したときに所得を失うことになるので，勤労中に保険料を支払った財源を基に，所得保障の手段として失業者に支給する制度である．労働者と雇用者の拠出した保険料に加えて，国庫（すなわち税金）も失業給付に使われる．

解雇規制との関係で言えば，もし雇用保険制度が充実しておれば，労働者はたとえ解雇されて失業したとしても所得保障があるので，厳しい解雇規制を緩和しても労働者への実害は少ない．よって雇用保険制度の充実していることが，解雇規制緩和の条件になるのである．日本の雇用保険制度を評価して，どれだけ解雇規制の緩和への前提となりうるかを考えるのが，ここでの目的の一つと言ってよい．

3.1 日本の雇用保険制度の評価

日本の雇用保険に関する関心と分析は，1990 年代と 21 世紀の初頭に集中した．その時期は失われた 10 年と呼ばれたバブル後の大不況期だったので，失業率も最大 5.5% まで上昇したことにより，失業に関する関心も高まり，そのセーフティネットである雇用保険の役割への注目が高くなったのである．代表例として，大日（2002a），小原（2002），橘木（2000，2002），八代（2001）を挙げておこう．その後日本経済がやや回復したので，失業は大きな関心を失ったが，2008年のリーマン・ショックを機にした大不況で再び失業率は上昇の気配にある．

これらの文献から得られた主たるメッセージは，次のようにまとめられる．

(1) 日本の雇用保険制度は他の先進国（特にヨーロッパ大陸）と比較すると貧弱である．特に制度に加入する労働者の比率が半分前後しかおらず，しかも失業者の約4割前後しか失業給付を受けておらず，かつ給付期間も短いという状況だった．換言すれば，制度の恩恵に浴する人の数とその質がきわめて不十分だった．

これはおおよそ8～9年前のことであるが，この貧弱さはその後深刻さを増している．例えばILO（国際労働機関）は最近の情報として，失業者のうち失業給付を受けられない人の比率を国際的に比較した結果を公表した．それによると，日本は77%で先進国中の最悪の水準にあるとした．他の国ではアメリカとカナダが57%，イギリス40%，フランス18%，ドイツ13%という状況であり，日本の失業保険制度は際立って貧困であることがわかる．

このような貧困な制度をもたらした理由は橘木（2002）に詳しいが，最大の理由は雇用契約期間が1年未満の労働者に制度への加入が排除されていることにある．この間日本の労働者の間で非正規労働者の数が激増したことはよく知られた事実であり，その人々が雇用保険制度に加入できないことが大きく影響した．

さすがにこれでは雇用保険制度がセーフティネットとして機能していないと政府も認識することとなり，雇用契約期間1年の条件を半年に短縮する政策を最近導入した．これにより少数の人は制度に加入することになろうが，大勢に変化なしというのが専門家の一致した見方である．

(2) 雇用保険制度に加入する労働者の数が非常に限られているということに加えて，加入者の受ける便益（すなわち失業給付の額や給付期間）が小さいということがある．すなわち保険制度自体の規模が小さく，特にヨーロッパ諸国と比較するとその劣位が目立つのである．これは日本の失業率が過去は低かったので，そもそも規模の大きい失業保険制度を用意する必要がなかったというのも一つの理由であるが，日本全体の雰囲気として手厚いセーフティネットは不要とみなしてきた日本社会の風土にも依存している．

(3) 八代 (2001) を中心にして，日本の雇用保険制度は失業者への失業給付金制度もさることながら，諸々の補助金や助成金が雇用に貢献した企業に支給されていたことが指摘される．さらに，雇用保険における三事業と呼ばれたように，雇用安定，能力開発，雇用福祉といった事業にかなりの資金が投入されていた．いわば失業者への所得保障という役割以外の分野に，かなりの額が保険料を財源にして支出されていた．だからこそ失業保険制度と呼ばずに，雇用保険制度と呼んだのである，と解釈が可能である．

(4) 大日 (2002a)，小原 (2002) で代表されるように，失業給付があることによって，失業者が求職活動を積極的に行わないということが指摘されている．これは保険制度のもつモラルハザードと呼ばれるもので，制度を悪用する人が必ず存在するという問題である．いわば失業保険制度の存在が失業率を高めたり，失業期間を長くする効果があるというもので，日本のみならず欧米諸国ではこの問題が深刻であるとみなされてきた．

もしこのようなモラルハザードが深刻なら，日本においても雇用保険制度を今以上に手厚くする政策は勧められないが，制度の恩恵を受ける人の比率が小さいのであれば，そのようなモラルハザードの発生を予期する余地がない，と言った方が賢明である．ごく少数の人がモラルハザードを発生させているかもしれないが，それよりもまずは恩恵を受けることのできる人の数を増加させることが，日本の場合には急務なことなのである．

このような労働者のモラルハザードを回避する方策はいくつか考えられる．例えば，失業期間中の求職活動を徹底して監視するとか，失業してから失業給付を受領してそれが満期に達したら，そのまま労働市場から退場する人を防ぐ，といったようなことが期待される．とはいえ，これらのことを実行するには手間と費用のかかることは避けられないことを覚悟せねばならない．

これに関してアメリカの採用している政策は一つの参考になる．アメリカでは失業保険料の拠出は企業のみが行い，労働者は保険料の拠出をしない制度である．そのかわり，労働者が意図的に離職して失業者になったときには失業給付はなされず，失業給付がなされるのは倒産や過剰雇用といったように企業主導での失業者に限定される．この制度だと労働者にモラルハザードが発生する余地はないのである．

ただしこの制度では，企業にモラルハザードが発生する可能性がある．なぜならば，企業は労働者を解雇しても失業給付があるので，生活苦にならないと判断して，容易に解雇や一時帰休（レイオフ）を実行するかもしれない．あるいは企業としては拠出した保険料の回収を図りたいがために，必要以上に解雇・一時帰休に走るかもしれないのである．アメリカではこのことがかなり深刻で，例えばFeldstein（1976）の有名な論文によると，アメリカでは失業保険制度の存在が一時帰休をかなり増加させていると主張している．企業のモラルハザードを無視できないことがわかる．

日本において雇用保険制度の保険料負担を企業だけに限定することは避けるべきだと判断するので，アメリカのような制度にする必要性はない．他の先進国のほとんどにおいて，保険料負担は労使の双方であることも，そのことを主張する根拠である．もう一つの根拠は，日本では解雇規制があるということではなく，解雇そのものがまだ多くないので，企業にモラルハザードが発生していると考えにくい．むしろ企業倒産による離職は増加しているが，これは企業のモラルハザードとは考えにくい．

もっとも企業倒産とはいえ，企業によっては意図的に倒産に走ることがあることも否定できない．黒字でありながら諸々の理由によって倒産するケースや，意図的に倒産して再興を図るケースがあることから，これが予想できる．このような場合は企業によるモラルハザードとみなせる．

日本では労働者のモラルハザードを深刻とみなしていることから，失業給付期間の決定において，労働者主導の失業と企業主導の失業との間で，前者による期間が後者によるそれよりも短く設定されていることを付言しておこう．すなわち，企業主導の失業であれば労働者に責任がないのであるから，より長い失業給付期間を設定しているのが日本の制度であり，労働者主導であれば，短い給付期間を設定して，労働者にペナルティ（罰）を課しているのである．

3.2　貧困な雇用保険制度のもつ意味

日本においても多少のモラルハザード，すなわち雇用保険制度の存在が失業率を高めたり失業期間を長くしたりする効果が，やや見られることは否定できないが，基本的に言えば失業保険制度がセーフティネットとして機能しているとは言い難い．換言すれば，もし失業すれば所得を失って，生活苦が待ち受けている可能性が高いのである．

なぜ生活苦に陥るのか，次の情報によってそのことが推察できる．失業期間中の生活費をどのソースから調達しているか，という問いに対して，失業者の63％が預貯金の引き落とし，51％が失業保険給付と回答している（橘木(2001）参照)．預貯金の引き落としと回答している人がもっとも多いのは，雇用保険制度に加入していない人の比率が高いことの傍証になっていると言ってよい．

次に失業保険給付によると回答している人が続いているので，かなりの人が生活上の資金を雇用保険制度に頼っていることがわかる．しかし，これら失業者の61％が給付額の低さ，40％が給付期間の短さを表明しているので，たとえ雇用保険制度の恩恵を受ける人であっても，生活を十分に保障する制度ではないと認識していることがわかる．

これらの情報から得られる帰結は，既に述べたような，日本の雇用保険制度は失業者の生活苦を補うセーフティネットとして十分に機能していない，ということを確認することになる．この事実が真であるなら，解雇規制を緩和してもし失業者の数が増加することがあれば，生活苦に陥る人の数が増加することにつながるのである．

このことは二つの政策含意をもたらす．一つは，解雇規制を緩和して失業者の増加を容認するのなら，同時に雇用保険制度を今以上に充実させる政策を導入せねばならない．もう一つは，もし雇用保険制度の充実策を導入できないのであれば，解雇規制の緩和策は時期尚早ということである．

どちらの方策を採用するかはこれからの検討課題である．最悪の選択は，雇用保険制度を充実せずに，解雇規制だけを緩和する政策の採用である．この選択は失業者の増加のみならず，生活苦に陥る人の数を増加させるだけだからである．

この選択に関する著者らのスタンスは，第一の方策，すなわち雇用保険制度の充実策である．日本の失業保険制度が諸外国と比較して貧弱である事実を是正するためにも，この方策が必要である．さらに，失業したときのセーフティネットとして生活への安心感を賦与することの必要性が高まっていることも，もう一つの根拠である.

そのための具体策としてはどのようなものが考えられるだろうか. 例えば, 多くの非正規労働者が雇用保険制度に加入できるように, 雇用契約期間は半年に短縮されたが, それをもっと短期間にすることが考えられる. さらに1週当たりの労働時間が20時間という条件をもう少し短くしてもよい. ただし, 労働者主導か, 企業主導かの区別を大切に考えて, 労働者主導で離職して失業に至る人には, ペナルティを強化することはあってよい. できるだけ保険制度のモラルハザードを小さくする策は必要だからである.

これまでの日本の雇用保険制度は, 本章でも述べてきたように, 失業給付に用いられる以外の様々な政策の財源に支出してきたが, 失業給付を中心にした制度に変換する必要がある. 職業訓練やその他の支出については, 雇用保険制度の保険料収入を財源にせず, 他の財源からの支出を考えるべきである.

もう一つの代表例は, 雇用保険制度の財源から育児休業時における賃金補償に転用しているが, 育児休業や子育て支援のための財源は, 他の新しい制度ないし財源から調達すべきと考える. 育児休業中は確かにその間の所得がなくなるので, 所得保障策が必要であることはその通りであるが, 通常の失業と性格が異なるので, 別建ての支援策が必要であると考える.

4. むすび

日本の解雇規制の程度は他の欧米諸国と比較すると強いというのは事実である. 一方で雇用保険制度は充実していない. 労働者が解雇されても失業保険給付が充実していれば, 解雇による生活苦は深刻ではないと言えるので, 日本の解雇規制が存在する一つの理由が, 貧弱な雇用保険制度にあると述べることができる.

本章ではまず雇用保険制度の充実を主張する. それも具体的な改革を提言する. もし改革が成功すれば, 解雇規制の緩和を可能とするし, 雇用の流動化に貢献する. ただし, 安易な解雇を容認すると労働者の生活のみならず, 労使関係の安定化にとってマイナスなので, 慎むべき点もある.

2
最低賃金制度の充実は最高のワークフェア政策

1. はじめに

日本の最低賃金額が異様に低いことが，国民の間でかなり認識されるようになった．いわゆるワーキングプア（働いても生活苦に悩む人）をなくすために，最低賃金（最賃）を上げることは，ワークフェアの政策としてもっとも果実の大きい政策であるが，民主党政権になって少し上げられたとはいえ，なかなか大幅に上げる政策が導入されない．その上げられない理由を探究することと，では最低賃金を上げるにはどうすればよいか，ということを議論してみたい．

2. 日本の最低賃金がいかに低いか

最低賃金制度とは，国民すべてが文化的な最低水準の生活が送れるようにと規定している憲法の精神に即して，これだけの賃金支払額がないと生活できないと法律で決められた，賃金の最低額である．最低賃金の額ではたとえフルタイムで働いたとしても，生活できないことはよく知られるようになった．

伊藤（2009）と伊藤の論文掲載の書物の中に，様々な人が最低賃金の月額収入で実際に生活した体験記が載っている．その額で生活できなかった事実が赤裸に記述されている．詳しいことはその書に譲るとして，最低賃金で生活できないことは明白なのである．

著者の一人である橘木も2007年に，NHK京都支局が行った最低賃金だけで生きていけるかどうかの実験計画に参加したことがある．ほとんどの人が食べていけなくて，途中で脱落したという結果で終結した事実に接して，番組で

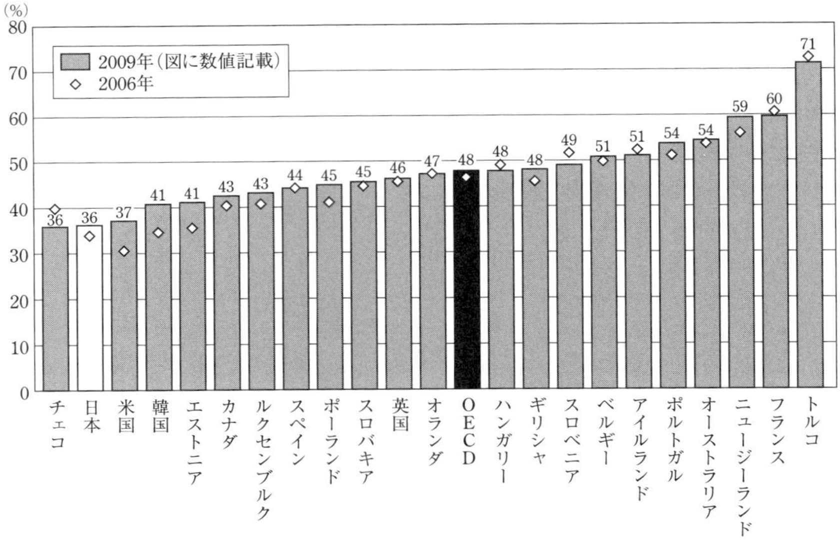

図 2－1　最低賃金の国際比較（最低賃金の中位賃金に対する比率（OECD 諸国）2009 年度）

出所）OECD, *Economic Policy Reforms* 2011 年.

コメントをした経験があるので，実態をよく知っているつもりである．

最低賃金では食べていけないことを証明するもう一つの有力な証拠は，政府の支給する月額の生活保護支給額よりも，最低賃金の 1 ヶ月分の方が低いことにある．生活保護制度とは，政府がその地域で月額これだけのお金がないと食べていけないと公式に認めている額であり，それと比較してそれより低い収入しかない人に対して，現金支給する制度である．この政府による生活保護基準額より低い額が最低賃金なのであるから，最低賃金では食べていけないことを，政府が間接的に認めざるをえないことを意味している．

この事実を他の先進国との比較に基づいて，日本の位置を確認しておこう．図 2-1 は OECD 諸国における最低賃金の比較である．具体的にはその国の中位賃金との比較で最賃が何％であるかを示したものである．日本が最低比率であることから，最賃額も他国と比較すると正に最低額にあることがわかる．ヨーロッパ諸国の多くの国が 1 時間当たり 1,000 円を超しているのに対して，日本は平均で703円であり，いかに低いかを示している．

3. なぜ低い最低賃金が容認されてきたのか

こういう状況が明らかになれば，最低賃金のアップは労働者の生活を守るためにも必要な政策となる．政府もようやく重い腰を上げて，最低賃金のアップの必要性を認識するようになり，前向きの姿勢にある．しかし，労使とも，特に経営側は必ずしもこの姿勢に対して協力的ではない．ところで日本において低い最低賃金がなぜ容認されてきたのであろうか．それから議論を始めてみよう．有力な二つの理由がある．

第一は，最低賃金あたりで働く人は主として既婚女性のパートタイマーか若者なので，夫や親が背後にいるから生活に困らない，とみなされてきたことにある．低い賃金でも生活に困らないので，文句もないだろうと思われてきた．しょせんは小遣い稼ぎのパートタイマーなので，高い賃金は不必要と発言する経営者のいることからも，これがわかる．

第二は，最低賃金を上げると雇用が減少しかねないし，企業倒産に至ることもあるので，それを避けるために経営側への配慮が強かったことがある．

第一の点に関しては，日本が離婚率と未婚率の上昇傾向を示していることにより，母子家庭の数が増加し，30代のフリーター，非正規社員の数が多くなっている時代である．1人の勤労所得だけで食べていかねばならない人が増加しており，その人々の生活苦はワーキングプアとして多く存在する時代となった．最低賃金を上げることは，人々の生活を保障するために必要となっている．

第二の点をもう少し補足的に説明する必要がある．最低賃金額を決めているのは，中央と地方の最低賃金審議会であるが，その構成メンバーは経営側代表，労働組合側代表，中立委員の三者である．その会合において経営側は常に「最低賃金を上げれば，企業倒産につながるので反対する」と主張してきた．この主張に労働側，中立側も同調することが多かったので，結果として最低賃金は低く抑えられてきたのである．

もう一つの論理は，最低賃金を上げると雇用を削減せざるをえず，失業者が増加してもよいのか，という主張がなされて，雇用を重視してきた労働側・中立側もこの主張を受け入れてきた背景がある．これは直観的にも，経済学的にも受け入れやすい論理なので，少なくも現在まではこれに対する異論は表面化しなかった．

この二つのもっともらしい論理，すなわち企業倒産の恐れと失業者の増加という根拠は，統計的事実として審議会で提起されたことは少なく，ほとんどが直観に合致する論理として多くの関係者が暗黙の上で認識していたにすぎないのである．たとえば，最低賃金を5％上げれば，企業倒産数はどれだけになり，失業者数がどれほど増加するのか，といったことをほとんど検証せずに，これらを直観的に恐れて最低賃金の抑制が図られてきたのである．

日本の経済学者の怠慢により，いやむしろ関心のなさと分析のできるデータの利用不可能性により，これらの効果がわからないまま，審議会は三者の勢力争いの場となって，数字抜きで議論していたのである．さらに，この二つの論理は，一見正しいように映るので，繰り返すが誰からもあからさまに反論されなかったことも大きい．

4. 最低賃金のアップは雇用を減少させるか

最低賃金が高いと雇用が削減され，失業者が増加してもよいのか，というもっともらしい論理は日本でも援用された結果，最低賃金は抑制されてきたが，この論理はもっとも初歩的なミクロ経済学で説明できる．図2-2はそれを示したものである．労働の需要・供給関数を想定しよう．ここでは生産物市場も要素（労働）市場も完全競争を前提としている．

労働需要と供給の均衡する点Aであれば，雇用はON_eであり，そのときの賃金はW_eとなる，このときは市場に失業者は存在しない．最低賃金制度が導入されて，それがWmに設定されたとしよう．そのとき雇用はON_mに低下するので，失業者の数はBCとなり，最低賃金の存在が失業者を生む結果となる．ごく初歩の経済学によって，最低賃金が失業の増加につながる論理が説明できる．

この論理は，実はケインズが非自発的失業の発生メカニズムを説明したものと同じである．ケインズは労働組合の存在によって賃金に下方硬直性があると

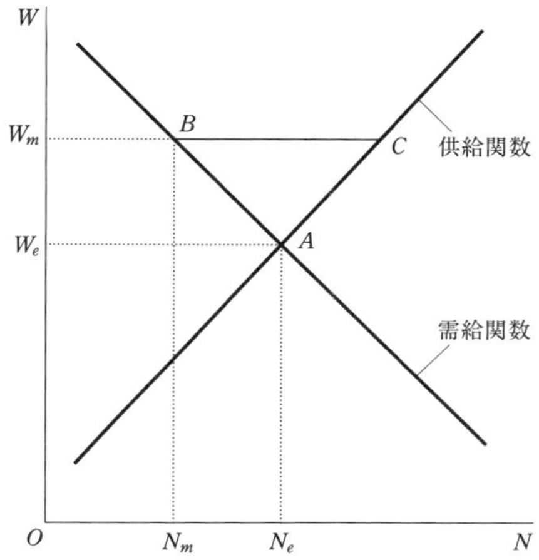

図 2-2　最低賃金が雇用と賃金に与える効果

して，図 2-2 を用いると，本来ならば賃金が W_e まで下降するところを，労働組合の圧力によって W_m に上げどまりすることを考慮した．このときに失業者数の BC が発生するところとなり，ケインズはこれを非自発的失業と称した．

最低賃金の存在が失業を生むのは，この非自発的失業の発生と同じ論理で説明できるのである．ここで注意したい点は，もし法律による最低賃金が W_m ではなく，W_e に設定されるのなら，失業者の発生はないことである．したがって，経営者，労働組合，中立委員の三者が決めている日本の最低賃金審議会が，もし最低賃金を W_e に決めているのなら，最低賃金が雇用を削減することによって，失業の発生につながる，という事態はないのである．ところが問題は，賃金が W_e であるなら，ここまで述べてきたように日本では労働者は食べていけない可能性が高いのである．

ここまでの説明では，市場が完全競争にあることを前提にしていたが，実は最低賃金の存在が雇用を削減せずに，逆に上昇させる場合のあることが，経済学のミクロ理論でわかっている．それは需要独占（monopsony）の状態にあるときで，市場に一つの企業しか存在せず，すなわち雇用主は 1 社しかない場合である．このときには最低賃金は雇用を上昇させるので，最低賃金制度は望ましい制度となるのである．

このメカニズムを簡単に説明しておこう．需要独占の企業はその価格支配力によって，本来ならば雇用を削減し，賃金も低くすることができ，そのときに利潤も大きくなる．しかし最低賃金制度の存在によって，最低賃金以下の賃金支払いができなくなるので，雇用を削減して賃金を下げる政策をとれなくなる．そうすると企業にとっては雇用を増加して産出量を増大した方が利潤の増加につながるので，最低賃金の存在が雇用の増加を生む論理の成立である．

最低賃金制度が雇用を削減するかどうかは，このように労働市場が完全市場にあるか，それとも需要独占市場にあるかによって，結果が異なることがわかる．換言すれば，最低賃金が雇用を削減して，失業の発生につながるという論理でもって，この制度に反対する論者は，要素（労働）市場がどのような状態にあるかを見極めてから，そのような主張をすべきなのである．

この需要独占モデル以外にも，労働市場が不完全であるために最低賃金制度はむしろ雇用量を増やし，なおかつ賃金水準を維持しうることを理論的には示すことができる．大橋（2009）は代表的な理論分析として需要独占モデル以外に，サーチモデル，効率賃金モデルを批判的検討も加えつつ紹介している．

サーチモデルでは，ある割合で労働者が離職する場合に，雇用量を維持しようとすれば高い賃金を提示する必要が生じる．この場合でも最低賃金引き上げが雇用量増加につながる可能性が出てくる．

また効率賃金モデルに基づくと，均衡水準の賃金よりも高い賃金を設定すれば，質の良い労働者を確保できたり，怠業や不正行為を防ぐ監視コストを減らすことができる．最低賃金制度はそういった役割を果たすことができるとしている．

ただこうした見解には限界があり，必ずしも最低賃金引き上げが雇用量の増加につながらないことがある，と大橋（2009）は指摘する．

以上が，経済学の理論から導かれることであるが，次に実証の面から最低賃金が雇用を削減しているかどうかに関心を向けてみよう．これに関しては，最低賃金が貧困者の数を削減しているかどうかを含めて，橘木・浦川（2006），川口（2009）の展望論文があるので，それらに準拠して簡単にレビューしておこう．

まず最低賃金が貧困者の削減，あるいは所得分配の平等化に貢献しているかに注目してみよう．最低賃金は低所得で苦しむ勤労者の賃金を上げるのであるから，直観としては貧困者あるいは低所得者の数を減少すると考えられるし，そのことによって賃金分配，あるいは所得分配の平等化に寄与するものと想像できる．

外国に眼を向けると，古いところではカナダではShannon（1996）によると，賃金水準の低い女性パートタイマーの賃金を上げるため，賃金分布の平等化に役立つとされている．イギリスにおいてはMachin and Manning（1994），Dickens，Machin and Manning（1994）が最低賃金の存在が賃金分布の平等化に有意な影響を与えていると主張している．アメリカにおいても有名なCard and Krueger（1995）によれば，最低賃金の上昇によって影響を受ける低賃金労働者の数が多い州ほど，賃金分布の平等化が見られると指摘している．アメリカは州によって最低賃金額が異なるので，州によって影響力の異なることは当然予想できる．これは日本においても県別に最低賃金が異なるので，地域別に関してはアメリカと同じことが日本でも発生していると言える．

一方でNeumark and Wascher（2002）やNeumark et al.（2004）では，最低賃金の上昇は最賃未満の低賃金層の所得を確かに上げるが，その反面で最賃付近の低賃金層の雇用の減少をもたらす効果を伴うので，両者の効果を相殺すると純効果として，賃金分布の平等化に影響はないとしている．

日本に関しては橘木・浦川（2006）が詳しい統計的な研究を行っている．まず誰が最低賃金未満ないし最低賃金あたりの賃金しか受領していないかに注目すると，性別でいえば女性，年齢でいえば若者，就業形態でいえばパートなどの非正規労働者，企業規模でいえば零細企業，組合に加入しているかどうかでは労働組合未加入者，といったことが特色であることがわかった．

さらに，これら最低賃金未満の低い賃金しか得ていない労働者は，夫や両親を世帯主とする世帯の構成員の場合が最大多数派ということもわかった．このことと先に述べた労働者の特色を総合すると，本章の冒頭で述べたこと，すなわち既婚女性のパートタイマーと若者に最賃あたりの労働者が多いという事実と整合していると言える．したがって，非世帯主なので夫や両親の支援があることによって，生活困難の程度はそれほど深刻ではないとも言える．しかし，これら最低賃金あたりの労働者が，最近になると世帯主になっているケースが増加しているので，生活苦の程度が上昇しているとの指摘をしたことを強調しておこう．橘木・浦川（2006）は結論として，最低賃金制度の存在は生活保護制度の拡充や年金制度の充実といった政策よりも，貧困撲滅策としての効果は小さいと述べている．もっとも最低賃金の額をどれほどにするかによって大きな違いがあることは当然予想できる．現在の最低賃金が平均で時給700円前後であるところで，日本の政党のいくつかが1,000円を主張しているが，これが実施されれば貧困削減効果はある程度高いものになると予想できる．

例えば橘木・浦川（2006）によると，最低賃金を10%上昇させると，貧困世帯の削減が5%達成され，15%上昇させると6.5%の削減が見られると計算している．現在の700円あたりを1,000円という最低賃金にすると，40%強の上昇策となるので，貧困者の削減は15%から20%に達するものと予想されるので，期待のもてる政策である，

また安部・田中（2007）と安部・玉田（2007）が，低賃金地域では最低賃金がパート労働者の賃金を下支えしていることを示しており，所得格差の観点からも重要な役割を果たしていることが示唆される．ただし最低賃金を得ている人が夫や親の被扶養者であれば，必ずしも貧困状態にないことは国内外の研究でも明らかにされている（川口・森（2009），Neumark and Wascher（2008）など）．

最低賃金が貧困削減や賃金分配平等に貢献する程度を測定する場合，副次効果として低賃金労働者の雇用削減を伴うことがあるので，その副次効果を吟味する必要性のあることを欧米の研究は示唆していた．そこでこの雇用削減効果があるのかどうかを展望しておこう．

アメリカでは既に1980年代以前から最低賃金が雇用を削減する可能性について関心があり，有名なBrown et al.（1982）では最低賃金を10%上げると，若年労働者の雇用を1~3%減少させることを主張し，これが定説となっていた．これが正しいとすると，アメリカの労働市場は完全競争にあるという前提が容認されることを意味する．

その後アメリカからこの説を否定する主張が提出された．有名なCard and Krueger（1995）がそれである．彼らはニュージャージー州とペンシルバニア州におけるファースト・フード・レストランに注目して，最低賃金のアップが

雇用を削減しているかどうかを，厳密に調査した．結論として最低賃金の引き上げが必ずしも雇用量を減少していない，と主張した．

この常識を覆す主張は様々な世界で論争を招いた．学問の分野では，推定方法やデータの問題をめぐって，賛否両論が沸騰した．すなわち，最低賃金のアップが雇用の削減をもたらすかどうか，主張は二分されたのである．反対論の代表として，例えば，Neumark and Wascher（2002）が挙げられる．しかし，川口（2009）によると公平に判断したところ，Card and Krueger の説，すなわち最低賃金のアップは雇用に無影響という説に軍配が上がるとされる．もっとも最近になって Neumark and Wascher（2007）は，この分野の学術論文の半数以上が，最低賃金の引き上げが雇用の削減につながっていると主張して，自分達の過去の主張を再述している．

ここで政治家やマスコミの世界における論争に言及しておこう．最低賃金額の決定は，国民の生活水準，雇用，ひいては家計消費を通じてマクロ経済に影響が及ぶことから，政治の世界でも最賃の額をどうすればよいか，決定に関与する当事者であることから論争が生じたのである．アメリカの政治においては，民主党が最低賃金の引き上げに積極的なのに対して，共和党は消極的であったし，今でもそうである．両党の政治・経済思想からしてこの違いは至極当然であると言えよう．

マスコミがなぜこの論争に参入したかと言えば，学界と政治の世界で大論争をやっており，当事者がテレビや新聞に登場するようになったからである．これが世論の関心を引き起こし，アメリカでは最低賃金を巡る論争が繰り広げられることになったのである．学者が最低賃金の引き上げがあるとどのような効果があるのかを提示し，その結果を政治家や国民が頭に入れながら，どれだけの額を最低賃金にすればよいかを決めていく過程につながったのである．

日本でも最低賃金制度への関心は高まりつつある．一昔前であれば，ごく一部の狭い範囲の当事者，すなわち最低賃金審議会に出席する経営者，労働組合関係者，中立委員のみであったが，貧困問題が日本で深刻になるにつれ，学界，政界，マスコミにおいて少しずつ関心が寄せられているが，まだ欧米ほどの論争の高まりはない．今後の関心・論争の高まりに期待したい．

ここでは日本における研究論文に関して，簡単なレビューをしておこう．最低賃金制度が若年層や女性の雇用の削減につながっていないとする研究は，橘木・浦川（2006）であり，川口（2009）は確実なことは言えないとする．逆に若年労働者や低賃金労働者の雇用削減につながっている可能性を示唆するのは，勇上（2005），有賀（2007），Kawaguchi and Yamada（2007）などである．また川口・森（2009）は若年男性と既婚中年女性の雇用が減少するとしている．坂口（2009）でも新規採用が抑制される傾向を見出している．

日本ではこの分野の研究，すなわち最低賃金に関する研究はまだ始まったばかりであり，今後の進展に大きな期待がかかる．それには研究者自身の関心の高まり，政策決定の当事者が学問研究の成果に関心を寄せること，そしてデータの整備とその公開に期待が集まる．

5. 最低賃金を上げるにはどうすればよいか

著者らは日本の最低賃金額が低過ぎて，この所得だけでは食べていけないことは明白なので，かなりの額の引き上げが必要と考える．最低賃金のアップを実行すれば，企業が倒産してもよいのかとか，雇用が削減されて失業率が上昇してよいのか，といった反対論の根強いことは十分に承知している．食べていけない所得しかないことは憲法の生活権にも反することを重視して，これらの反対論を克服するための手段なり考え方を提示する．

企業倒産してよいのか，失業者が増加してよいのかを主張する反対論に対しては，次のようなヨーロッパの経営者の声があることを紹介したい．イギリス，フランスの最低賃金は時給1,200～1,300円であり，日本の700円前後よりもかなり高い．デンマークに至っては，2,000円を超えているほどである．このように高い最低賃金が決められているヨーロッパの声は参考になる．

「そもそも労働者が生きていくだけの賃金を出せない企業は，社会において存在意義のない企業とみなしてよい，あるいは非効率性の目立つ企業とみなしてもよいので，市場から退場すべきだ」という「目から鱗の落ちる」話をヨーロッパの経営者から聞いた．

労働者はある一つの企業で働くことによって生活費のほぼ全額を稼ぐのであるから，その企業がそれを保障できないのであれば，企業として労働者を雇用する資格がない，との理解ともいえる．日本でこのようなことを言えば，経営者は当然のこと，経済学者や一般の方々からも猛反発を受けること必至である．「何という夢物語を言っているのだ，企業が存在しなくなれば経済は成り立たないし，たとえ食べていけないほどの低い最低賃金であっても働きたい人がいれば，企業はそういう人を雇用して事業経営を行ってよい」という声の合唱が聞こえてくるだろう．この合唱は，失業者であることよりも低い賃金であっても働ける方がましではないかという声の代弁でもある．家庭において夫や親が助けるのであるから，冒頭に述べたように既婚女性のパートタイマーや若者はたとえ食べていけないほどの低い賃金であっても，生活苦には陥らないという声の代弁でもある．

著者らはこの二つの代弁に賛成しない．後者については，すでに述べたように日本では一人の賃金だけで生活する人の数が増加しているので，もう時代遅れの代弁である．

前者については，非常に低い賃金で働いている人の勤労意欲に配慮すれば，失業よりましだという論理は通用しない．生活できない賃金しか得られない企業で働くことによって，強い勤労意欲を期待することは無理である．しかも，働いていない人が受ける生活保護支給額よりも，働いた人の受ける賃金が低ければ，ほとんどの人は勤労意欲を失うのではないだろうか．加えて，人が誰でも勤労意欲をもてるような賃金にした方が，企業にとっても生産性が上昇することによる見返りは大きいと思われる．

このようなことから，労働者に生活できない賃金しか出せない企業は，市場から退出してもらって，代わりに生活できる賃金を出せる企業の新規参入に期待する，という考え方に変換してもよいと気がつくのである．学者は経営の苦しみなどわかっていないから，企業の退出などを口にするのだ，という反論はあるかもしれない．実はこの声は日本の経営者からも出ている．しかし伊藤忠商事元会長（現中国大使）の丹波宇一郎氏は，最低賃金は企業の支払い能力ではなく，労働者の生活費基準に応じて決まるべきという主張をしている．

前者の企業は生産性が低く，非効率性も高いとみなせるし，そういう企業は退出してもらって，生産性の高い，しかも効率性の高い企業の参入があった方が，一国の経済の総生産性と総効率性を高めることにつながるので，むしろ国のためには好ましいとの評価も可能である．すなわち，多くの企業が高い最低賃金を支払っても経営を続けることができれば，労働者の勤労意欲が高くなるだけに，労働生産性が高まり，その国の経済が最強になれるメリットがある．

日本企業の新規参入率，廃業率が欧米諸国よりも低いことはよく知られている．非効率な企業を温存する雰囲気が日本に強いことが，これを説明する理由となっている．最低賃金を低く抑制することが温存策の一つかもしれないのである．企業の新陳代謝はある程度必要なのである．

少し歴史の話をしてみよう．19世紀後半から20世紀前半におけるイギリスのフェビアン社会主義思想の精神的支柱であり，ナショナルミニマム論の提唱者であるウェッブ夫妻は，非効率性の高い企業は退出してもらい効率性の高い企業の参入を期待していて，最低賃金のアップを主張していた．詳しくは橘木（2010b）に譲るとして，一昔前では社会主義者であっても著者たちの意見と同じだったのである．現代の社会主義者は多分，企業の倒産・退出につながる政策を容認しないであろう．日本国民はどちらの社会主義の意向に親しみを感じるのであろうか．

話題を元に戻そう．非効率な企業は退出してもらって，生産性の高い企業の参入する案がもし社会の合意を得られないのであれば，次の政策が考えられる．それは望ましい最低賃金の額，例えばそれを1時間当たり1,000円とすれば，企業の支払い能力が800円しかないのであれば，その差額の200円を政府が賃金補助金として支払う方策である．一昔前までは多くの国で賃金補助金の制度があったが，それを復活するという策である．

賃金補助金制度がなぜ消滅の方向になったかと言えば，補助金という意図的な介入策は，一般論として経済における最適な資源配分を阻害するからである．労働や資本が最適に利用できないのである．わかりやすい言葉を用いれば，企業の効率的な運営を非効率にする恐れがあるということが理由と言ってよい．もし資源の最適配分が目標なら，先程述べた非効率企業の退場と効率企業の参入策というのはまことにふさわしい政策なのであるが，これが社会で容認されないのであれば，賃金補助金という非効率性を招くかもしれない政策も，やむをえない措置と判断せざるをえないのである．

もう一つの補助金政策として，雇用調整助成金制度がある．これは企業が新しい労働者を雇用すればその企業に一定額を支給する制度である．賃金補助金は労働者の所得を高めるという特色があるし，雇用調整助成金は雇用者の数を増加させるので，失業者数の削減というメリットがある．したがって両政策は，そのときの労働問題が何であるかが明らかになったときに，どちらの政策を発動すべきかが決まる．しかし双方ともに補助金であることに違いはない．

政府の補助金の財源は税収しかないので，国民ないし企業からの税収に頼らざるをえない．国民や企業が賃金補助金を税金で調達することに賛成しないのであれば，別の政策も考えられる．それは賃金補助金という形ではなくて，企業が生産性を高めるための政策，例えば研究開発資金や技術進歩，あるいは効率的な流通と販売促進策のために政府が支出する案もありうる．これによって企業の生産性を高めて労働費用にまわせる資金を確保することができ，最低賃金を上げるための財源になりうるからである．直接の賃金補助金政策よりも，企業支援を生産性向上策として行う方が，企業自体の生産性を高めるメリットによりマクロ経済全体に与える効果として大きいので，この策が勧められるのである．

もとよりこの方法による企業支援策は，企業の生産性が本当に高まるのかという不確定要因もあるし，たとえその効果があったとしても実現に時間がかかる．さらに，企業によっては生産性上昇分を賃金支払いにまわさないこともありうる．したがって，賃金補助金の支給政策の方が，労働者が生活していけるために最低賃金を引き上げる政策に直接寄与するので，効果は確実というメリットがある．

賃金補助金策や生産性向上のための企業支援策が導入できないのであれば，次にとりうる政策は，同一価値労働・同一賃金の原則を徹底して導入する案である．日本の場合には，たとえ同じ仕事に従事していても，正規社員とパートなどの非正規社員の間で身分上の差があれば，処遇が異なっているのが一般的である．非正規社員の賃金がかなり低いのであるが，この原則が規範として導入されて実行されれば，自然と最低賃金あたりにいる低い賃金の人の賃金も，かなり上昇せざるをえないからである．正規労働者の1時間当たり賃金と非正規労働者のそれを同じにするということは，非正規の人の賃金をかなりの額引き上げないと，その目的を達成できないからである．この場合は，正規労働者の1時間当たり賃金を少しは低下させないと，両者に同一賃金を支払う財源を見つけることは困難である．いわば正規労働者の犠牲もある程度は避けられないということである．もし正規労働者がそのことをかたくなに拒否するのであれば，同一価値労働・同一賃金の原則を導入する政策は成功しない．

これに関して言えば，労働側への注文もある．経営側からはいつも最低賃金アップ策への反対論があるが，これに関して労働側はそう強硬に反対論を展開することはなかった．なぜならば，最低賃金審議会に出てくる労働側はほとんどが連合の代表であり，言ってみれば大企業，男性，正規社員の代表なのである．最低賃金の額より相当に高い額の賃金稼得者であり，中小企業，女性，非正規労働者という非労働組合員の声が，最低賃金審議会では反映されていないのである．同一価値労働・同一賃金の原則に対して，暗黙の反対をしているのは，実は大企業の男性正社員かもしれないという勘ぐりも可能である．

あえて猛反発を覚悟で言えば，最低賃金に関しても，もし最低賃金の額が上がれば，その財源を確保するために，自分たち（すなわち労働組合員）の賃金ダウンという火の粉を浴びかねないと恐れている節がある．審議会では常に組合側は最低賃金のアップを声にはするが，ストライキを打って出てまで最賃アップの要求をしないように，それほど熱心ではないことからもそれがわかる．時には自分たちの既得権益を犠牲にする覚悟が，労働側にも必要なのである．

他にも補足的に最低賃金を引き上げる政策を側面から支援する策があるので，これをいくつか述べておこう．第一に，経営の苦しい中小企業が最低賃金のアップに反対しているが，中小企業の多くは大企業の系列企業に入っているか，自社の製品を大企業に納品している．大企業はその支配力を笠に着て，下請企業や中小企業の納品価格を低く要求していることがある．大企業は世界のグローバル競争の中にいるので，コストダウンを実行せねばならないとして，その一端として下請企業や中小企業に納品価格の「買いたたき」を行っていることがある．

政府も日本ではここで述べたような非公正取引の慣行が存在することに気がついているので，「買いたたき」をやめるような公正な取引の世界にもっていけるように，監視と罰則適用にもっと踏み込んでほしいものである．親企業と下請企業の関係は，どうしても勢力の違いから下請企業や中小企業は弱い立場にいる．この下で商取引を公正なものにするには，弱い立場にいる企業を保護せよとまでは言わないが，対等な交渉をできるようにすることが必要である．

第二に，最低賃金を上げられないのは中小企業に多いので，政府が中小企業への法人税率を下げるという策もある．法人税率を下げることのみならず，赤字に陥った中小企業には赤字の額をキャリー・オーバーすることを認めて，次期に黒字になったときの法人税減額のために損金算入の手段を容認してよい．換言すれば，法人税の算出を単年度だけで行わず，もっと明確に複数年度で行うことの容認である．

第三に，企業，特に中小企業にとっては，社会保険料の事業主負担がかなり重くのしかかっている．国民に福祉を提供することはきわめて重要なことなので，決して社会保障制度の水準を下げてはならず，むしろ著者たちとしてはもっと充実しないといけないと思っている．ただその運営方法ないし資金調達の方法を保険料方式ではなく，税方式に変換するというのがここでの主張である．それがもし実行可能となれば，社会保険料の事業主負担分がかなり減額されることになるので，企業はその分を賃金支払いの財源にまわすことが可能となる．もちろん，最低賃金のアップが可能になるのは言うまでもない（年金制度における税方式については橘木（2005）参照）．

この分野で重要な事項は，社会保険料の事業主負担を誰が実質的に負担しているか，という転嫁・帰着の問題である．これが明らかになれば，社会保険料の負担方法に関して本格的な改革論議が可能となる．ただし不幸なことに，誰が実質的に負担しているかに関してまだ合意はない．ここでは企業が実質的な負担をしていると主張する，Tachibanaki and Yokoyama（2008）と，推計方法を替えると実質的には労働者であると主張する，Iwamoto and Hamaaki（2010）を代表文献として列挙しておこう．この分野での実証研究の進展を期待したい．

6. むすび

働いている人の賃金を上げること，特に低賃金で苦しんでいるワーキングプアの人をなくすには，最低賃金のかなりの引き上げが必要である．福祉を働いている人におよぼすことがワークフェアの精神とすれば，最低賃金のアップはこの精神にもっとも合致する施策である．なぜならば，ときには苦痛を感じることもある勤労する人に対して，もっとも便益をもたらす政策だからである．どういう政策が最低賃金の引き上げのために有効であるか，いくつか主張してみた．

3
給付付き税額控除政策の実行可能性

1. はじめに

税制や社会保障制度を活用して，働く人に様々な優遇制度を施して，働くインセンティヴを高めながら所得再分配政策を実行するのが，ワークフェア政策の目的である．所得再分配効果は，特に低所得者向けにおよぶように考えられている．本章ではなぜこのようなワークフェア政策が各国で導入されるようになったのか，そしてその政策がどのような効果をもたらしているかを明らかにしたうえで，日本でこの政策の実行可能性を論じてみたい．

2. 歴史的変遷と思想的背景

貧困者，あるいは低所得者の所得を上げるための政策としては，伝統的には次の二つが主要な政策であった．(1) 日本での生活保護制度を念頭におけばわかるように，税収を財源にして現金や現物給付（アメリカのフード・スタンプなどの例）を支給する．(2) 年金，医療，失業などの社会保険制度によって，社会保険給付による所得保障を行う．

これらの二つの政策は，前者に関しては古くはイギリスの救貧法から始まった．後者に関してはプロシャにおけるビスマルクや，第二次世界大戦中に提出された有名なイギリスの「ベヴァレッジ報告」に起源をもつ．これらの思想や制度は戦後になって福祉国家として発展し，政府が国民の福祉のために積極的に関与することが多くの先進諸国で根付いた．経済学の世界で言えば，ケインズ経済学による政府の役割に期待する考え方が思想的な支持基盤であった．

福祉国家の思想と実践は第二次世界大戦後の20〜30年は順調に発展した．もとより日本やアメリカのように低福祉・低負担の国と，北欧諸国のように高福祉・高負担の国の違いは明確にあったことを強調しておこう．このあたりの歴史的経緯については橘木（2010b）に詳しい．ところが1970年代のオイル・ショックを契機にして先進諸国は経済不振に陥った．インフレと高失業率が並存するという解決困難なスタグフレーションを脱却するために，様々な政策案が主張されたが，そのうちの一つが福祉国家の見直し論である．

福祉国家の見直し論は，政府が国民や企業から税や社会保険料を徴収して，国民に福祉を提供すると，様々な好ましくない効果が発生するという考え方が台頭したことに起源がある．どのような負の効果があるとされたか簡単にまとめておこう．

それは国民や企業に課税や社会保険料が課されると，国民の労働供給や貯蓄意欲にマイナス効果となること，それに企業経営が苦しくなることと設備投資の意欲を阻害するといったことにある．まとめれば，経済効率の達成にとってマイナス効果が生じるので，経済成長率を低下させることにつながるとするものである．もう一つの重要な負の効果は，福祉が充実すると国民が怠惰になるし，福祉に依存しすぎることにつながって，不必要な公共支出の源泉になる，というものである．

このような福祉国家批判は，経済学で言えば新古典派経済学によるケインズ経済学批判，思想で言えば新保守主義，リバタリアニズム（自由至上主義），新自由主義と呼ばれるものである．人間にとって自由はもっとも大切な原理と信じることから，個人や企業の経済活動も自由であるべきだし，政府もこれらの自由な活動を阻害してはならない，という主張につながる．政府が国民に福祉を提供することも政府の過剰介入だし，国民の自由を侵害すると考えるのである．これらの思想の根幹は，Hayek（1960）やFriedman（1962）に代表されるものである．

これらの一般論をもう少し具体的に述べれば，Pierson（1991）がうまくまとめているように，次の4項目に要約される．第一に，福祉国家の官僚主義的政策は，市場原理にもとづく資源配分による経済成果より劣る．第二に，福祉国家は費用負担者と受給者にとっては過剰介入なので，自由を信奉する道徳に反する．第三に，福祉国家は市民による消費の自由選択を阻害している．第四に，政府による大量資源投入にもかかわらず，貧困は除去されていないし，機会不平等の阻止に役立っていない．あえてこの 4 項目に加えれば，第五に，福祉国家における多額の財政支出は，巨額の財政赤字を生むことになり，マクロ経済のみならず多方面に悪影響を及ぼすことになる．

以上は主として右派の経済思想からの批判であるが，実は福祉国家は左派からも批判を受けた．これは O'Conner（1973）や Gough（1979）によるもので，古くからある資本主義思想とマルクス主義の対立の中にあって，ネオ・マルクシズムと呼んでもよい思想である．具体的に言えば，福祉国家の諸政策は，資本主義の延命策にすぎないと解釈し，結局は労働者の利益を最大にするものではない，との主張である．福祉国家は労働者の不満を小さくして，一生懸命働いてもらうことが経済効率の向上に役立つ目的があるので，資本主義の隆盛につながると批判する．

このことは後に詳しく論じるワークフェアへの批判にも通じることなので，記憶にとどめておいてほしい．税や社会保障によって働く人のインセンティヴを高めることがワークフェア政策の目的であるが，ここで述べたようなネオ・マルクシズム流の解釈も可能だからである．わかりやすく言えば，福祉というアメとムチによって，労働者は体よく働かされているにすぎず，結局は経営効率を高める政策に労働者が貢献させられているのであり，資本主義の思うつぼとの解釈である．

この解釈は，現代にあってはそれほど説得力がないかもしれない．なぜならば，1980 年代後半から 90 年代にかけて多くの社会主義国が崩壊したことにより，マルクス主義思想は急速に勢力を失った．ここで述べたネオ・マルクス主義による解釈，すなわち結局は資本主義の擁護に役立つにすぎないとか，経営効率を高めることに寄与させられているにすぎないといった解釈は，多くの支持を集めないかもしれない．グローバル経済に入ったことにより，企業間の競争が激しくなった時代を迎えて，むしろ経営効率を高めることのどこが悪い，といった反論が大勢となった可能性がある．

Offe（1987）によるネオ・マルクシズムによる別の主張には，現代に通じる予見力として魅力があるので，それを述べておこう．オッフェは資本主義が高度に発達すると，次のような事象が発生するとした．第一に，労働者が恵まれた層（熟練労働者）とそうでない層（未熟練労働者）に分化する．第二に，人が利己的になってきて，福祉国家にあっても人々の間での連帯感が希薄になる．第三に，国家への信頼が薄くなる．第四に，豊かになった中間階層が福祉国家から離反しだす．

これらの現象を現代の視点から再解釈すると次のように言える．貧富の格差が拡大して貧困層，富裕層の数も増加し，逆に中間層の比率が低下した．いわゆる格差社会への突入である．恵まれた富裕層は当然として，中間層までが福祉国家に対して懐疑的になった．自分らは自立して生活できるので，低所得者を支援するために自分らの所得を拠出するような福祉国家を受け入れなくなったのである．連帯感が希薄な時代となり，福祉国家はこの点からも危機を迎えたのである．

福祉国家を巡るこれらの論争を離れて，現実の世界に眼を向けると次のようなことが発生した．1970 年代末から 80 年代にかけて，イギリスのサッチャー首相とアメリカのレーガン大統領を先導役として，新自由主義に立脚して福祉の見直し策が導入された．日本においてもそれからやや遅れて小泉内閣のときに規制緩和，福祉見直しといった改革が，いわゆる構造改革路線として実行された．

ワークフェア政策は，これらサッチャー＝レーガン時代にさきがけは見られたが，その後の政権担当であったブレア首相とクリントン大統領のときに本格的に導入された．これらワークフェア政策が具体的にどのようなもので，どのような成果を挙げたかについては，後に詳しく論じる．

3. シティズンシップと社会的排除

福祉国家を論じるには，もう一つの重要な視点がある．それはシティズンシップという概念から発生することと，それに関する社会的排除という見方である．これらについて批判を覚悟で非常に簡単に要約すると，シティズンシップ（市民権）を保障するには，各人が社会から排除されずに，すべての人が人間らしい生活を送るということになる．

これまでの福祉政策は低所得ないし貧困をなくすことを目的としていたが，市民権をもつ人間の不幸は所得の低さだけで説明されず，他の要因にも左右されるのであり，それらの要因が満たされていない人を社会的に排除されているとみなす．すべての市民が社会に包摂されるような制度や政策が肝要なのである．新しい時代における福祉のあり方の登場である．シティズンシップと社会的排除を説明することにしよう．

福祉国家の存在を哲学・社会学から基礎づけしたのが，Marshall（1965, 1981）である．マーシャルはすべての人間には，「市民権」「政治権」「社会権」の三つが賦与されているとした．「市民権」は人には生まれながらの自由，「政治権」は選挙権を通じて政治に参加，「社会権」はすべての人が福祉を受ける，といった権利が平等に与えられているのであり，それらの権利を保有する人をシティズンシップと称した．生活，福祉，教育，住宅などにアクセスすることがすべての人に権利として与えられており，それを保障するのが福祉国家の目的であり存在意義としたのである．

マーシャルによるこれらのシティズンシップに与えられた諸権利に関しては，多方面から批判を受けることになる．それは1980年代にサッチャー首相による新自由主義の政策を思想的に後押しした論者からの批判である．例えば福祉が行き過ぎることにつながる「社会権」の重視よりも，国民が義務として労働に参加することの必要性と意義が強調されるようになった．あるいは1990年代になると，亀山（2007）で紹介されているように，アメリカでは「権利としてのシティズンシップ」よりも「徳としてのシティズンシップ」が主張されるようになった．これはいわゆるHeater（1999）に代表されるコミュニタリアニズム（共同体主義）からの発想である．

イギリスにおいては，ブレア労働党政権のブレーンであったGiddens（1982, 1994）による資本主義と社会主義の相克を越えた，あるいはリバタリアニズムとリベラリズムの対立を越えた思想も登場してきた．ギデンスはいわゆる新自由主義的な保守党のサッチャリズムと伝統的な社会民主主義的な労働党の政策を融合させた，いわゆる「第三の道」の政策を提唱したことはあまりにも有名である．

ここで社会的排除を復習しておこう．社会的排除に関しては，福原（2007）

が有用な展望を行っている．1980年代において福祉国家を見直す機運が持ち上がったことを述べたが，同時に新しい社会問題が発生しており，それを総称した言葉であるとともに，この社会問題の特徴を包括的にとらえたものなので，多くの場で用いられるようになった言葉である．イギリスのブレア政権が1997年12月に，各省庁を横断する組織「社会的排除対策室」を設置したので，政治の場において政策の対象となったし，社会学・政治学の世界においても分析の対象となった．

福祉国家においては，失業保険，年金や医療，貧困，子育て支援といったことが主要な関心であるが，社会的排除論が関心を寄せる分野は，正常な生活・人生を送れない人にまで範囲を拡大したものである．例えば，犯罪者，非行者，アルコール・薬物依存，精神疾患などの「社会的不適応者」，教育や住宅が十分に与えられない人，家族の崩壊や分離による孤独者，などのように，いわゆる社会から排除された感のある人を，いかに社会に包摂するかという論点である．日本では橘木（2011a）が論じたように無縁社会と認識された．

換言すれば，従来の関心が貧困，低所得で代表されるように経済的な次元に集中する傾向があったが，それを社会的次元や政治的次元にまで拡張したのである．すなわち，人間の生活において単に経済生活の安定だけではなく，生活の質や人間の心理的な満足を高めることも大切である，という認識をもったのが社会的排除論である．

社会的排除論それ自体が学問研究の対象となり，Silver（2006）やLevitas（2005）によって，それぞれが社会的排除の三つのパラダイム（すなわち，連帯パラダイム，特殊化パラダイム，独占パラダイム），三つの言説（すなわち，再配分主義，道徳的アンダークラス，社会統合主義）などが提唱されている．これらについては福原（2007），亀井（2007）に手際よい解説があるので，詳細はそれらの文献に譲ることにする．

ここでは社会的排除の思想が，どのようにしてワークフェア政策に結びついたかを議論しておこう．それはイギリスのブレア労働党政権において若者の雇用を促進するためにとられた政策，「ニュー・ディール・プログラム」によって理解できる．労働市場に参入する機会が排除されている若者（すなわち失業者）を，社会的に排除された代表例とみなして，政府は若者が雇用の場を見つけられるように，さまざまな就労支援を行った．

具体的にはどんな制度だったのだろうか．失業中の最初の一時期（4ヶ月間）はゲートウェイと呼ばれ，生活資金を提供するが，その間にジョブ・センターはアドバイザーをつけて若者の特質と技能を見極めて，就業機会をあっせんする．この期間を過ぎても就労できなかった若者には，技能修得ができるように職業訓練の機会を義務化した．もし訓練を拒否すれば，失業給付の停止というムチの政策も導入された．

このニュー・ディール・プログラムはかなり成功した政策として理解されており，若者の失業率はかなり減少した．政府はかなりの資金を投入して，生活費支給，職業訓練費，就職紹介費用などに使用したが，これらのウェルフェア資金が働き場（ワーク）を見つけることにつながったので，ワークフェアの好例とみなせるのである．

しかし，居神（2007）ではニュー・ディール・プログラムの成功という判断に対して，一定の懐疑論が示されているので，それを書いておかないと公平性を欠く．第一に，若者の失業率が低下した理由は，イギリス経済の復活という好影響があった，という指摘がある．第二に，ニュー・ディール・プログラムがうまく作用した若者は，いわゆる「できの良い若者」であって，かなりの数の若者はまだニートなどとして残って，就業に至らなかった．このような見方のあることも知っておいた方がよい．

しかし，社会的排除の思想がいかに若者への就業支援策につながり，それがワークフェア，ないし“welfare to work”の例とみなせることがわかった．一部に過大評価という声もあるが，もしニュー・ディール・プログラムがなければ，若者の失業問題はもっと深刻であったかもしれないことは確実なので，ある程度の成功と結論づけてよい．若者就業支援策以外にもワークフェアの例はいくつかあるので，それらについては後に議論する．

4. 給付付き税額控除

給付付き税額控除の政策は，低所得者世帯や子育て世帯を減税と給付金という二つの方法を組み合わせて経済支援する制度である．ここで低所得者とは，特に働いても生活の苦しい人（いわゆるワーキングプアの人）が対象で，勤労が条件になっていることが多く，ワークフェア政策の典型例とみなせる．この制度を詳しく検討しておこう．

どこの国にも日本の生活保護制度のような，貧困者を救うために給付を行う制度はあったし，今でも規模は小さいが残っている．例えばアメリカであれば，AFDC（Aid to Families with Dependent Children）やTANF（Temporary Assistance for Needy Families）がその制度に相当する．ちなみにAFDCは1996年にクリントン政権によって，TANFへと変化した歴史的経緯がある．

この変化はワークフェアへの第一歩とみなされうる．なぜならば，現金給付の受給期間が生涯を通じて5年間と限定されたし，受給開始後2年間以内に職業教育・訓練への参加が義務となったからである．給付期間が5年を過ぎると所得がなくなるので働かざるをえないし，訓練を受けて働く場所を見つける努力が義務化されたのであり，働くということが陰に陽に奨励ないし義務化されたことがわかる．久本（2007）によると，2002年にTANFを離脱した人のうち，42.2%が就労していたと報告されているので，TANFが就労するまでの一時的所得保障政策としてある程度機能していたのである．これはワークフェアの第一歩であることはよくわかる．

ただし，Peck（2001）や埋橋（2007）の指摘するように，TANFから離脱しても就く仕事の賃金が非常に低いので，ワーキングプアの人になる場合がかなり多いという事実がある．TANFという福祉制度を離脱して働き始めたが，その仕事の賃金が低くて，月収がTANFによる月収より低いことが発生しているのである．これは「貧困の罠」と呼ばれる現象である．福祉制度によって受給する額の方が，働いて得る賃金よりも高いことをさす．この「貧困の罠」は働こうとする意欲を削ぐことになる．

「貧困の罠」は他国の話だけではない．日本においても，最低賃金の額で1ヶ月間フルタイムとして働いても，福祉制度である生活保護支給による1ヶ月の給付額よりも低いのである．これも勤労意欲を削ぐことにつながる，日本における「貧困の罠」である．日本においては最低賃金の額を上げる政策に期待がかかるが，なかなかそれが実行されない．その理由と望ましい対策については第2章を参照されたい．英米においては，これから説明する「給付付き税額

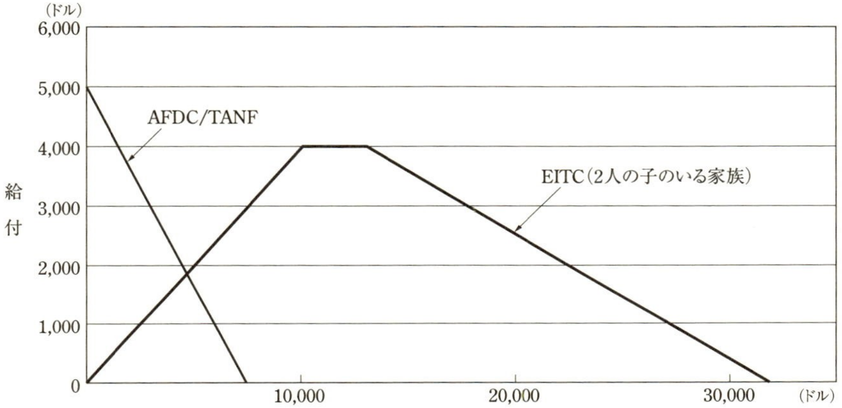

図 3－1　EITC と AFDC ／ TANF の給付額の比較

出所）Hoffman & Seidman 2003, p. 114. 同じ図が埋橋（2007）にもある.

控除」策が一つの試みである.

まずアメリカの制度から見てみよう. アメリカでは 1975 年のニクソン政権の下で, EITC（Earned Income Tax Credit：勤労税額控除制度）が導入された. これはワークフェア制度の一類型とみなせる Friedman（1962）による有名な「負の所得税」の議論を通じて生まれたものである.「負の所得税」とは非常に所得の低い人には, 貧困線より低い額との差額を, 政府が税金を還付する発想である. 興味深いことは, 共和党の保守派とみなされたニクソン大統領と, 保守派の経済学者の代表であるフリードマンが, 似たような政策を念頭においていたことである.

この勤労税額控除制度に加えて, 1998 年のクリントン政権のときに児童税額控除制度が導入された. 子育て世代に勤労することで税制上の優遇を施して, 所得保障政策を採用することが, この二つの税額控除制度でわかる. もっとも端的には母子家庭がこれらの制度のターゲットである. 図 3-1 によって, EITC の意味するところを理解しておこう. 一定の勤労所得（図では 32,121 ドル）以下の人に関して, 第一段階はおよそ 10,000 ドルまでの所得の人は, 勤労所得の増加に伴って控除額（いわゆる負の所得税）が増加する. この間は働けば働くほど税額控除が増加するので, 勤労意欲を高めることになる. しかし，第二段階は控除額が天井に達すると（図では 4,000 ドル），勤労所得が増加しても税額控除は増加しない．そして第三段階は，勤労所得が 12,000～13,000 ドルに達すると，税額控除は減少して，32,121 ドルに達するとゼロとなる．この図の意味するところは，第一段階にいる低所得者の人に関して，働けば働くほど税額控除（すなわち負の所得税という給付額）が増加するので，その人々が勤労意欲を高めるメリットに期待できることにある．正にこれが働くことによるインセンティヴを与えようとするワークフェアの期待するところである．さらに，働く人にだけ税制の優遇をすることによって，旧来の福祉制度が働かない人を生むというモラルハザードがあったが，その可能性を排除できなかったデメリットを消すことができるのである．

次にイギリスの給付付きの税額控除を考えてみよう．これに関しては田中（2007）に優れた解説がある．労働党のブレア政権は，低所得の就労有子世帯への所得保障制度として 1999 年に導入された WFTC（Working Family Tax Credit），2003 年の無子世帯をも含む WTC（Working Tax Credit）と，非就労であっても有子世帯への CTC（Child Tax Credit）などを実施した．

イギリスの WTC がアメリカの EITC と異なる点は，図 3-2，図 3-3，図 3-4 によって示されるように，アメリカにおける第一段階がなく，その部分は生活保護制度として支給されることである．さらに，週 30 時間の就労に達するとボーナスがつくことになるが，それ以上の労働時間（すなわち勤労所得）を超えると税額控除が徐々に減少することは，アメリカの第三段階と同じ性質である．子どもがいれば，児童税額控除と児童手当が基礎の部分に付加されていることが，図 3-2，3-3，3-4 によって示されている．

イギリスには第一段階がないこと以外は，税額控除のあり方に関しては英米に大きな差がないので，これ以上の説明を省く．いわゆるアングロ・アメリカン諸国（すなわち英米両国）は勤労することによって控除をしていることと，同じく子どもへの税額控除をしている点に共通の性質がある．これはクリントンの民主党，ブレアの労働党という保守政権でないことも影響しているが，働く人に税制優遇をして勤労意欲を大切にする精神は同根のワークフェアである．

ここで英米に関して述べた給付付き税額控除制度の他に，オランダにおける社会保険料負担軽減税額控除，カナダにおける消費税逆進性対策税額控除もあ

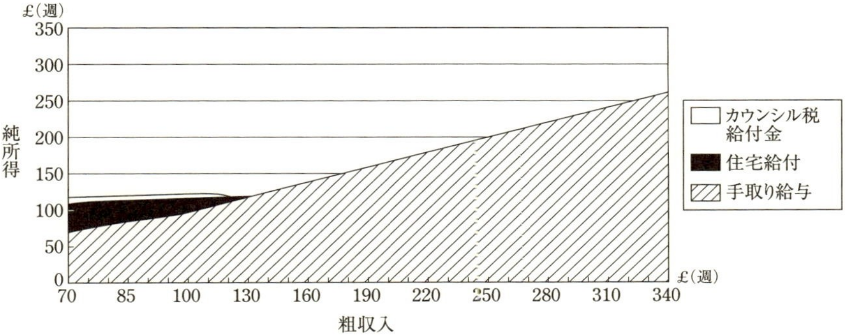

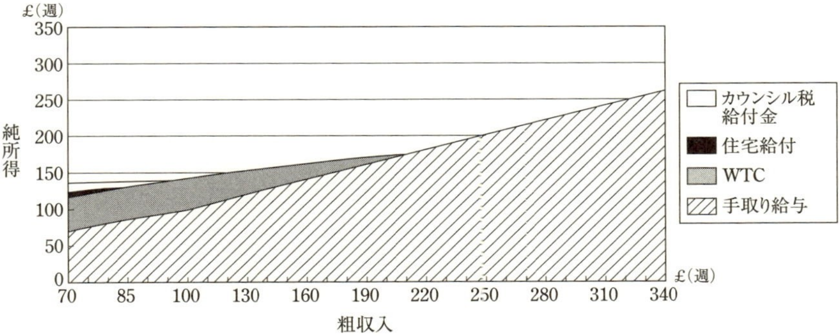

図3－2　単身者世帯における年度別所得保障の給付額と勤労所得

出所）田中聡一郎（2007）.

る．ついでながらお隣の韓国も勤労税額控除を導入している（これらについては森信（2008）参照）．また，オランダやカナダでは言葉の示す通り，それぞれが重い社会保険料負担を緩和したり，消費税に特有の逆進性を緩和するための租税政策として考えられたものである．

現代において日本でも給付付き税額控除制度が導入される可能性がある．税と社会保障の一体改革案として消費税の税率が10％に上げられる方針が提唱されているが，消費税の持つ逆進性を緩和するための対策として，食料品などの生活必需品を対象とした軽減税率の案と，給付付き税額控除制度の二つが検討されている．理想は二つの方策ともに導入することにあるが，税制上で技術

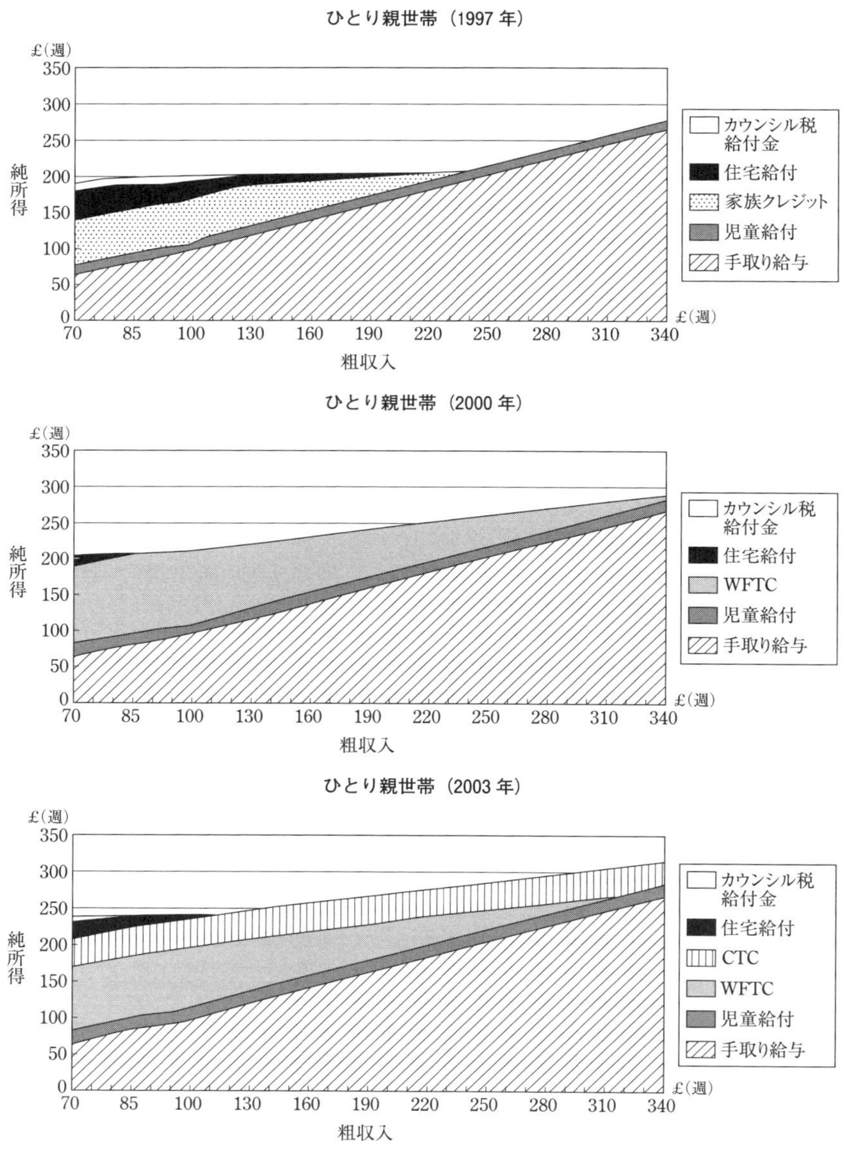

図 3－3　ひとり親世帯における年度別所得保障の給付額と勤労所得

出所）田中聡一郎（2007）.

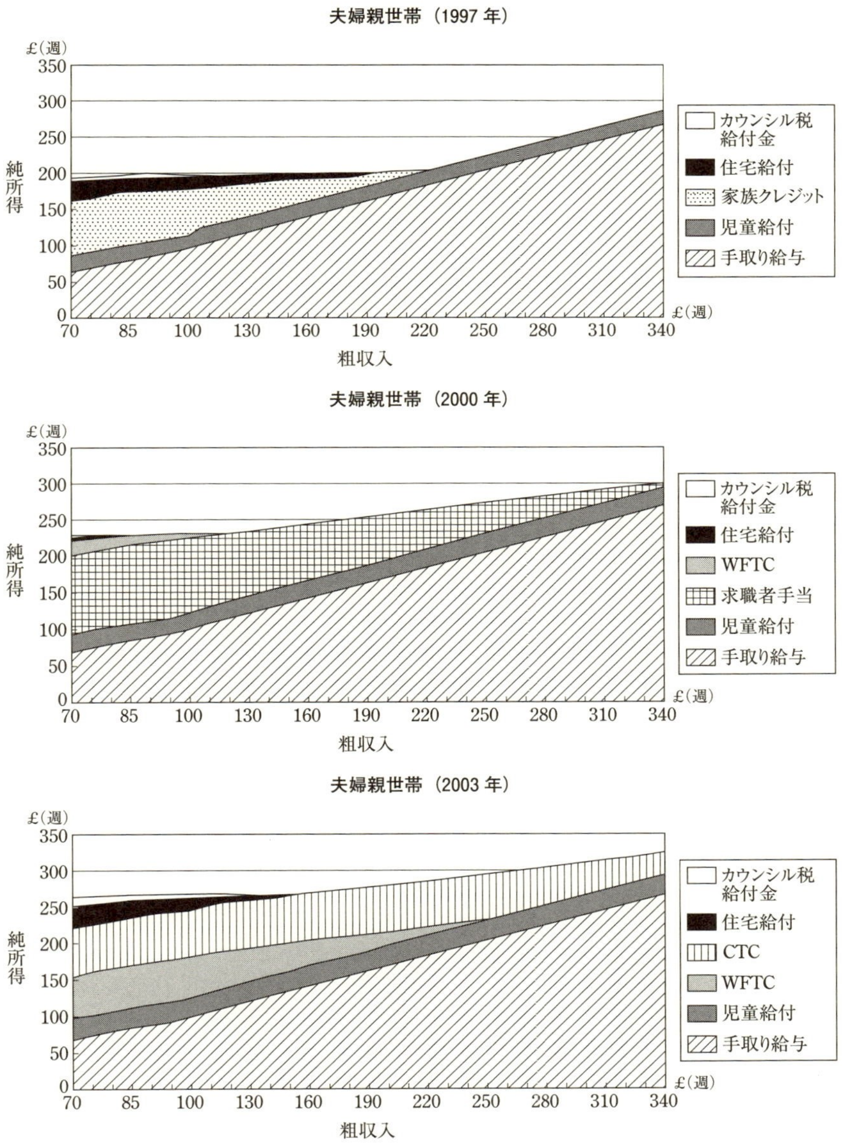

図 3－4　夫婦親世帯における年度別所得保障の給付額と勤労所得

出所）田中聡一郎（2007）.

的に複雑なことなので，どちらの方策が先に導入されるのか，そしてどのような税制になるのか，予断を許さない状況にある．

5. むすび

どの先進国も低所得者層の増加に悩んでいる．低い所得で苦しんでいる人を救うための政策として，ワークフェア政策がある．この政策の真髄は，働かない人に生活給付をするのではなく，できるだけ働くことによって生活費を自分で稼ぐことをねらいとする点にある．働く人が多くなることによって経済は活性化するし，生活費支給の財政負担を和らげるという，一石二鳥の特色に期待するのである．

本章では，なぜワークフェア政策が重視されるようになったかを経済思想の面から議論した．そしてワークフェア政策の一つの具体例として，いくつかの国で導入されている給付付き税額控除策を解説して，日本での導入可能性を議論した．

4
ベーシック・インカムの思想と導入の可否

1. はじめに

ベーシック・インカムとは，国民全員に個人単位で無条件に所得を給付する思想である．労働が支給の条件ではないので，働くことを奨励するワークフェアの考え方とは対極の位置にある．したがって，ベーシック・インカムとワークフェアは両立しないのであるが，本章では運用の仕方によっては両者の保持する長所を生かすことが可能であることを示し，その具体策を提案する．

2. ベーシック・インカムとは――その歴史的発展

ベーシック・インカムの思想は現時点ではどの国でも実践されたことがないので，まだ仮想の理論上での思想にすぎない．しかし，この思想は哲学者，経済学者の間では一部で18世紀ころより根強い支持があり，現代に至って支持と関心が広がっている．日本では小沢（2002）や山森（2009）などによって，ベーシック・インカムの歴史的発展と具体的な考え方を知ることができる．

政治の世界に注目すると，極小政党の新党日本が支持を表明したことがある．現実の世界にあっても，2009年に日本で「定額給付金」が国民全員に無条件で支給されたことがあり，これはベーシック・インカムの思想をほんの一部とはいえ実践したものと理解してよい．そういう意味では机上の空論と片付けることはできない思想となっている．

では，机上の空論と言われることのあるベーシック・インカムとは何だろうか．それはシティズンシップ（市民権）があれば国民の一人ひとりに，無条件に一定額の現金を毎月，あるいは毎年に，誕生から死亡まで政府が支給する所得のことである．ここで無条件の意味するところは，(1) 働いているか働いていないかの区別をしない，(2) 富裕層であるか貧困層であるかを区別しない，(3) どれだけの資産を保有しているかを調査しない（すなわち，ミーンズ・テストの排除），などである．(4) 現金で支給するというのも重要な特質であり，何に消費するか，あるいは貯蓄するかという条件をつけないということである．例えば貧困救済のために，アメリカにはフード・スタンプ（食料購入券）という制度があるが，これは使用目的を条件とする給付であり，これは条件付き給付である．これらの条件，あるいは無条件の意味については，後に詳しく議論する．

では，1ヶ月にどれだけの額を給付するか興味がもたれる．日本における主張例として，小沢（2002）は月額8万円を提案している．日本の人口を1億2,000万人とすると，115兆円の資金が必要となる．政府がベーシック・インカムを支給するのであるから，政府は税収を調達せねばならず，これだけで所得税率は50%強となる．政府はこれ以外にも教育などの公共財支出のために税収確保が必要であり，所得税だけに依存しても税率は60%を優に超え，70%に達しかねない．これだけの重い税負担を国民が受け入れるか，大きな論点である．この財源についても後に論じる．

ベーシック・インカムの思想，実践は歴史的にどのような経緯を経てきたのであろうか．山森（2009）によると，中国や日本の律令国家における均田制，あるいは班田制にその起源が求められるかもしれないとしているが，臣民だけが耕作地をもらえたのである．非臣民には無関係のことであった．さらに臣民には納税や兵役の義務があったので，ベーシック・インカム本来のいう国民全員への無条件給付とは異なる．ヨーロッパではトーマス・モアの有名な『ユートピア』の中で，生活保障ということが語られているので，16世紀あたりがこの思想の起源である．

山森（2009）に準拠しながら，ヨーロッパにおけるベーシック・インカム思想の歴史的変遷を追ってみよう．18世紀のトマス・ペインの『人間の権利』，トマス・スペンスの『幼児の権利』などによる萌芽を経て，イギリスでは「スピーナムランド制」がベーシック・インカムの原始的な第一歩とみなすことができる．これは産業革命期において農業労働者に対して，食料品（特にパン）の価格が高騰して生活をしていくのに所得が不足すれば，その差額の所得を支給する考え方を決めた制度である．賃金労働者においても，もしインフレが深刻で生活できないのなら，賃金補助を支給するものである．これら農民と労働者への所得給付は最低生活保障を目的としたものであり，ベーシック・インカムの実質的な萌芽とみなす見方がある．なおスピーナムランド制の功罪については橘木（2010b）参照．

ここで重要なことを指摘しておこう．それは19世紀あたりから，国民に最低の生活保障をするために，政府なり統治者が生活不足分を所得保障するという思想が市民権を得たことである．イギリスではそれを達成するために長い歴史を有する救貧法が再び日の目を見るし，現代における生活保護制度への発展につながっているのである．しかしこの考え方は，あくまでも所得の不足分を補う制度なので，働く人だけに恩恵がおよぶのであって，働かない人への給付ではない．働く人に給付という意味では，部分的なベーシック・インカムの萌芽とみなせる点を否定しないが，すべての人への一定額の給付ではないので，まだ本格的なベーシック・インカムの実践とみなすのは早計である．

むしろその後に登場するイギリスの古典派経済学者，J. S. ミルの『経済学原理』（1948年の第2版）による主張が，ベーシック・インカム思想の実質的な始まりとみなせる．それは「労働のできる人にもできない人にも，ともに一定の最小限度の生活資料だけはこれを割り当てる……」との指摘があることでそれが言える．ベーシック・インカムは無条件で，特に働くか働かないかの差を無視して支給する点が大きいからである．

もっとも注意を要する点として，J. S. ミルのいう「働けない人」とここでの「働かない人」の差はかなりの意味がある．前者は身体的・精神的な理由によって，たとえ働く意思があっても働くことのできない人であるのに対して，後者は身体的・精神的に問題はなくとも，意図的に働こうとしない人の場合を含んでいるということである．この差はベーシック・インカムと労働との関係を考慮するときに特に大切なので，後に議論する．

ここでミル以降の経済学者が，ベーシック・インカムにどの判断なり政策を提言してきたかを簡単にレヴューしておこう．このあたりの議論は，いろいろな所で紹介されて知られていることなので，ここでは簡単に説明する．

第一に，もっとも有名なのは保守派の代表であるアメリカのM. Friedman（1962）の「負の所得税」と呼ばれる所得税の還付策を提唱したことである．この「負の所得税」はベーシック・インカムと似ているようで厳密には異なる面がある．第3章で述べたように，これはむしろ働くことを後押しするような，いわゆるワークフェアの思想と判断した方がよいとも言える．とはいえ，「負の所得税」は政府が特に貧困で悩む人に対して，一定の所得を給付する案とみなせるので，ベーシック・インカムの側面のあることも否定できない．もっとも，国民全員への給付ではないので，本来の意味でのベーシック・インカムと異なるものであることを強調しておこう．

第二に，これは山森（2009）の強調していることであるが，社会保障制度のさきがけとなった有名な『ベヴァレッジ報告』における経済思想の柱となったケインズと，「社会配当」と呼ばれるベーシック・インカムの一類型を主張したケインジアンであるノーベル賞受賞者のJ. ミードとの間の論争である．何を巡って論争したかと言えば，『ベヴァレッジ報告』では社会保障制度の中核として，社会保険方式を念頭においていたが，ケインズもこの社会保険料の徴収による財源調達を支持していた．しかし，ミードはこれに対して税による財源調達を主張した．現在でも社会保障給付の財源調達方式を保険料方式で行うか，それとも税方式で行うかの論争があるが，第二次世界大戦中のイギリスにおいて2人の偉大な経済学者が現代にも通じる論争をしていたことは興味深い．

この論争に関する派生談を二つ述べておこう．一つ目は，イギリスの医療制度はNHS（国民健康サービス）制度が軸になっているが，ほとんどの財源を税収で調達している一方で，年金制度の主たる財源を保険料方式で調達しているので，ケインズとミードの論争に関しては，一勝一敗ないし引き分け，という解釈が可能である．

二つ目は，日本において基礎年金給付の財源を全額消費税で賄う方式を本書の著者の一人である橘木（2005）が主張している．これはケインズとミードの論争に関してはミード支持になるし，実は後に明らかにするように，ベーシック・インカムの部分的な支持につながる，ということである．

3. 思想・哲学としてのベーシック・インカム

ベーシック・インカムの導入に関して発生する経済効果については次節で議論するとして，ここではベーシック・インカムを支持する哲学・思想からの論点をまず考えてみよう．それは支持論のみならず反対論もあるので，それらの支持・反対論の双方に関心を払う．ワークフェアの章ではシティズンシップに基づく論理を説明したが，ベーシック・インカムの考え方の思想的基盤として，シティズンシップによる権利論がある．これはMarshall（1981）で代表されるように，三つの自由権，政治権，社会権のうち，社会権の保障によって，国民一人ひとりが生きていくための最低所得を受領する権利を有すると考えるので，国から最低限の給付を行うベーシック・インカムの存在が容認されるのである．ベーシック・インカムと権利の関係については秋元（2008）が有用である．

一つだけシティズンシップに関する論点を提示しておけば，市民と訳されるシティズンシップは国民という意味もあるので，ベーシック・インカムの受給という権利を有するのは，その国の市民権を有する人だけである．その国に住む外国人には支給されないのが普通である．その国でのベーシック・インカムの財源となる税金を払っている人にだけ支給するという思想はある意味当然であるが，もし外国人がその国で税金を払うようになればどうするか，という問題が残っている．これは市民権をどう定義するか，という法律，政治，財政などの問題と複雑にからむので，問題の指摘だけにとどめておこう．

次にシティズンシップからベーシック・インカムを容認する思想は，リベラリズムの観点から言えるところの自由の保障である．人間あるいは市民にとってもっとも崇高な権利は自由であると考えられるが，この自由を保障するのがベーシック・インカムと考える．例えば，最低限の所得が保障されることによって，他人からあれこれ規制・干渉されたりすることはないし，他人から経済支援を受けていやな思いをすることもない，というような自律（＝自由）の精神をもつことができるメリットがある．

哲学者はもう少し別の視点から，ベーシック・インカムの醸し出す自由を論じる．それに関しては田村（2008）が有用である．20世紀最大の哲学者Rawls（2001）によると，世の中には「善」と「正義」があるが，各人が自由でかつ平等に「善」を追求することに期待がかかる．人々は多様な天賦の才能や異なる環境の下で生きているのであるから，すべての人が自由で平等に善き生活を送るには，ベーシック・インカムの支給が大いに役立つと考えるのである．換言すれば，現代におけるベーシック・インカムの主唱者であるVan Parijs（2006a）は「いかなるものであれ，各人の善き生活についての構想の実現を追求するための真の自由の配分」（田村 2008，p. 87）を実現するためにベーシック・インカムが容認されるのである．

しかしながら，リベラリズム（自由主義）のJ．ロールズであるが，政府が高度な社会保障を提供する福祉国家に懐疑的だったし，ベーシック・インカムの考え方にも賛成しなかったことは有名なことである．例えば福祉国家は政府があれこれ手助けすると，それに頼ろうとする人々の数が増加する機運を高めることにつながるとした．

ベーシック・インカムに関しても，有名な「格差原理」に反するので好ましくないとロールズは考えた．なぜならば，「格差原理」はもっとも不遇な状況にいる人を改善することに価値があると主張したが，働かない人でベーシック・インカムを受給する人は，「余暇」という基本財を得ているのであるから，必ずしももっとも不遇な状況にいる人ではない，とみなせるからである．やさしく言えば，働くことができるのにサーフィンを楽しんでいる人に，ベーシック・インカムを支給する必要はない，という説となる．

このロールズの説に対しては，Van Parijs（2006b）による興味ある反論がある．「余暇」が社会的・経済的な便益の一つとみなせるなら，もっとも不遇な状況にいる人がより多くの「余暇」を楽しめるのなら，ロールズのいう「格差原理」に反することはなく，より好ましいと判断できるのではないか，という主張である．換言すれば，働かずにサーフィンを楽しんでいる人も，ベーシック・インカムを受給する資格があることになる．

ロールズが正しいのか，ファン・パライスが正しいのか，一つの鍵は余暇をどう理解するかにかかっている．余暇の評価に関しては橘木（2009b，2011b）を参照されたい．伝統的な経済学では労働は苦痛とみなされ，賃金が上昇すると労働時間が増加して余暇が減少する．しかしある程度の賃金に達すると余暇をより高く評価することになるので，賃金が上昇しても労働時間を減少させて，逆に余暇を増加させる．

賃金（すなわち所得）の低い人と，高い人との間で余暇の評価が異なるということである．ロールズの言うもっとも不遇な人（通常は所得で計測する）は，余暇よりも労働時間を増加することを選択するであろうから，ファン・パライスの言うような余暇を重要とみなすことはないだろうと言える．換言すれば，低所得の人は余暇を社会的・経済的な便益の一つとみなす余裕などないのである．したがって，働かずにサーフィンを楽しんでいる人へのベーシック・インカムの支給は，根拠が薄いということになる．

もう一つ，ベーシック・インカムを容認する思想は，誇張すれば「労働は悪だ」とみなす考え方を支持して，できるだけ労働を避けるのがよい，と考えることに基盤をおく．これを田村（2008）は脱労働中心的なシティズンシップと呼んで，ベーシック・インカムを擁護する思想の一つとした．先程述べた伝統的な労働経済学からの解釈に従うと，脱労働をして余暇をもっと志向できる人は，どちらかと言えば高所得の人に多いことになるので，そういう人にベーシック・インカムを支給する案は，金持ち優遇策ということになるかもしれない．

この脱労働の重視という考え方は，人が仕事を離れると，人と人とのつながりを排除することにつながるので，人間性を失うことになるから避けるべき，という主張がある．すなわち働くことに大きな生きがいや意義を感じている日本人には，ベーシック・インカムはなじまないのではないか，という危惧がある．

さらに，別の視点として伝統的なマルクス主義と両立しない可能性がある．マルクス主義，ないし社会主義は「働かざる者食うべからず」の伝統があり，働かない人に対してまでベーシック・インカムを支給することは，道徳的な倫理観に反するという根強い拒否感がある．これは必ずしもマルクス主義でなくとも，「勤労は徳である」とみなす思想には一定の支持がある．例えば，マックス・ウェバーによるプロテスタンティズムの倫理に立脚した勤労と倹約の奨励，二宮尊徳による「勤労は美徳」などの思想が，橘木（2009a, 2011b）で議論されている．ベーシック・インカムが働かない人に現金を支給するのは道徳に反する，とみなす意見は相当に根強いのである．

この批判は「互恵性」原理に反するということが根拠になっている．ここで互恵性（reciprocity）とは，White（2003）には次のような言葉がある．「社会的生産物をよろこんで共有しようとするそれぞれの市民は，当該コミュニティに対して，その見返りに，それに相応する生産的貢献を行う義務を有する」（田村 2008a，p. 99）．やさしく言えば，人間社会ではお互いに与え合うことが基本条件である．ベーシック・インカムは貢献もせず（例えば勤労もせず）に給付だけを得ることになるので，互恵性に反するということになる．

一つだけ互恵性に対するコメントを述べておこう．哲学・倫理学には次のような二つの相反する主義がある．利他主義 vs. 交換主義である．前者は，個人が他人に一方的に便宜を与えることによって，自分の満足がある．いわば見返りを求めないのである．それに対して後者は，お互いに他人に便宜を与え合うことによって，双方が満足を感じるとする．いわばお互いに見返りを求めるのである．

当然のことながら，互恵性は交換主義と同じ性質をもつものである．しかし利他主義を信じて見返りを求めない場合もある訳で，人間社会では互恵性が常に正しいとは限らないのである．したがって，互恵性の原則に反するので，ベーシック・インカムは容認されないという主張は，必ずしも全面的に支持されるものではない．

しかしベーシック・インカムの支持者は，この互恵性に反するという根拠に対しても，あるいはもっと直接的に働かない人へのベーシック・インカム給付への反対論に反批判を試みている．どのような反批判であろうか．第一に，自然が人間に与える恵みや，過去の人間の労働による成果は，すべての現在生きる人が平等に享受すべきものなので，遊んでいる人もそれを受ける権利があると考える．これは「自然と過去からの授かりもの説」である．

第二に，「雇用レント説」と呼ばれてよいもので，偶然の幸福から得た高い賃金という雇用レントを独占する人と，遊びながらもベーシック・インカムを受給している人，どちらがフリーライダーかの断定はできない．

第三に，ベーシック・インカムはフリーライダーを生むが，それを社会にとっても必要悪とみなせば，大げさに騒ぐことではない．さらに，ベーシック・

インカムの額では最低所得水準しかないので，もっと豊かな生活を望む人が多くいて，結局はこれらの人は働くことになる，という楽観論がある．

第四に，個性や社会の多様性を容認する人が多いし，我々はベーシック・インカムという実験の中にいると考えれば，ある程度のフリーライダーの存在は，実験や多様性への代償とみなせる．これら代償の規模は小さいはずである．

ここで述べた四つの反論は，Fitzpatrick（1999）の説を武川（2008）が要約したものである．この他にも，ベーシック・インカムは有償労働以外の労働，例えば社会的に有用なボランティア活動などを促すというメリットや，空いた時間を政治活動などに注入できるので，よりよい社会の形成につながるメリットがあると主張される．これは第五番目の反論とみなしてよい．

この第五番目の見方はやや甘いのではないか，という疑念をぬぐい切れない．人間社会が性善説の世界にいれば，多くの人はボランティアや政治の活動に向かうかもしれないが，そのような活動には無関心で，例えば余暇に走る人も相当いるのが現実である．橘木（2009b）の言う生産的な余暇（例えば読書，自己スキルアップ，職業訓練など）であれば問題なく，むしろ奨励されることであるが，ムダに時間を浪費する余暇もありうる．

例えばパチンコに走る余暇を考えてみよう．本人がパチンコを好むのであれば，第三者が全くその余暇を非難できないのであるが，少なくとも本人の生産性が高くなるような活動ではない．しかし実は，パチンコ業が発展して経済活性化の一翼を担うメリットはある．あるいはパチンコに没頭することによって英気を養うことができて，翌日は働く意欲が高まる人だっている．このように考えるとパチンコに走る余暇も，メリットがあるとも言える．もっともパチンコで大損をして，生活苦に陥るような人は困ることであるが…….

以上をまとめると，ベーシック・インカムは自然権のように人には受ける権利があるし，たとえそれを受給してフリーライダーとして働かなくなる人がいたとしても，その数は大きくないので，大騒ぎする必要はないということになる．さらに，誰がフリーライダーで誰がそうでないかを区別することは困難だし，区別して認定する手間にも費用がかかるということも無視できない．

ベーシック・インカムが働かなくなる人，あるいは労働時間を削減する人がでてくることになるので，道徳的な倫理観に反することにつながるから，ベーシック・インカムは好ましくないという主張に賛成するかしないかは，一人ひとりの生き方，あるいは哲学・倫理観にかなり依存する．したがって，すべての人を納得させることは不可能に近い．哲学・倫理の側面からこのことを論じることも大切であるが，むしろ経済学的な手法を用いて，ベーシック・インカムが人々の経済厚生や平等にどれだけ貢献し，かつ労働供給への影響を含めて経済効率の効果がどれだけあるかを，数字として提供した方がこの制度の是非を判断できるのではないか．それについては後に言及する．

4. 労働の変容に応じたベーシック・インカムの提唱

1970 年代から 80 年代にかけて，世界の先進国において資本主義における生産様式や労働者の働き方は変化した．さらに産業構造も第二次産業からサービス産業を中心にした第三次産業に移行した．生産様式の変化とは，単一製品を工場で大量生産して，人々が大量消費に走る方式から，消費者の趣向の変化に応じて，様々な製品やサービスを提供する時代となった．工場やオフィスで働く正規労働者が中心だったので，一定の賃金を支払う方式を採用していたが，働き方が多様化して非正規労働者が多くなって労働時間や賃金にも様々な方式が採用されるようになった．

この現象は，労働市場の二極化と呼んでよい．正規労働者 vs. 非正規労働者，安定雇用者 vs. 不安定雇用者，知的労働者 vs. 単純労働者，高賃金労働者 vs. 低賃金労働者，といった二極分解である．このような現象に注目したのが Hardt and Negri（2000）であり，グローバル化した資本主義の下ではこの変容に抵抗するには，すべての労働者に生活を保障する賃金を支払う必要がある，と主張した．これは特に先程の二極化で対比した労働者のうち，後者に属する恵まれない地位にいる労働者が念頭にあることは言うまでもない．

ネグリの思想は山森（2009）が強調するように，「生きていること自体が労働であり，報酬の対象となる」というやや過激な政治的要求の言葉で代弁されることとなり，すべての人に賃金，ないし所得が支給されるべきという主張につながる，ベーシック・インカムの主張に他ならないのである．これは社会的賃金，あるいは保障賃金とも呼ばれることもある．

労働の二極化は日本においても顕著になっていることは，皆の知るところである．劣悪な労働条件（例えば低賃金や不安定な雇用）を克服するために，ネグリらはベーシック・インカムに類似した案を主張したが，日本に即して考えるとどのような案が考えられるだろうか．ネグリらの主張するベーシック・インカムは日本で導入可能だろうか．結論を先に述べれば，日本ではベーシック・インカムはまだ導入の時期に達していないので，別の方策でこの二極化に対処する方がよい．

そう判断する理由は，ベーシック・インカムは労働忌避を招く恐れが強く，これへの嫌悪感がまだ日本では根強いことと，小さな政府志向がまだ強い日本では，実施に際して大きな税金負担を要求せねばならず，国民の拒否反応が相当に強いからである．ではベーシック・インカムに代わる政策はあるのだろうか．それは様々な方法で非正規労働者の労働条件を改善することであるが，もっとも効果があり，かつ比較的容易に導入可能な策は，著者らがワークフェアとして重宝する最低賃金の大幅アップである．したがって，著者らは少なくとも働ける人に関しては，ベーシック・インカムよりも最低賃金の大幅アップというワークフェアを好ましいと判断していることになる．

労働の変容に関するもう一つの分野は，女性労働に関することである．一昔前であれば，男女の性別役割分担意識が強かった．そういう時代であれば，フェミニストの運動家が目標とすることは，家事，育児，介護といった労働の分野において，女性が主として従事していた非有償労働に対して，賃金を支払うべきというベーシック・インカムに似た制度を導入することであった．山森(2009)が紹介するように，かなり過激な運動が欧米諸国で見られたが，結局は働かない女性へのベーシック・インカムの支給という政策が実行されることはなかった．

しかし女性の労働意欲が高まり，かつ市場で家事，育児，介護などのサービスを調達できるようになり，多くの国で女性の労働参加率が高まる時代を迎えた．したがって，働かない女性に対して何らかの報酬を与えるべきという要求は，やや勢いを失うこととなった．一方で働く女性にとっては，有償労働に加えて家事，育児，介護といった無償労働の負担をかなり背負うこととなり，二重負担の苦痛は重いと言わざるをえない．男性がこのような労働にも参加するような男女共同参画社会にはまだ至っておらず，男性の積極的な参加に期待がかかる．

ベーシック・インカムとの関係でこれらのことを考えれば，少なくとも今までの福祉政策のターゲットは男女の夫婦がいるという世帯であったので，個人への支給を原則とするベーシック・インカムの出る幕はなかったと言ってよい．特に，男性のほとんどが働き，女性に働く人と働かない人がいる時代が現在なので，どのようなベーシック・インカムの制度にするかは容易ではない．なぜならば，既に強調したように，日本では働かない人へのベーシック・インカムの支給には抵抗がまだ強いからである．むしろ，今の女性の労働参加率がもっと高まって，100%に達した時の方がベーシック・インカムの導入を実行しやすい．

実は働かない人へのベーシック・インカムのような給付に対する嫌悪感は，日本のみならず欧米においても根強いものがある．この状況の下で，経済学者である Atkinson（1995）は「参加所得」という概念を提出して，この嫌悪感を和らげるような折衷案を考えた．意味するところは，次に列挙する活動のどれかに従事していれば，ベーシック・インカム受給の資格を与えるものである．この考え方は先に述べた「互恵性」の原則に合致しようとする目的がある．

（1）雇用ないし自営業による労働，（2）病気や障害による労働不能，（3）失業中，（4）教育や職業訓練を受けている，（5）子ども，高齢者，障害者などのケアに従事，（6）ボランティア活動，といった要件である．

このような活動に従事している人にベーシック・インカムを支給する案は，勤労に関する道徳的倫理観を重視する人への説得力は確かに高いが，ある特定の人に関して受給している時期と受給していない時期があるので，本来のベーシック・インカムが念頭におく生まれてから死ぬまでの支給という原則とは異なる．さらに，これらの人には従来から存在している特定の福祉制度で対応することも可能であり，重複支給になりかねない．最後に，これらの活動にいる人の監視や管理にも手間と費用がかかる．「参加所得」という概念を実践するには，意外と障壁が高いのである．一方で，この案はもうベーシック・インカムの根幹から離脱しているという指摘が，ベーシック・インカムの支持者からもあり，「参加所得」の概念は必ずしも多数派の支持を得ていない．

5. 日本におけるベーシック・インカムの導入可能性

小泉純一郎元首相は国会答弁で，「政府はベーシック・インカムを導入する意思はありません」と述べているし，弱小政党の新党日本がベーシック・インカム支持を表明したにすぎない．専門家の間でも，小沢（2002, 2008）が具体的な制度を含んだ提言をしているだけである．日本でのベーシック・インカムはまだ導入の可能性はない．繰り返すが，日本では労働忌避への嫌悪感が強く，さらに高所得税負担への支持がないからである．

では永遠に不可能であろうか．ここでは将来には導入がありうるかもしれない具体的なベーシック・インカムを提言してみたい．どのような制度かを端的に示せば，次のようになる．

日本の人口を，働くことのできる世代（学校を卒業して働き始める年齢から年金給付の始まる 65 歳まで）と，働くことのできない世代（学校を卒業するまでの幼児と教育世代と，65 歳以降の引退世代）に区別する．前者には個人一人ひとりにベーシック・インカムを支給せず，後者には次のような給付を一人ひとりにする．すなわち，幼児と教育世代には例えば月額 3 万円，引退世代には例えば月額 8 万円を支給する．これらの給付による財源には，基本的には消費税を充てる．

ここでの提案の主旨を説明しておこう．第一に，ベーシック・インカムを変化させた一つの姿として導入する．ただし支給を，働くことのできない世代に限定するところに特色がある．これは働くことのできる人へのベーシック・インカムの支給に抵抗感が強いことへの配慮と，国民の租税負担を大きくしないことを目的としたものである．さらに，働くことのできる世代に支給すると，具体的にどれほどの労働供給が削減されるか特定できないが，確実に働かなくなる人が出てくる．それがマクロ経済成長にとってマイナスであり，その効果を除く目的がある．

第二に，働くことのできない世代（すなわち幼児と教育世代と，引退世代）には 1 人当たり一定額を支給する．働くことのできない世代へのベーシック・インカムには抵抗感が少ないというメリットを重視する．

第三に，幼児と教育世代への3万円という額は，ヨーロッパの児童手当額の中で，もっとも高い額を参考にしたが，まだ仮の値であり，財源の問題を明確にしてから正確な値を計算したい．なおベーシック・インカムの月額8万円という小沢（2002, 2008）説より低額なのは，親の世代が勤労しているのでなにがしかの所得があり，かつある程度の扶養義務が親にあるからである．さらに，幼児教育，高校教育の無償化策が採用されたので，このことも親世代の負担を和らげるだろうと判断したこともある．なお北（2008）は児童手当をベーシック・インカムの一変型とみなせるとしているので，あらためてベーシック・インカムとして提言している．

なおその後，2009年の民主党新政権は，15歳までの子どもに月額13,000円という子ども手当を支給するようになった．この制度は一部の国民にベーシック・インカムを支給したという解釈ができるので，日本では既にベーシック・インカムは部分的に導入されているのである．なお子ども手当は政治の不安定により，今後はどうなるか不透明性が高いので，日本でベーシック・インカムが部分的にせよ定着した，と考えるのは時期尚早である．

第四に，引退世代に対しての支給は，ほぼ橘木（2005）を踏襲している．基礎年金給付の全額を消費税で賄う案がこの制度の根幹であるが，武川（2008）によると橘木案はベーシック・インカムの一変型と解釈されているので，ここであらためてベーシック・インカムとして提言するものである．

第五に，ベーシック・インカム（具体的には基礎年金額）の財源を消費税に限定した理由は橘木（2005）に詳しく示されているが，ここでそれを簡単に要約しておこう．

(1) 所得税や社会保険料より徴収漏れがかなり少ない．
(2) 所得税や社会保険料での調達であれば，世代間の不公平を計算しやすくするので，世代間の損得論議が出やすいが，消費税であれば良い意味でそれをあいまいにする．
(3) 間接税の特色を生かして，資源配分への中立の意義が高い．
(4) 所得税や法人税は直接税なので，労働供給・貯蓄・投資などへの悪影響があるので，資源配分にマイナスが生じるのであり，経済成長への阻害となる．

(5) 幼児・児童・生徒への手当や引退世代への給付を，消費税による福祉目的税とすれば国民の理解と支持が得られやすい．

(6) 価値を創造する（すなわち生産）過程にある者への課税ではなく，創造された価値を消費する者への課税の方がより公平である．換言すれば，つつましい消費よりも多額の消費に，より高く課税する案が望ましい．

なお，最後の（6）に関しては，ドイツにある薬局チェーンの経営者であるWerner（2007）による理由からの引用であるが，それ以外は橘木（2005）の論拠による．一般にベーシック・インカムは伝統的なマルクス主義を除いて左翼からの支持が多いが，経営者が支持している事実は，右翼の支持を意味するので左右の双方からの賛意があることを示唆している．

6. むすび

論者によってはベーシック・インカムを導入せよという意見があるが，まだどの国でも導入はない．本章ではなぜベーシック・インカムが一部の思想家，経済学者によって主張されるようになったかの根拠とその問題点を議論した．全面的に，すなわち全人口の一人ひとりにベーシック・インカムを支給することには，あまりにも課題が大きすぎると判断するが，子どもや引退者への支給という部分的な案は可能であると思うし，現実にも実行されている．

Ⅱ

雇用政策のあり方に関する疑問を検証する

5
雇用形態は時系列によってどのように変化したのか

1. はじめに

1990年代以降のいわゆる「失われた10年」以降，日本の雇用環境は厳しさを増した．その後の緩やかな景気回復と共に完全失業率も2002年から2003年の5.5%前後をピークに徐々に低下し，労働市場の一部に改善の兆しが見られたものの，2008年のリーマン・ショック以降再び上昇した．

完全失業率の上昇だけではなく，雇用形態の変化が同時期に生じたことも指摘されている．特に正規雇用が減少する一方で，非正規雇用（パートタイム労働者，アルバイト，派遣，日雇い等）が大きく増加した．「労働力調査」によると非正規雇用者数は1990年の881万人から継続的に増え続け，2009年には1,700万人を超すまでに増えた．非正規雇用は企業業績や景気変動に左右されやすいため，失業や不安定雇用につながりやすいとの懸念もある．こうした不安定な働き方から抜け出すことが困難ならば，所得格差が固定化される可能性も否定できず，雇用格差と並び問題視されてもいる．

この点に関しては，樋口（2008）は25歳以下の若年層のジニ係数が1999年から2002年にかけて上昇した理由の一つとして，低賃金の非正規労働者の増加を挙げている．また太田（2008）は中高年フリーター増加に言及しており，彼らが非正規雇用から抜け出すことが困難ならば，低賃金ゆえに所得格差が固定化されると予想できる．

このように非正規雇用の増加が注目されているが，それに加えて景気の低迷が続く中で正規雇用が非正規雇用によって代替され，正規の仕事が少なくなったのではとの議論もある．

つまり1990年代以降の雇用形態の変遷にまつわる議論には，非正規雇用が苦しい立場に置かれている点に注目するものと，逆に正規雇用の減少に注目するものが並存している状況にある．

これらの点に関しては多くの先行研究が蓄積されているが，本章では時系列分析，特にベクトル自己回帰（VAR）を用いてマクロ産出量や雇用形態へのショックに対して正規・非正規という雇用形態および失業率が時間の経過に伴いどのように反応するのかを検証する．この作業を通じて1990年代以降の変数間の相互関係を見ていく．

また後述するようにVARを用いるメリットは，他の条件を一定にした上である変数の変動が他の変数にもたらす影響を見ることが可能になる点である．そしてマクロ産出量や雇用形態へのショックが失業率や雇用水準を左右する要因といえるのか，もしそうならばその程度や収束までの期間を見ることができる．

例えば非正規雇用の水準を変化させるショックは失業率を高めるのか，あるいは失業率が高まるために職を求め非正規雇用が増えるのか，など雇用形態間の関係を検討することができる．あるいはショックに対する正規雇用と非正規雇用の反応を観察することで雇用格差・所得格差を考察する手がかりが得られる．

雇用形態の時系列分析は照山・戸田（1997）や太田・玄田（1999）が日本における代表的研究であるが，共に失業あるいは一般労働者を主な対象にしており，正規雇用と非正規雇用の両者を考察対象にしていない．その点において本章は新たな分析が可能である．特にマクロ産出量の変動や雇用形態へのショックが，どの程度の影響を正規・非正規それぞれに与えるかはあまり考察されていない．したがって本章はこのような先行研究であまり扱われなかった観点を取り入れる．

2. 先行研究

本節では正規・非正規の雇用量に着目した先行研究を中心に，日本の雇用形態に関する実証分析を概観し，本章との関連を見ていきたい[1)]．

太田・玄田（1999）は「雇用動向調査」を用いて失業の時系列分析を行っている．中小企業・自営業・建設業からの雇用減退が失業につながりやすく，大企業・サービス部門からは逆に失業につながりにくいことを示し，1990年代の失業増加の背景には自営業部門の雇用縮小があるとしている．さらに1997年末からの失業の急増には中小企業と建設業の停滞が作用したと指摘している．樋口（2001）によると1990年代はそれ以前より雇用調整の速度が速くなり，産業別では調整が速くパートタイム労働者も多い卸小売業やサービス業のウェイトが高まったとも述べている．

太田・照山（2003）はフロー分析を通じて，1990年代は失業状態への流入が大きいことや失業する確率が上昇したことなどを明らかにした．また阿部（2005）も同様に失業する確率の上昇を指摘している．

雇用創出・雇用消失という視点からも照山・玄田（2002, 2010），および玄田（2010）で1990年代以降の分析が行われている．これら一連の研究は雇用創出率が横ばい状態の一方で，雇用消失率上昇が示されている．特に雇用成長率の鈍化は開業による雇用創出が伸びなかったことにある．神林（2008）は雇用変動における雇用消失の影響の大きさを指摘している．さらに玄田（2004）は雇用拡大につながるショックは一時的な効果しか持たないのに対し，雇用消失のショックは持続的な性質を持つと述べ，その影響に言及している．

これらの先行研究は企業規模や産業ごとに雇用状況が異なることや，雇用調整速度の変化や雇用創出・雇用消失などが失業をはじめとする雇用動向に影響を与えることを考察している．だがそれだけではなく，雇用調整の中身にも多くの関心が向けられており，その一つとして正規・非正規の代替関係の分析がある．

宮本・中田（2002）は大型小売業を対象に，正規・非正規の代替関係に焦点を当て，1990年代後半の正規雇用の雇用調整の高まりは，売上高の大幅減少と正規従業員の人件費の相対的上昇を反映したものであると述べている．

しかし一方で非正規雇用の増加は，正規雇用がより高度の職務に従事することを促し，正規雇用の労働生産性が高くなるために，非正規従業員比率の上昇

1）太田・玄田・照山（2008）は1990年代以降の日本の雇用問題に関して様々な分析と先行研究の広範なサーベイを行っている．

が正規雇用削減を抑制することとなった．同時期の雇用調整速度の低下と整合的であり，正規の雇用削減と正規の雇用調整速度の低下の双方が成り立っている．彼らの研究は不況下で正規雇用が減少し，非正規雇用が増加したが，高度な職務を遂行できる正規雇用の存在によって，単純な代替関係という認識に疑問符を投げかけていると言えよう[2)]．

本章ではマクロ産出量や雇用形態の変動をもたらすショックに対して，失業率がどう変化するのか，正規雇用と非正規雇用が時間の経過と共にどのように反応するかを考慮する．その過程で先行研究同様に正規・非正規間の関係にも言及するが，失業率などその他の変数との相互関係にも注目する．

もちろん非正規の動向は正規との代替関係のみから捉えられるべきものではない．太田・玄田・近藤（2007）によると，若年男性労働者については不況期に就職した世代の低学歴層ほど正社員になりにくく，非正規や無業になりやすい．学歴や卒業時点の労働市場の影響が継続する世代効果が存在するのである．

太田（2008）は非正規雇用増加の背景には景気循環的な要因だけではなく，構造的要因が非正規雇用の増加，特に中高年フリーターの増加につながる可能性に言及している．

これらの研究は何らかの要因で非正規雇用が増加すれば，時間が経過しても簡単には正規雇用という比較的安定した働き方を手にすることが困難になることを示唆している．だとすればマクロ産出量や雇用形態へのショックに対する正規・非正規の時間の経過を通した変動を知ることが，現在と今後の労働市場を考える上で不可欠であるし，本章でショックに対する反応などの側面を考察対象とする目的もそこにある．

2）　正規雇用と非正規雇用の代替・補完関係は原（2003）でも考察され，経済全体では正規と非正規は補完関係にあると指摘している．さらに生産要素間の相対価格および資本と労働需要の関係も考慮した上で得られた結果では，大企業では補完関係，小企業では代替関係にある．正規雇用を減らしてパートタイム雇用を増やしているという見解は企業レベルで見ると，ここでも必ずしも当てはまらない．

正規雇用と非正規雇用は単純な代替関係ではないとの主張は，石原（2003）でもなされている．フルタイム雇用の８割以上がパートタイム雇用の増減と関わりなく失われていること，パートタイム雇用の半分以上はフルタイムの雇用消失を伴わずに増えていることはその証左である．

3. 1990年代以降の雇用形態の推移

3.1 使用データ

本章で用いるデータは「労働力調査」の完全失業率（季節調整値，*uer*）と「毎月勤労統計調査」の常用雇用指数（季節調整値：2005年＝100，雇用形態別，対数変換）および経済産業省が公表する鉱工業生産指数（季節調整値：2005年＝100，付加価値生産額，対数変換，*lny*）と全産業活動指数（季節調整値：2005年＝100，農林水産業生産指数を除く，対数変換，*lny2*）であり，すべて月次データである．常用雇用指数は一般労働者とパートタイム労働者，各々の値を用いる[3)]．

完全失業率（*uer*）とパート指数（対数変換済みのパートタイム労働者の指数，*lnpi*），フル指数（対数変換済みの一般労働者の指数，*lnfi*）の推移が図5-1に示されている．完全失業率については1990年以降上昇し続けているが，特に1998年頃から傾きが大きくなり2003年までは上昇ペースが顕著になったことが分かる．その後は低下に転じるものの，2008年以降再び上昇した．

それと対を成すようにフル指数は1997年頃まで上昇を続けるが，その後は2004年まで減少傾向にある．その後緩やかな上昇を見せるが，2008年末以降やや低下した．一方でパート指数はほぼ一貫して上昇傾向が続いている．

また「労働力調査」によると，男女共にパートタイム労働者の増加基調が観察されると共に，2001年以降には派遣および契約・嘱託等が増加している．

3）「毎月勤労統計調査」では，常用雇用者は（ア）期間を定めず，又は1カ月を超える期間を定めて雇われている者．（イ）日々又は1カ月以内の期間を限って雇われている者のうち，調査期間の前2カ月にそれぞれ18日以上雇われた者，である．

ただし重役，理事などの役員でも，部長，工場長などのように常時勤務して，一般の労働者と同じ給与規則で毎月給与が支払われている者，及び事業主の家族でも常時その事業所に勤務し，他の労働者と同じ給与規則で毎月給与が支払われている者は，常用労働者に含まれる．

パートタイム労働者は常用雇用者のうち次のいずれかに該当する者である．（ア）1日の所定労働時間が一般の労働者よりも短い者．（イ）1日の所定労働時間が一般の労働者と同じで一週の所定労働日数が一般の労働者よりも短い者．一般労働者は常用労働者のうちパートタイム労働者を除いた労働者のことである．

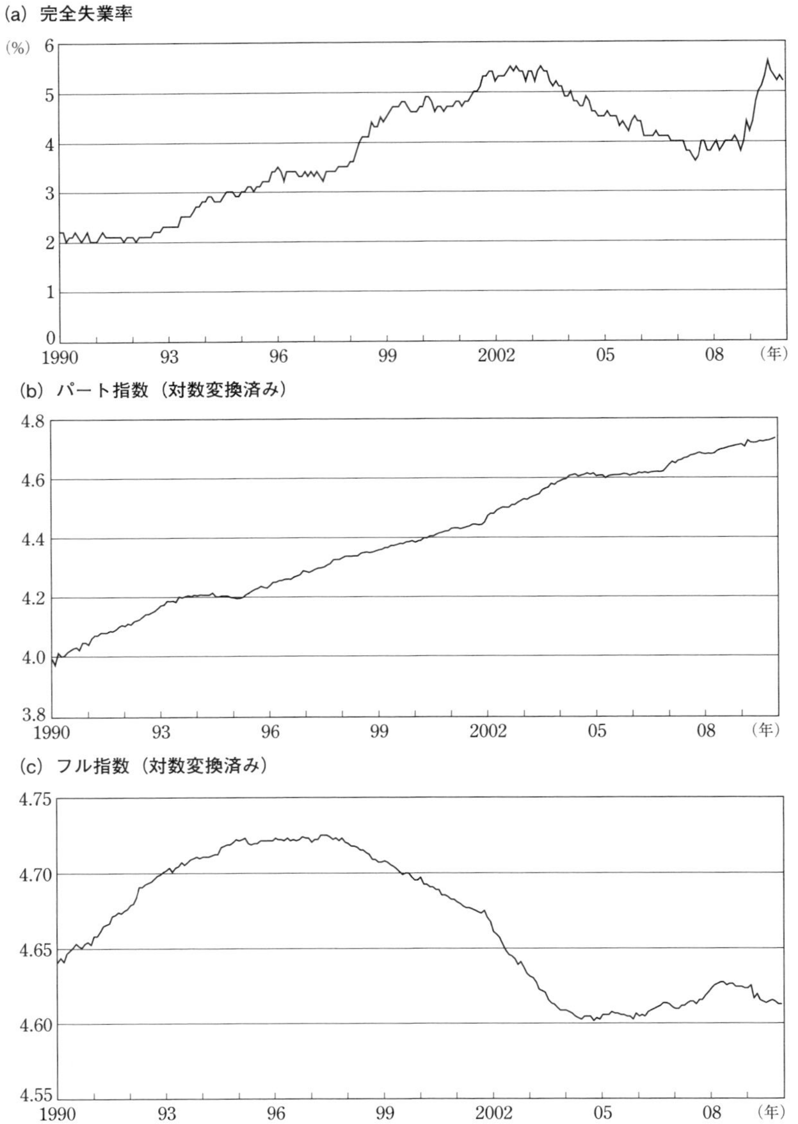

図 5－1　完全失業率とパート指数とフル指数の推移

出所）総務省「労働力調査」，厚生労働省「毎月勤労統計調査」より作成．

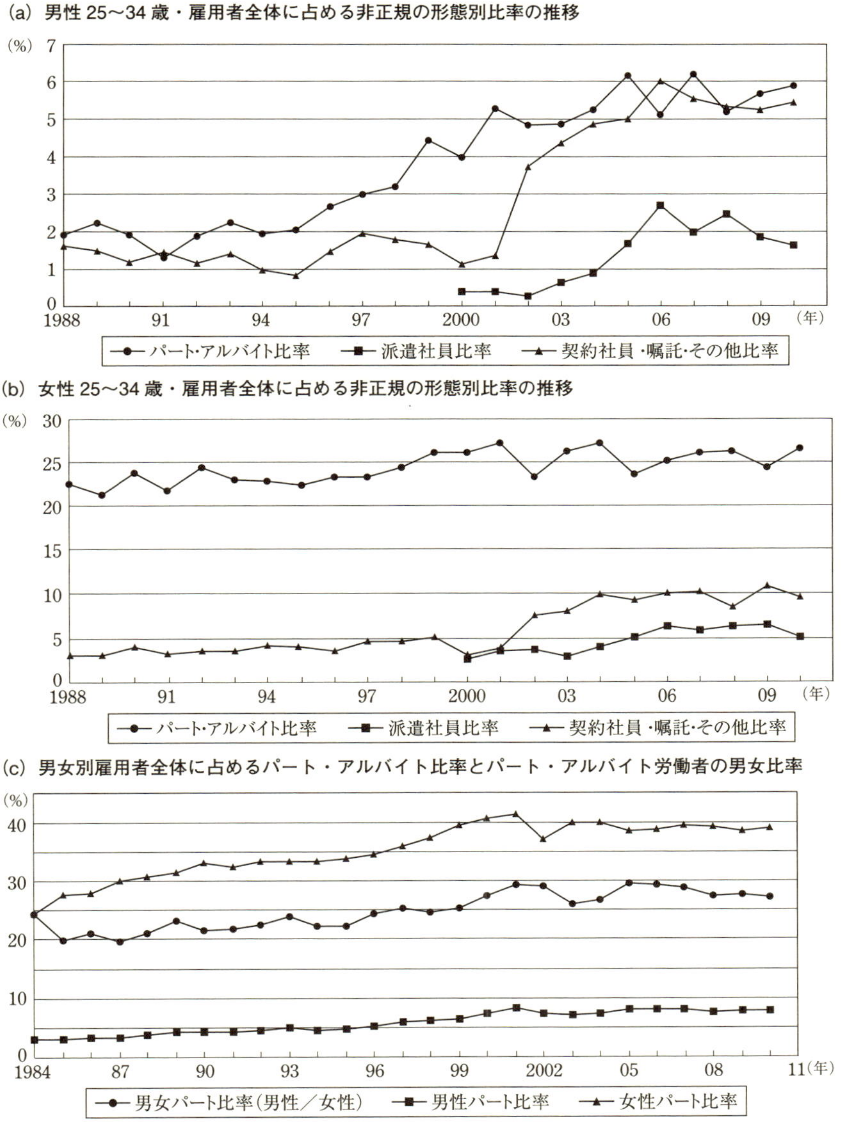

図 5-2　雇用者全体に占める雇用形態別比率の推移

出所）総務省「労働力調査特別調査」,「労働力調査詳細集計」より作成.

特に図5-2で示した25〜34歳の若年男性では2000年代に入ってからパートタイム・アルバイト，派遣，契約・嘱託など各種の非正規が増加傾向にある．一方では女性パートは従来からの水準が維持されるとともに，派遣，契約・嘱託が増加している．

同じく「労働力調査」によってパートタイム・アルバイト数の男女比率をみると1980年代後半以降上昇基調にあるが，2000年代は1980年代後半に比べて9ポイントほど上昇し，高止まりしている．男女共に非正規雇用が増えていると共に，数量としては男性のパートタイム・アルバイトは女性よりも少ないが，以前に比べると相対的に増加傾向が見て取れる．

さらに先行研究によって本章の分析期間の雇用形態の特徴を補足したい．阿部（2008, 2010）も「労働力調査」を用いて，1990年代後半以降の非正規雇用増加と学生・主婦以外の非正規雇用の増加傾向を指摘している．特に1995年以降に学生アルバイトを除く若年男性の間でも，非正社員化が進んでいるとしている[4)]．

脇田（2010）は同じく「労働力調査」の分析によって，男性25〜55歳の非正規数は大きくないが，非正規比率は2001年から2004年の不況期に増加したことを示している．さらに男性25歳未満あるいは55歳以上の非正規雇用の増加も1988年から2008年までの間に確認できる．女性については従来からの家計補助的なパートタイム・アルバイトの増加と共に，若年・未婚の非正規化が指摘されている．

本章のデータおよび先行研究からは，1990年代以降，特にその後半から完全失業率の高まりと非正規化の特徴が見られることと，非正規の増加は主婦パート以外の者も多く含まれるようになったことが示される．

本章では先述したようにVARを用いるが，事前に単位根検定と共和分検定を行ってVARを使用可能かを調べる．なお以下では照山・戸田（1997）にならい，ロジット変換した失業率（lu）を用いる．

まず単位根検定として，DF-GLSテスト，ADF（Augmented Dickey-Fuller）テスト，P-P（Philllips-Perron） テストを行い，その結果を表5-1に

4） 若年層のパートタイム労働者が増えている一方で，阿部（2010）は2000年代以降，パートタイム労働者以外の派遣などの増加が特徴的であると指摘している．

表 5-1　単位根検定：1990～2009 年

	トレンドあり			トレンドなし		
	DF-GLS	ADF	P-P	DF-GLS	ADF	P-P
レベル						
lnpi	−0.944(1)	−2.539	−2.310	2.648(4)	−1.638	−1.778
lnfi	−0.786(4)	−2.374	−3.268*	−0.714(4)	−0.462	0.026
lu	−1.079(1)	−1.199	−1.114	0.830(1)	−1.569	−1.227
lny	−3.622(2)**	−3.604***	−2.709	−3.600(3)***	−3.592***	−2.730*
lny2	−1.107(1)	−2.030	−1.838	−0.554(1)	−2.134	−2.377
階差						
dlnpi	−2.038(4)	−5.823***	−20.825***	−0.804(4)	−5.696***	−20.497***
dlnfi	−3.310(3)**	−3.691**	−15.042***	−1.605(3)	−3.501***	−14.284***
dlu	−13.013(1)***	−5.616***	−17.049***	−12.926(1)***	−5.569***	−17.042***
dlny	−6.475(1)***	−5.916***	−12.782***	−5.768(1)***	−5.945***	−12.802***
dlny2	−11.245(1)***	−6.821***	−16.935***	−4.537(3)***	−6.719***	−16.786***

注）＊ $p<0.1$, ＊＊ $p<0.05$, ＊＊＊ $p<0.01$. DF-GLS テストのラグ次数は SIC（Schwarz の情報基準）に基づいて決定した．ADF テストのラグ次数は 4 とした．P-P テストの値は z_τ．z_ρ でもほぼ同様の結果を得た．

表 5-2　共和分検定

階数	lny lnpi lu, ラグ 6	lny2 lnpi lu, ラグ 6	lny lnfi lnpi, ラグ 5	lny2 lnfi lnpi, ラグ 5	5％	1％
0	24.0445＊1＊5	18.2916＊1＊5	32.6214＊1	21.8797＊1＊5	29.68	35.65
1	7.3182	3.9013	14.6036＊5	4.4827	15.41	20.04
2	1.5371	1.6786	0.4109	0.4381	3.76	6.65

注）ラグ次数は LR 検定に基づく．トレンド項なしの定式化に基づく統計量．＊1，＊5 はそれぞれ有意水準 1%，5%を意味する．

示している．各変数はレベルでは単位根であるという帰無仮説は棄却できないが，1 階の階差をとると帰無仮説は棄却されると判断できよう[5]．

表 5-2 は共和分検定の結果である．共和分は存在しないという帰無仮説は棄却されず，誤差修正モデルを用いる必要は無いと判断できる．そこで以下では 1 階の階差系列に関して VAR を用いる[6]．

5）ADF テストの表中以外のラグ次数（1 から 4）に関しては，ほぼ同様の結果を得た．

6）鉱工業生産指数については，レベル変数を用いるという選択もありうる．しかし全産業生産指数を用いる推定結果との解釈を統一するために，以下では差分変数を用いる．また共和分検定ではパラメーター制約のない定式化でも行ったが，検定の結果は変わらなかった．

3.2　雇用形態の変動をもたらす要因

VAR ではモデルに含まれる各変数の変動をもたらすショックが，互いに与える影響を考察する．本章で仮定するショックは，産出量（鉱工業生産指数もしくは全産業活動指数）へのショックと失業率や企業による雇用形態選択に関わる労働力の再配分ショックである．なお誘導型 VAR を VMA 表現にして，

$$y_t = a + \sum_{i=0}^{\infty} A_i u_{t-1} \tag{5.1}$$

とする．ただし，$u_t \sim N(0, I_K)$，$E(u_s u_t') = 0_K \ (s \neq t)$ である．そして u_t が各変数のショックであり，モデル内の変数に影響をもたらすと考える．

産出量へのショックは全企業（全部門）に共通しマクロ産出量を変動させるとする．そして産出量へのショックは企業の労働需要の量と内容（失業や雇用形態）にも影響すると仮定する．一方，もう 1 つのショックとしては照山・戸田（1997）で述べられているミクロ的ショックに起因する再配分ショック仮定する[7]．ここでのミクロ的ショックとは照山・戸田（1997）にならい，企業の属する産業・地域・規模などで区分される部門ごとの個別事情を反映して産出量を変動させるものとする．

照山・戸田（1997）はミクロ的ショックが契機となり，雇用が減少する部門から増加する部門への労働の再配分過程で摩擦的失業が生じる可能性を指摘している．本章ではそのような労働の再配分過程で雇用量を変動させるショック（再配分ショック）は，失業だけでなく正規・非正規といった雇用形態を変動させるショックを含むものと仮定する．

例えばミクロ的ショックを契機とする労働の再配分過程で，ある場合では高度な知識や技術を持つ正社員が求められる．またある場合は技術革新による仕事の細分化・標準化によって，非正社員でもできる仕事が増えて非正社員の求人が増す．そして企業が意図する人材が見つからなければ失業が発生する．

つまり労働の再配分過程で企業の意思決定は単に雇用の増減だけでなく，その内容にまで及ぶケースも仮定する．企業ごとに正規と非正規への需要量やそ

7）　玄田（2004）でも個別事業所に特有の要因による雇用変動の影響に触れている．

の組み合わせ方は異なり，雇用形態の量的変化をもたらす．

またある雇用形態の量的変化は産出量にも影響を与えると仮定する．例えばある雇用形態の量的変化は，その他の雇用形態と失業者数にも影響を与える．そのため企業の採用コスト・賃金コスト負担の程度や最適な雇用ポートフォリオの実現度合いなども影響され，産出量も変動する．あるいは雇用形態ごとの量的変化は所得分配の変化につながり，総需要の変動をもたらすことも考えられる．

ところで誘導型VARから（5.1）式を導出する際には，コレスキー分解によって誤差項間の相関を取り除き，共分散行列を対角化することで個々のショックの影響のみを取り出す．これにより他の条件を一定にしたうえで，ある一つのショックがモデル内の変数に与える影響を考察できる．

しかしインパルス応答関数の形状はモデルにおける変数の順序によって異なる．したがってやや先験的な情報を用いることになるが，妥当と考えられる変数の順序を仮定する．具体的には山本（1988）が述べるように同時点内において，より原因となるであろう変数の順番に並べることとする．

本章で用いる産出量（鉱工業生産指数もしくは全産業活動指数），完全失業率，常雇用指数（フル指数，パート指数）のうち鉱工業生産指数は一致指数に用いられ，完全失業率と常雇用指数は遅行指数に用いられる．したがって最初に産出量を置く．産出量の変動が雇用に影響を与えることは妥当な仮定といえるだろう．また雇用量の変動が失業率の変化につながるとし，失業率を最後に置く．

よって変数の組み合わせは，(1) 産出量，パート指数，完全失業率，および(2) 産出量，パート指数，フル指数，で考える[8]．

ただし組み合わせ（1）については，完全失業率の変動がパート指数を変化させることも考えられる．よって（1）については，パート指数と完全失業率の順序を入れ替えて2通りの変数の順序でインパルス応答関数の形状を調べる．

また組み合わせ（2）でのフル指数とパート指数の順序に関しては，まず企業による雇用調整には調整費用が生じるという視点から考える．正規雇用の増

8) 本章ではパートタイム労働者の変動と失業率およびフルタイム労働者の変動との関係に注目するので，これらの変数の組み合わせのみを取り上げる．

加や削減には企業内訓練の費用や労働組合との交渉などの費用がかかる．よってショックへの対応として企業はまず調整費用が少ない非正規雇用の雇用量を調整し，その後に最適な正規・非正規比率になるように正規雇用の数量調整を行うと仮定する（宮本・中田 2002）．また景気上昇局面でも将来の不確実性がある場合は，まずコスト負担の少ない非正規を活用することも考えられる．そこでパート指数とフル指数の順序については，こうした宮本・中田（2002）の議論が自然である．

しかし一方では賃金水準の高い正規雇用の変動が先に生じ，その後で非正規雇用の変動が続く可能性もある．例えば景気が後退すれば，賃金の高い正規雇用を最初に減らし，非正規の変動はその後に生じる．景気が上向けば基幹労働力である正規雇用の量や賃金（ひいては総需要）が改善し，その結果として正規を補助する非正規数が変動する．この仮定も考慮し，組み合わせ（2）ではパート指数とフル指数の順序を入れ替えて2通りの変数の順序でインパルス応答関数を考察する．

4. 雇用形態の変動と相互関係

4.1 インパルス応答関数・産出量，パート指数，完全失業率（1990～2009年）

インパルス応答関数はモデル内の変数に対する各ショックの影響が時間を通じてどのように作用するかを検証するのに有効な方法である．前節で示した失業および雇用形態に与える各ショックの影響を以下の図5-3と図5-4で見ていく．

ただしVARの係数の有意性に基づくグランジャー因果性とある変数の変動に対する各ショックの寄与度にあたる相対的分散寄与率の双方において，他の変数に影響を持つと考えられるもののみ記している．また変数の順序によってインパルス応答にほとんど変化のない場合は，どちらか一つの順序に基づいた図のみを記載している[9]．

9） 図は各ショックが1単位変化したときの変数の変動を表す．

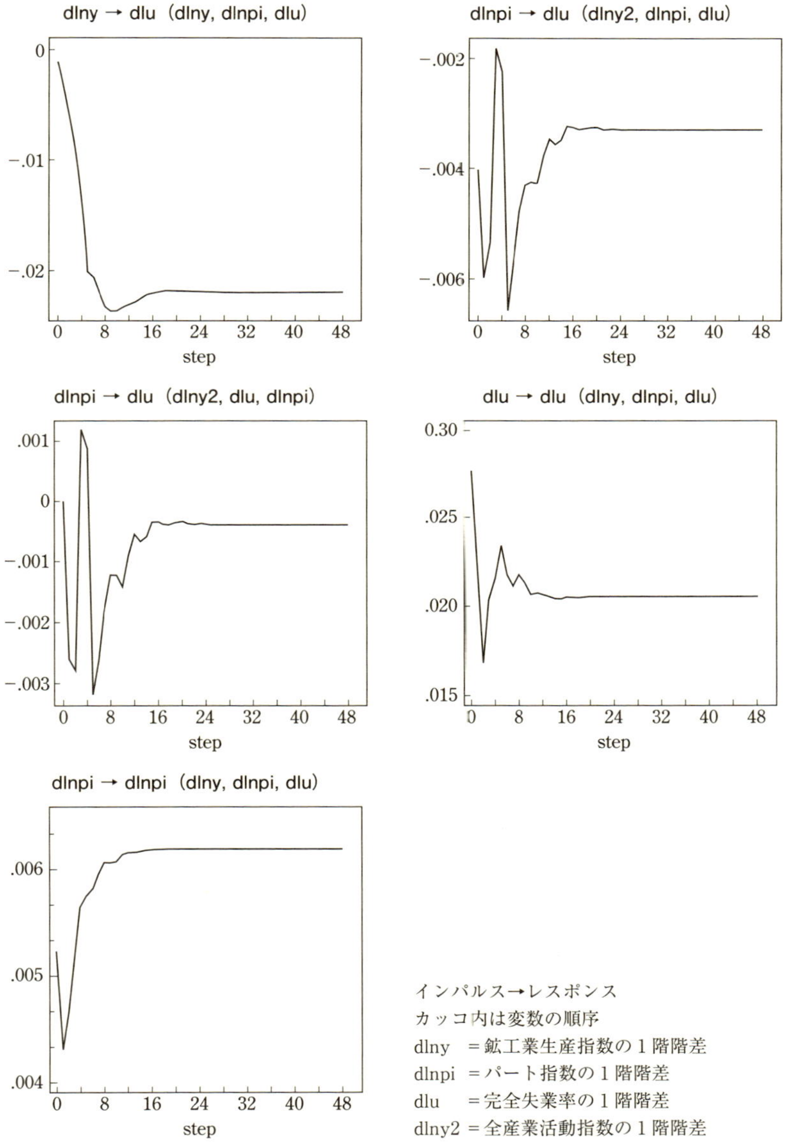

図 5－3　累積インパルス応答関数（産出量，パート指数，完全失業率：1990～2009 年）

最初に1990年から2009年をサンプル期間とした場合について変数の組み合わせ（1）産出量，パート指数，完全失業率を図5-3で見ていく．なお，変数はすべて対数差分もしくはロジット変換の差分となっているので，照山・戸田（1997）に基づき近似的に変化率（図では比率表示）と見ることができる．またラグ次数はLR検定によって5とした．

失業率への影響（産出量のショック→失業率）

産出量のショックが雇用にもたらす影響を見ていくと，失業率の低下をもたらすことが分かる．また相対的分散寄与率は20期先で約10%である．ここでの結果は産出量増加が失業率低下につながることを意味しているが，大竹・太田（2002）は1990年代後半は構造的失業よりも需要不足による失業増加という側面が強いことを指摘している．インパルス応答の結果は現在もその傾向が継続していることを示唆する．

よって失業率の改善には景気回復が必要であることが確認できるが，現在のように景気の拡大が見られない状況では，雇用状況改善の手段として議論されている解雇規制の見直しも検討すべきだろう．しかしそれだけを単独で行うのではなく，やはり第1章で述べられているように雇用保険の範囲と規模を拡充することが併用されるべきであろう．

もちろん景気が停滞すれば，照山・玄田（2002）が明らかにしたように事業所の開業による雇用創出率が廃業による雇用消失率を下回り，雇用成長率が鈍化するおそれがある．さらにフロー変数に注目した先行研究では，就業から失業へのフローの悪化（太田・照山 2003）と転職成功確率の低下（阿部 2005）が観察されている．神林（2008）でも1991年から2005年までの「雇用動向調査」を用いて雇用消失が雇用変動を説明する大きな要因であることを明らかにしている．ここでの失業率の変化もこのようなフロー変数の変動を反映した部分があると考えられ，雇用創出・雇用消失の動向に注目する必要がある．

失業率への影響（パート指数のショック→失業率）

全産業活動指数を用いた推定では，パート指数のショックは失業率の低下につながる．しかし失業率を変動させる大きさは産出量のショックより小さく，相対的分散寄与率も変数の順序により異なるが20期先で約4〜6%である．パートタイム労働者の増加によって失業率が上昇するとはいえないが，失業の抑制にも大きな効果は確認できない．

一方，鉱工業生産指数を用いる場合にはグランジャー因果性も確認されず限定的な影響である[10)]．

非正規雇用の増加が失業率に与える影響は太田・玄田・照山（2008），照山（2010），玄田（2010），脇田（2010）でも言及されている．

太田・玄田・照山（2008）では地域別データを用いて検証を行った結果，パートタイム労働者や短時間労働者の増加と失業率や休職中の無業者との間には明確な負の関係は見られず，無相関もしくは正の相関が観察される．パートタイム労働者などの増加が失業率改善につながるとは確認できない．

非正規雇用の増加が失業率改善につながらないとの結果は，照山（2010）でも示されている．失業率上昇を失業確率と平均失業期間に分解し，失業期間の変動は循環的である一方で，2002年までの失業率の上昇トレンドは主に失業確率に起因すると指摘している．そして非正規労働の増加がこうした動きにつながったと示唆する．

一方，玄田（2010）は2008年秋以降に派遣やパートタイム労働者が減少したために失業率拡大につながったと述べている．また脇田（2010）は2003年以降，失業率および派遣比率の和と失業率を比較し，失業率が低下した部分は派遣などの非正規に入れ替わった述べている．

本章の推定結果は，こうした先行研究のどちらか一方の見解に従う訳ではないが，非正規の増加による失業率低下は限定的な効果しか持たない．よって現在のような非正規の増加によって雇用状況が大きく改善するとは判断できない．

その一方では失業率への影響との明確な関係の有無にかかわらず近年は若年層や男性，家計の担い手でも非正規が増加しつつある．よって賃金などに関して非正規の処遇を改善することも求められよう．さらには失業率改善が明確でないならば，先に触れた非正規も対象にした雇用保険拡充などの対策が必要で

10）鉱工業生産指数を用いる場合の相対的分散寄与率は，約3〜5%である．またインパルス応答は，変数の順序を産出量，失業率，パート指数とすると正であるが小さな値であり，やはり失業率が明確に上昇するとは言えない．

ある．

ただ阿部（2005）はパートタイム労働者の転職成功確率や離職率の悪化は失業率上昇の要因であることを示唆するが，パートの失業プールへの流入確率は1990年代末に改善が見られるとしている．本章のサンプル期間中にもパートタイム・失業間のフローの関係に変化があったのかも知れず，阿部（2005）が指摘した後者の効果によってパートタイム増加が失業率に与える効果が小さくなったのかもしれない．この点についてはさらに検討をする必要があろう．

さらにパートタイムと失業の関係を考える上では，山本（2010）が指摘するフルタイムの名目賃金の下方硬直性も注目される．バブル後は名目賃金の下方硬直性が観察されており，名目賃金の調整によってショックを吸収できなくなった．このように正規雇用の賃金が低下しにくい場合や将来の不確実性が増す場合は，非正規の増加とそれによる失業率の変動につながると考えられる．

失業率への影響（失業率のショック→失業率）

失業率のショックが失業率上昇につながるのは当然の結果ではある．しかし約1年後にはインパルス応答は収束するものの累積的効果はゼロにはならず，失業率が高止まりする．この背景にはいくつかの先行研究が述べるように雇用調整速度の高まりや求職意欲喪失効果の減退が考えられる．それらに加えてフロー分析の視点からも失業が増えた原因が考察されている．

太田・照山（2003）では1990年代はEUフロー（就業から失業へのフロー）がUEフロー（失業から就業へのフロー）を上回ったことが失業ストック増加につながったとしている．さらにUNフロー（失業から非労働力へのフロー）がNUフロー（非労働力から失業へのフロー）を上回ったにもかかわらず，失業が増えたのはEUフロー（就業から失業へのフロー）が大きかったためと指摘している．

就業形態間の推移確率についてもEU確率（就業状態から失業状態に移動する確率）とNU確率（非労働力状態から失業状態に移動する確率）が共に1990年代にトレンド的に上昇し，失業する確率が上昇したことを明らかにしている．さらに1990年代以降は若年層のEU確率上昇，中高年のUE確率（失業状態から就業状態に移動する確率）低下が観察されている．

このように失業しやすくなったことと失業プールから出にくくなったことは阿部（2005）でも指摘されている．1990年代は失業プールに入る確率の上昇とそこから離脱する確率の低下が観察されたほか，前年無業者の労働力参入率上昇と就職率低下も見られた．さらに前年雇用者の失業確率悪化の要因を分解すると，非自発的離職率と転職成功率の悪化が見出された．

こうした失業プールから離脱しにくい理由としては，照山・玄田（2002, 2010）などが言及するように事業所開業による雇用創出が伸び悩んだことも一因と考えられる．

一方，太田・玄田・照山（2008）は本章とは異なる定式化でVARによる分析を行っている．そして1990年から2006年を分析対象としたインパルス応答では，それ以前よりも失業のインパルス応答の反応が大きくかつ長期化し，失業率上昇にとってはマクロ的ショックや再配分ショックの大きさよりも反応の仕方が変化したことが大きな役割をしていることを見出した．こうした傾向の変化も失業率の高止まりを招いたと推測できる．

パート指数への影響（産出量のショック→パート指数）

ここではグランジャー因果性が確認できなった．また20期先の相対的分散寄与率は鉱工業生産指数を用いる場合では約0.8%，全産業生産指数を用いても3%程度であり，失業率への影響度よりも弱い．つまりパートタイム労働者の増加傾向は単に産出量の変動によってもたらされるものではなく，その他の要因で増加傾向にあると考えられる．

例えば阿部（2010）は，国際的な企業間競争や情報通信技術の進展などが企業内の雇用ポートフォリオにも影響を与えうると指摘する．国際市場での競争に直面する企業は，賃金の高い正社員には高い付加価値を実現する仕事に従事させ，付加価値の低い仕事は非正社員に行わせる．また技術革新は仕事の細分化や標準化をもたらし，従来なら正社員が担っていた仕事が非正規でも遂行可能になっていく．

このようにして正規雇用はより高度な職務に従事させ，非正規雇用は単純作業だけでなく，従来ならば正規雇用が行っていた業務も担うようになる．これは景気変動による雇用量の変化や正規・非正規間の代替関係だけではなく，経済環境が変化した結果として両者の役割分担が明確になり，非正規と正規雇用の双方を活用するような雇用ポートフォリオが志向されたと理解できる．

ただこの推論にはいくつか注意すべき点がある．例えば次節で見るように高付加価値の仕事を担う正規雇用が増加しても，その後で付加価値の低い仕事を行う非正規雇用が必ず増えるとは言い切れない．またパート指数のショックは，パート指数自体を約0.6%上昇させる程度である（図5-3左下）．よって上記の説明だけでパート指数の上昇を説明することは難しく，より正確さを期すならば，非労働力化からパートタイムへの移動がもたらす影響も勘案すべきかも知れない．

さらには景気停滞に伴う人件費圧縮の圧力が皆無とはいえないし，太田・玄田・近藤（2007）が指摘したように特に不況期に就職した世代で非正規になりやすい．よって世代別の分析も今後の課題と言えよう．

ただここでの議論からは景気が回復しても，今後も非正規雇用が増加する可能性を指摘できる．もしこの推測が妥当ならば，非正規の処遇改善や彼らが失職した場合に備えて雇用保険加入要件を今以上に緩和するなどの措置が必要である．

パート指数への影響（失業率のショック→パート指数）

失業率のショックについてもグランジャー因果性はなく，インパルス応答の値もほぼゼロである．また相対的分散寄与率も変数の順序によって異なるものの1〜3%程度である．よってパート指数を変動させる要因だとは確認できない．こうした結果が得られた理由の一つとしては，失業プールからパートタイムへの流出が低下したか非労働力化が進んだことが考えられる．

例えば太田・照山（2003）によれば1990年代はUNフローがNUフローを上回った．また玄田（2010）は2000年から2002年のリストラ不況期と2007年から2009年の世界不況期にはパートタイムやアルバイトの雇用者数変化率がマイナスとなったことが示されている．

ここで示したように失業がパートタイムの増加要因とはいえないことは，雇用政策のあり方にも変化を求める．いったん失業しても非正規の仕事にも就きにくくなれば，雇用保険の拡充が必要である．特に正規雇用と比較すると，不安定な働き方とされる非正規雇用は加入要件が緩和されたとはいえ，まだ十分に保護されているとは言えず，失職後の生活保障は十分ではない．また正規・非正規にかかわらず給付額や給付期間もより充実させることも検討課題となる．

4.2　インパルス応答関数・産出量，パート指数，フル指数（1990〜2009年）

次に変数の組み合わせ（2）産出量，パート指数，フル指数を図5-4によって見ていく．ラグ次数はLR検定によって4とした[11)]．

パート指数への影響（フル指数のショック→パート指数）

変数の順序として，まず産出量，パート指数，フル指数とした．その理由は雇用調整に際して，調整費用の少ない非正規を増減させ，その後で最適な正規・非正規比率を実現させると仮定しているためである．

グランジャー因果性が認められるのは産出量に全産業活動指数を用いた場合のみであり，相対的分散寄与率は約4%である．またインパルス応答の値も大きくはない．よって正規雇用が増加する結果，非正規が増えるという関係性は限定的ともいえる．

ここでの結果は，基幹労働力である正規雇用は非正規が行うような補助的業務もこなすことができるために，非正規が増えにくいからとも考えられるが，少なくともここでの結果からは正規・非正規が明確な補完関係にあるとは言えないだろう．

次に変数の順序が産出量，フル指数，パート指数だとインパルス応答は負になり，相対的分散寄与率も約26%となる．しかしインパルス応答の値は大きくなく，やはり明確な正規・非正規間の代替関係を示すとまでは言いにくい．

なお，以上の結果はグランジャー因果性の無い鉱工業生産指数を用いるケースでもほぼ同様である．

11）パート指数のショックがパート指数自体に与える影響は，前節の産出量，パート指数，失業率のケースとほぼ同じである．また産出量のショックがパート指数に与える影響も前節同様に小さい．

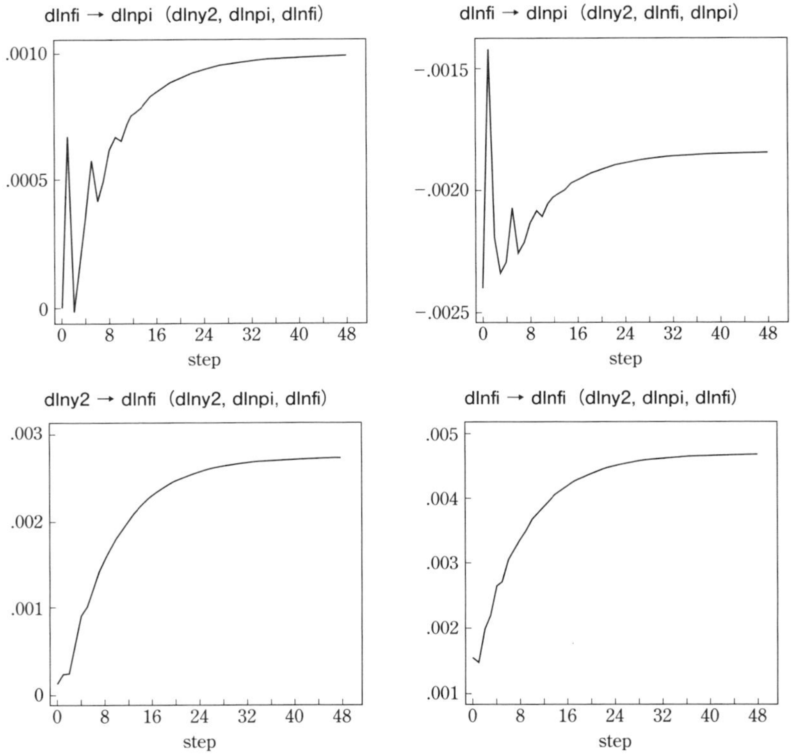

インパルス→レスポンス
dlnpi ＝パート指数の 1 階階差
dlny2 ＝全産業活動指数の 1 階階差

カッコ内は変数の順序
dlnfi ＝フル指数の 1 階階差

図 5－4　累積インパルス応答関数（産出量，パート指数，フル指数：1990～2009 年）

フル指数への影響（パート指数のショック→フル指数）

ここではグランジャー因果性は観察されず，相対的分散寄与率も変数の順序が産出量，フル指数，パート指数ならば約 4%である．変数の順序を産出量，パート指数，フル指数とした場合は相対的分散寄与率が 20 期先で約 17～18%となるが，インパルス応答はゼロに近い．よってパート指数の変動はフル指数が変化する要因とは確認できない．

その背景としてはどのようなことがあるのだろうか．例えば，技術革新による仕事の細分化や標準化が非正規でも遂行可能な業務を増やすために彼らの数が増え，その一方でより高度な業務に専念する正規雇用を増やす方針を企業がとったする．しかし企業が求める人材をすぐに見つけることは非対称情報の下では簡単ではない．そのためにフル指数の変動が抑制されることが考えられる．

また採用に際して企業は，訓練費用などの少ない非正規をまず変化させ，その後で最適な正規・非正規比率になるよう行動すると仮定すれば，ここでの結果は非正規が増加しても正規雇用増加に必要な調整費用が大きいために正規雇用を増やしにくいことを意味する．

上述したことは推論の域を出ず，雇用ポートフォリオの変化についてさらに検証作業が必要だが，企業が正規雇用を増やす要因として従業員の役割分担およびサーチコストと調整費用などをどの程度重視しているかを検証することは重要になってくるだろう．そのことは安定した正規雇用が増えにくいというここでの結果の背景を知る上でも必要である．

あるいは以下で述べるように正規雇用の労働保蔵が行われていれば，労働の再配分をもたらすショックに変化が生じても既存の正規雇用が維持されるために，フル指数の変動が抑制されることも推察される．

フル指数への影響（産出量のショック→フル指数）

ここでも産出量に全産業活動指数を用いた場合のみグランジャー因果性が認められ，相対的分散寄与率は約10%だが，インパルス応答の値も大きくはない．なお，鉱工業生産指数を用いる場合はグランジャー因果性が認められないが，インパルス応答はほぼ同様の結果であった．

先行研究によると1990年代以降は雇用創出率が伸びない一方で，雇用消失率が2001年頃まで高い水準で推移した（太田・照山・玄田 2008，照山・玄田 2002, 2010）．

また阿部（2005）では継続就業確率が低下していること，前年雇用者の非自発的離職率と転職成功率の悪化が観察されている．このように1990年代を通じて雇用の維持・拡大が容易でなくなったことがここでの推定結果にも反映されているのだろう．

これら以外にも名目賃金の下方硬直性（山本 2010）や近年注目されている

解雇規制も雇用量のフローを小さくして影響を及ぼしていることも考えられる（奥平・大竹 2008）．

企業の雇用調整の方法にもフル指数が大きく伸びない理由を求めることができよう．厚生労働省「労働経済動向調査」によると，不況期には雇用調整実施事業所割合が上昇する．そして雇用調整の方法としては，所定外労働時間の減少，残業規制，中途採用の削減・停止，配置転換，賃金等労働費用の削減が目立つ．

これらの雇用調整方法には賃金と労働時間を調整して正規雇用を維持する傾向が見られる．つまり企業は景気悪化に直面しても直ちに正規雇用を縮小させることはなく，可能な限り既存の雇用維持に努める．

その理由としては第1章でも述べられているが，企業特殊人的資本を重視する企業が解雇を実施すると人的投資のコスト回収ができなくなることなどが挙げられる．その他にも解雇規制の存在も雇用調整のコスト負担を増すだろう．これらの要因が解雇・採用に伴う企業負担となり，正規雇用維持の方針につながると考えられる[12)]．

こうした方針を採る企業は産出量が増えても，それに応じて正規雇用の採用を大きく増やすとは限らない．景気後退期にも雇用を維持し労働者を抱え込んでいたために，新規採用が必要がないからである．また人件費は固定費的性質を持つと考えられるので，好況になり産出量が増加してもすぐに利潤が増えないことも採用方針に影響すると考えられる（脇田 2010）．このように正規雇用の抱え込み（労働保蔵）が行われたならば，産出量が増加してもフル指数が増えにくくなる．

産出量が増えるとフル指数も上昇するがその度合いは大きくないという結果は，このように景気が伸び悩む中で正規雇用を拡大できないという側面と労働

12）情報の非対称性や将来の不確実性がある場合は雇用維持につながる可能性がある．例えば，景気悪化のため解雇を行うが，その後再び業績改善により採用を増やす場合に，中核的業務を担う正規雇用の能力・資質に関して情報の非対称性があれば調整費用は大きくなる．したがって現在の雇用を維持する．

また現時点で解雇をすると将来いずれかの時点で採用増が必要となるかもしれない．しかし採用増を考慮する時点でも将来の不確実性があり解雇規制が存在すると，新規採用を増やしにくくなる．よって現時点での解雇を避けることになる．

保蔵によって既存の正規雇用維持はできるが拡大はしにくいという二つの側面がもたらしたと考えられる[13)].

日本企業は以前から景気が悪化しても労働保蔵によって雇用維持に努めてきたことが指摘されているが，本章の結果は現在もその傾向が観察されことを示唆する．しかしその解釈には注意すべき点がある．

太田・照山（2003）をはじめとするフロー分析からは，就業状態へのフローを失業へのフローが上回っていることや若年層のEU確率上昇などの失業確率の上昇も明らかにされている．また2001年頃までは雇用消失率も高い．したがって，ここで述べた労働保蔵がどの程度行われており，その結果既存正規雇用の維持もしくは新規採用抑制がどのように変化しているかを企業別のデータを用いて，より詳細に検討する必要がある[14)].

以上のインパルス応答関数の主な結果は，以下の通りである．

(1) 産出量のショックに対して失業率は低下する．したがって長期的には景気回復による労働需要増加が必要である．
(2) パート指数のショックは失業率を低下させ，産出量が十分に増加しないことによる失業増加をパートタイムの増加が一部相殺するといえる．しかしその効果は限定的であり，失業時の支援は不可欠である．
(3) 失業率へのショックはその後も継続して残り，失業率の高止まりの原因となりうる．
(4) パートの変動は景気以外の変化にも左右される．よってパートタイム労働者の処遇改善と彼らが失職した時の支援拡充が好不況にかかわらず必要となる．また失業率が上昇してもパートの増加につながるとはいえず，この場合も失業時の支援は不可欠である．

---

13) 図5-4右下にあるようにフル指数のショックは，フル指数自体を約0.5%程度しか上昇させないこともこうした影響によるものかもしれない．

14) 宮本・中田（2002）や石原（2003），原（2003）によって正規と非正規は単純な代替関係ではないことが示された．それらの研究は非正規が増えても，企業が正規雇用を維持しているという解釈が可能ならば，労働保蔵の存在を示す傍証となりうる．

(5) 正規・非正規間に明確な代替・補完関係は確認できない.

(6) 産出量のショックに対する正規雇用の変動は正であるが大きくはない.
その背景には雇用機会が増えにくいことや労働保蔵の影響が考えられる.

4.3 雇用の拡大および安定化に向けた取り組み

前節ではインパルス応答関数を用いて，1990年代から2000年代初めの失業と雇用形態がショックに対してどのように反応をするかを概観してきた．そこには雇用全般に関して解決すべき問題がいくつか見出される．よって以下ではそれらの問題に対してどのような対処が行われるべきかを考えていく．

まず雇用状況の改善をもたらす要因としては産出量の変化が挙げられるが，それへの対処はあくまで中長期的な観点からの対応が必要であり，今生じている問題に対しては別の手段を講じなくてはならない．

こうした状況でとるべき対応としては，まず第一に失業者への支援である．そのためには雇用保険（失業給付）が適用されるべきであるが，雇用保険の加入要件を満たさないために失業期間中の生活に支障をきたすケースが少なくない．また第1章で指摘したように日本は欧米諸国と比較すると制度自体が充実していないとの指摘もある（橘木 2000）．さらには安易に条件の悪い就職をしないためにも，雇用保険には支給期間と支給額および適用範囲の拡充が求められる．

しばしば指摘されるように雇用保険の充実はモラルハザードを誘発し，求職活動を阻害するとの批判も多いが，橘木（2000）はこのモラルハザードが日本において深刻化する可能性は少ないとしており，制度の充実を検討すべきであろう．近年は若年層および男性の非正規雇用増加が問題視されており，現行の雇用保険の適用範囲からもれる者も増える恐れがある．

したがって貧困対策としても重視されるべきであろう．こうした流れを受けて2009年の雇用保険制度改正により，加入要件として必要な雇用期間が短縮された．しかし非正規の加入と給付はいまだに不十分であり，八代（2009）が主張するようにさらなる加入資格の拡大と給付の充実が求められる．

雇用保険の拡充は失業発生に対する事後的措置だが，事前に失業増加を抑制する手段として解雇規制がある．労働者の保護という観点から見ると不可欠であり，失業増加による更なる景気後退を未然に防ぐ効果も期待されているのであろう．しかし一方では，保護の対象となるのは既に雇用されている労働者のみであり，求職者は対象とならないという問題もある．先述したように労働保蔵が現在も広く行われているならば，既存の正規雇用に対する保護はさらに手厚くなっているといえる．

また解雇規制に関しては，将来の不確実性や解雇の妥当性が司法の判断にゆだねられているという予見可能性の低さを懸念する企業が労働需要を抑制するといった指摘もある（八代 2009）．そのため解雇規制が実体経済にもたらす影響は理論的・実証的に検証され続けており，まだ確定的な結果は得られていない（神林 2009）[15]．

ただかつての低失業率がもはや過去のものとなった現在では，解雇規制や労働保蔵による雇用保護にも一定の意義が見出せる．したがって第1章で触れたように，採用増加を目的として解雇規制の緩和を図るならば，雇用保険の拡充が条件となるし，それができないなら解雇規制緩和は既存の正社員からは支持されないだろう．

さらに言えば，既存の正社員は解雇規制と労働保蔵という二つの手段によって安定的な雇用を維持されている面がある．特に若年層を中心とした求職者から見れば，彼らは過度に保護されており，自分達が失業や低賃金に陥るリスクの多く負担していると感じられて，世代間格差に対する不満が大きくなる恐れがある．

もちろん優秀な人材を抱え込むなどの理由に基づく企業の意思による労働保蔵に外部から介入することは望ましくない．したがって既存正社員と求職者の双方の雇用と生活保障を共に満たそうとするならば，不要な人材の解雇において企業の意思決定を制約する面がある解雇規制の緩和を行う一方で，少なくとも雇用保険を拡充するという議論をすべきだろう．

また非正規の増加による失業率低下はその効果が限定的であり，なおかつ経済環境の変化に応じた非正規の増加傾向が示唆される．こうした状況下で今後も非正規が増加し続けるならば，失業者への就職支援と共に非正規雇用の処遇

15） 大竹・奥平（2006）や奥平（2008）は解雇規制が雇用機会を減らしていることを示している．

にも目を向けねばならない．

しばしば非正規雇用は正規雇用に比べると雇用の安定性や賃金等の処遇面で劣ると指摘される．しかも近年は主婦パート以外の若年女性や家計を支える男性の非正規化が進み，生活水準の維持という点でも問題を含んでいる．

したがって均衡処遇が求められるし，そのことにより雇用と生活水準を安定させ，なおかつ勤労のインセンティヴを喚起できる．こうした観点から行政には最低賃金制度による所得水準の向上が期待されるし，2006 年の改正パート労働法では賃金水準等の均衡化が図られた．また既に述べたように非正規を対象にした雇用保険の拡充もあわせて行い，失職時の生活保障という点でも正規雇用との差が開き過ぎないようにすべきである．

一方，推定結果でも見たように，景気が好転しても正規雇用が増加しにくい場合には，教育・訓練の充実とミスマッチの解消が求められる．だが単に行政による支援のみならず，企業側の取り組みもマッチング効率改善には不可欠である．

近年は中途採用の拡大などにより，新卒採用一辺倒の状況は変化しつつある．それでもやはり卒業時の経済状況が悪かったために正社員の職を得られなかった者のその後の雇用状況は厳しく，不況下では中途採用の計画も少なくなりがちである．したがってどのような条件が満たされれば，マッチング効率が改善し，中途採用を含めた正規雇用の拡大につなげられるかを検証する必要がある．

これに関連して，玄田（2008a）は非正規の継続勤務が正規雇用としての就職に寄与することを示したが，それは労働者の資質に関する情報の非対称性が解消されれば，企業側も正規雇用を増やす用意があることを示唆している．

非正規から正規への転換制度の充実も含め，こうした動きは安定的な雇用につながるだろう．また賃金増加も含めた方法による非正規の仕事満足度向上は，賃金水準向上のみならず継続雇用を促し，より安定的な仕事獲得へとつながる可能性がある．

5. むすび

本章では雇用状況が悪化した 1990 年代以降の雇用形態の変動をショックに

対する反応という点から検討し，今後検討されるべき対応策をいくつか挙げてきた．

前節で挙げた雇用状況改善策の基本的な方針は，失業した場合の収入確保と再就職への支援を行うこと，雇用自体を増やすこと，雇用の安定性と一定水準の賃金を確保すること，の３点である．当然これらは従来からの様々な施策と考え方は一致する．

それに加えて現在は雇用状況を改善するだけでなく，人々の勤労へのインセンティヴを高めることが同時に求められている．転換制度や仕事満足度の向上，均衡処遇なども安心して働ける環境作りとインセンティヴの向上という視点から捉えられるべきであろう．第３章で考察した給付付き税額控除もその一つに位置付けられよう．

そのためには企業側の対応も必要であるが，転換制度や非正規の継続雇用を促す雇用管理や処遇の方針は，個々の企業による取り組みに依存するものであるし，短期間での解消は困難であろう．やはり先に触れたような公的部門による失業時の対策強化も同時に求められる．

現在のように雇用状況が十分に改善されない状態では，所得格差や雇用の安定性などの問題が解消されにくいまま残されてしまう．それらを放置せず，本章で述べた施策の充実とその効果の考察が今後求められる．

6
雇用確保は企業業績に寄与するのか

1. はじめに

本格的な景気回復がなかなか実現されないなかで，雇用を確保する方法と失業時の生活保障について盛んな議論がなされている．雇用保険をはじめとするセーフティネットの拡充による生活保障や職業訓練・就職斡旋による求職者への支援は，次の仕事を見つけるための支援策として，行政の果たすべき責務としてその充実が求められている．

また第1章で見てきたように，近年の厳しい雇用状況を反映して，解雇規制の緩和によって採用しやすい状況を整えることで企業の採用意欲を喚起することも議論されている．一方で解雇規制に関しては賃金の下方硬直性やサーチコストの存在を念頭に置いた上でその意義を見出し，雇用維持や人的資本投資について積極的な評価をする見解もある．また第2章で触れたように，最低賃金水準の引き上げに対する反論も労働需要の減退という視点からなされているが，これに関しても需要独占やサーチ理論の枠組みで最低賃金引き上げが雇用の増加につながる可能性が示されている．

このように不況下における雇用の確保・維持や採用増加に関しては，行政が関与することによって改善を図る必要性が議論されている．しかし一方では企業がその活動を長期間にわたって継続することを目的の一つとしているならば，企業の中核を担い，基幹業務に携わる優秀な人材確保が不可欠なので，企業自らの意思決定によって継続的に人材確保を行うはずである．

もしこの推論が正しいとすれば，行政と企業双方がなすべき対応はそれぞれ明確になると思われる．例えば企業にとって雇用の確保と維持が業績に寄与するのであれば，人材確保の意欲はそもそも高いと思われる．よって行政が果たすべき役割は，求職者への就職支援などで求人・求職双方の情報の非対称性を緩和してより良いマッチングを実現することであろう．

逆に雇用の確保と維持が企業業績につながりにくく，雇用状況改善が進みにくいならば，企業の意思決定を後押しする求職支援だけでは十分ではない．雇用保険の対象・期間の拡充をはじめとする生活保障の充実も必要とされる．

ただ両者に共通するのは，正規・非正規間の処遇の格差を是正する要素を含むべきであるという点である．企業の雇用確保・維持が円滑に行われる方策を図る場合でも，単純に正規雇用のみを大量に増やすことは容易ではないので，正規と非正規の適切な組み合わせを選択することになろう．この場合は正規雇用と同等の仕事をしているような非正規雇用に対しては，彼らの処遇改善を伴うべきであろう．そうでなければ，単なる賃金コスト軽減に過ぎず，長期的な企業の成長と正規・非正規間の格差解消を両立することは望めないだろう．

一方，当面の生活保障の充実を最優先させる場合でも，非正規が雇用保険で十分守られているとは言えない．ここでも正規・非正規の格差解消を念頭におく必要があるし，上述の企業内での処遇格差改善も求められる．

もちろんこれらの施策は両者ともに重要であり，どちらか一方のみを行えばよいというものではない．本章の目的は企業の採用・雇用維持が業績向上と両立するかを探り，これらの雇用対策・生活保障対策を考察するための材料を提示することである．

次節以降では企業業績と雇用増減の関係について簡単に説明し，推定モデルを紹介する．そして推定結果に基づいて雇状況用改善のために求められる施策について述べることとする．

2. 企業業績の状態とそれに対応する雇用対策

雇用確保・維持は企業業績に貢献するか，という問いに対しては二つの見解が考えられる．まず第一に雇用の確保・維持は優秀な人材を企業内部に抱え込むことで，現在および将来の企業業績に結びつけられるという視点である[1)]．

不況期でも優秀な人材は存在するが不運にも就職できない者がいる．一方で好況期ならば，採用が増えるか少なくとも一定水準の雇用量は確保されるだろう．こうした景気変動やその時々の経営状況によって採用数・雇用量を大きく変えると，将来企業の中核となるべき人材の不足に陥る．したがって，とりわけ正社員の採用数・雇用量を大きく変動させずに一定水準を確保する企業や，正規・非正規を共に維持しつつ最適な雇用の組み合わせを実現する企業の方が業績を伸ばせるという仮説が考えられる．

また常に一定水準の雇用量を保つほうが採用や訓練に必要な費用に関して規模の経済性が働きやすいので，この点からも雇用水準の維持は企業にとってメリットがあると考えられるし，求職者の能力について情報の非対称性がある状況下ではある程度まとまった採用・雇用量の維持を行わないと優秀な人材を確実に抱えることができにくいこともありうる．

一方，経済成長率が低いにもかかわらず雇用を増やすと，賃金や社会保険料，訓練費用の負担が大きくなるために企業業績が悪化するという見解も成り立つ[2)]．特に1990年代以降に正社員の雇用を維持した結果，過剰雇用の問題に悩まされた企業にとっては将来の不確実性の下での雇用増加は行いにくい．

こうした状況下では，雇用の増加が見られたとしても，それは非正規雇用に顕著に見られるということになるし，非正規の採用増加によるコストダウンによって企業業績の維持を図ったと指摘されることも多い[3)]．

企業業績と雇用確保の間にはこのように異なる見解がありうるが，本章ではどちらの仮説が現在の日本において妥当なのかを考え，雇用対策・生活保障対策を検討する．

第一の仮説（雇用確保・維持が企業業績に貢献する）が妥当ならば，企業側の選択によって雇用が改善する余地がある．この場合は行政によるマッチング機能向上のような就職支援と仮に非正規就業でも生活に支障をきたさないよう

1）　企業業績と雇用の関係については，女性労働力の活用という観点からは児玉・小滝・高橋（2005）や両立支援策も考慮した阿部・黒澤（2008，2009）の研究がある．また男女間の賃金格差の検証のために川口(2003，2004)は女性雇用と企業業績の関係性を調べている．

2）　ただし社会保険料の負担については，実際に負担しているのは労働者か企業かという帰着の問題がある．

3）　日本では労働分配率は不況期に上昇する状態が観察されるが，その理由は正社員の雇用が維持され，雇用者報酬が低下しにくいことがある．

な処遇改善が求められる.

しかし第二の仮説（雇用の確保・維持が企業業績にすぐには結びつかない）があてはまるならば，非正規も含めて失職中の生活保障と就職支援をセットで行うことも考えねばならないし，非正規雇用の増加のみが企業業績に貢献するのならば，正規・非正規間の処遇格差を小さくして労働へのインセンティヴを確保せねばならない.

そこで雇用量の変化と企業業績の関係を見ていき，今後のあるべき対応について考察していくが，このとき二つの点に留意する必要がある．まず第一には企業業績が雇用量を決定するという内生性，第二は企業間の異質性によって企業業績が異なるので，推定の際にバイアスがかかる問題である．次節でこれらの点に留意しながら推定モデルを考察する．また雇用の増減についても正規雇用と非正規雇用の変化に区分して，それぞれが企業業績に与える影響を見ていく.

3.　企業業績と雇用増減との関係

3.1　使用データ

本章で用いるデータは「労働者の働く意欲と雇用管理のあり方に関する調査2004」（労働政策研究・研修機構）である．調査対象は企業調査が従業員100人以上の企業10,000社，労働者調査が企業調査対象企業の労働者100,000人であり，有効回収数は前者が1,066社，後者が7,828人である．本章の以下の分析では企業調査のみを用い，表6-1に記述統計量を記している[4].

調査が行われた2004年は景気基準日付では谷から山に向かう過程にあったが，完全失業率は当時でも5%弱と高止まりし，その前の数年間もほぼ一貫して上昇傾向にあった時期である．それと同時に第5章でも触れたように，正規雇用の動向も厳しさを残していた.

4）　二次分析に当たり，東京大学社会科学研究所附属社会調査・データアーカイブ研究センターSSJデータアーカイブから「労働者の働く意欲と雇用管理のあり方に関する調査2004」（労働政策研究・研修機構）の個票データの提供を受けた．立道（2005）は同じデータを用いて成果主義の効果を検証している.

本データがとられた時期はこのように依然としてマクロの経済状況は厳しい側面を残しており，企業経営に関する当面の困難さや将来の不確実性ゆえに，各企業が雇用の維持・確保について難しい判断を迫られていた時期と捉えられよう．

3.2　企業業績を左右する要因

前節で雇用量の変化と企業業績の関係を検証するためには，企業業績が雇用量を決定するという内生性と企業間の異質性が推定の際にバイアスをもたらすという点を解決する必要性に触れた．そこでまず最初に内生性への対処について検討する．

企業 i の t 時点での企業業績を y_{it}，雇用量を x_{it}，その他の説明変数を z とするとレベル変数での企業業績は，

$$y_{it} = \beta_0 + \beta_1 x_{it-p} + \beta_2 z + \varepsilon_{it} \tag{6.1}$$

と表現できる．ここで企業業績の好不調に応じて雇用量が変化するという逆の因果関係を回避するために，雇用量については企業業績と同時点ではなく過去の値を用いることとする．これにより過去のある時点での雇用量がその後の企業業績に与える影響を表現できる．

さらに企業間の異質性に関しては雇用や能力開発に関する方針などの変数を用いてコントロールする方法を試みる．

ただしデータからは観察できない企業間の異質性（経営方針，生産技術など）によるバイアスが残されている可能性がある．そこでもう一つの推定モデルを阿部・黒澤（2008）のモデルを参考にして考える．各時点の企業業績を，

$$y_{it} = \beta_{0t} + \beta_1 x_{it} + \beta_{2t} z + \gamma_i + \varepsilon_{it} \tag{6.2}$$

$$y_{it-1} = \beta_{0t-1} + \beta_1 x_{it-1} + \beta_{2t-1} z + \gamma_i + \varepsilon_{it-1} \tag{6.3}$$

とする．ここで γ_i は時間を通じて変わらないが観察できない企業間の異質性である．またここでも後で紹介する説明変数の一部は z で表されているが，時点ごとに企業業績に与える影響が異なる可能性を考慮して定式化している．こ

表6-1　記述統計量

	サンプル数	平均	標準偏差	最小値	最大値
現在の1人当たり売上高（離散変数から作成）	768	1.07	0.48	0.14	5
現在の1人当たり売上高（中間値から作成，億円）	768	0.39	0.51	0.0004	6
現在の1人当たり経常利益（離散変数から作成）	717	1.88	0.94	0.1	7
現在の1人当たり経常利益（中間値から作成，億円）	717	0.03	0.11	−0.05	2
3年前の1人当たり売上高（離散変数から作成）	713	1.08	0.47	0.22	4
3年前の1人当たり売上高（中間値から作成，億円）	713	0.40	0.50	0.002	5
3年前の1人当たり経常利益（離散変数から作成）	670	2.01	1.00	0.11	8
3年前の1人当たり経常利益（中間値から作成，億円）	670	0.04	0.12	−0.03	2
過去3年の売上高変化（離散変数から作成）	709	0.19	0.39	0	1
過去3年の売上高変化（中間値から作成）	709	0.19	0.40	0	1
過去3年の経常利益変化（離散変数から作成）	661	0.26	0.44	0	1
過去3年の経常利益変化（中間値から作成）	661	0.26	0.44	0	1
産　業：					
建設業	1,053	0.14	0.35	0	1
製造業	1,053	0.19	0.39	0	1
電気・ガス・熱供給・水道	1,053	0.01	0.10	0	1
情報通信・運輸	1,053	0.14	0.34	0	1
卸売・小売，飲食・宿泊業	1,053	0.12	0.33	0	1
金融・保険，不動産業	1,053	0.17	0.37	0	1
医療・福祉，教育・学習支援業	1,053	0.07	0.25	0	1
その他サービス業	1,053	0.12	0.32	0	1
その他の産業	1,053	0.04	0.20	0	1
過去3年間の雇用に関する方針：					
正規従業員を中心とした長期雇用を維持する	1,048	2.63	0.70	1	3
従業員の能力・適性によって早い段階から配置・育成について差別化を図る	1,042	2.12	0.82	1	3
パートタイマー等非正規従業員を積極的に活用する	1,031	2.23	0.87	1	3
専門性や経営判断の有無など仕事の内容に応じて就業形態を考慮した最適な人材配置とする	1,035	2.38	0.78	1	3
評価の基準として年齢や勤続年数よりも成果を重視する	1,045	2.46	0.79	1	3
昇進・昇格に差を付ける時期を早める	1,032	2.17	0.77	1	3
従業員の能力開発を強化する	1,035	2.51	0.69	1	3
仕事と生活の調和に配慮した働き方にする	1,033	2.02	0.71	1	3
男女の均等処遇をすすめる	1,034	2.33	0.73	1	3
同業他社と比べた現在の労働生産性	1,057	2.15	0.74	1	3
3年前と比べた労働生産性の変化	1,047	2.31	0.76	1	3
3年前との労働生産性の変化（非正規全体の構成変化による）	948	2.31	0.64	1	3
過去3年間の能力開発：					
対象者：正規	1,024	2.58	0.57	1	3
対象者：非正規	951	1.61	0.71	1	3

（表 6－1）

	サンプル数	平均	標準偏差	最小値	最大値
3 年前と比べた会社全体の変化：					
組織のフラット化	1,007	0.18	0.39	0	1
組織の統廃合	1,007	0.47	0.50	0	1
会社の分割	1,007	0.09	0.28	0	1
会社の合併・統合	1,007	0.15	0.36	0	1
アウトソーシングの増加	1,007	0.18	0.39	0	1
賃金のカット	1,007	0.28	0.45	0	1
人員削減	1,007	0.41	0.49	0	1
その他	1,007	0.17	0.37	0	1
正規従業員に占めるコア人材比率	942	48.00	29.10	0	100
同業同規模の他社と比べた現在の競争力	995	2.04	0.75	1	3
正規変化（過去 3 年）	1,046	1.62	0.84	1	3
非正規変化（過去 3 年）	824	2.42	0.79	1	3
正規・新卒採用変化（過去 3 年）	987	1.80	0.78	1	3
正規・中途採用変化（過去 3 年）	917	2.18	0.75	1	3
3 年前の正規従業員数（離散変数）	948	2.78	1.21	0	5
3 年前の非正規従業員数（離散変数）	899	1.50	1.09	0	5
現在の正規従業員数（離散変数）	1,005	2.79	1.22	0	5
現在の非正規従業員数（離散変数）	967	1.62	1.17	0	5
3 年前の正規従業員数（中間値）	948	407.81	307.04	0	1,000
3 年前の非正規従業員数（中間値）	899	157.51	236.03	0	1,000
現在の正規従業員数（中間値）	1,005	411.69	312.90	0	1,000
現在の非正規従業員数（中間値）	967	181.44	257.21	0	1,000
過去 3 年の正規従業員数変化（離散変数から作成）	947	－0.03	0.44	－2	3
過去 3 年の非正規従業員数変化（離散変数から作成）	897	0.08	0.45	－4	3
過去 3 年の正規従業員数変化（中間値から作成）	947	－6.12	102.04	－600	700
過去 3 年の非正規従業員数変化（中間値から作成）	897	13.10	86.82	－750	800

れら二つの式の差分を取ると，γ_i が含まれない次式で企業業績の変化を表せる．

$$\Delta y_{it}=\alpha_0+\alpha_1\Delta x_{it}+\alpha_2 z+u_{it} \qquad (6.4)$$

この定式化に基づく過去 3 年間の企業業績変化（後掲表 6-3，表 6-4）では説明変数に調査時点すなわち現在の競争力などの変数を含めることとする．その理由は現在の状態も業績変化を説明すると考えるためである．さらには雇用量以外の過去 3 年間の変化も説明変数に加える．

なお雇用量の変化は正規・非正規全体の人数変化だけでなく，正規雇用については新卒採用・中途採用の区別もする．

本章で被説明変数として用いるデータについて，売上高（3 年前，現在）と経常利益（3 年前，現在）は，それぞれ金額幅に応じて離散変数が割り当てられている．また各時点での従業員数も人数区分ごとに離散変数で表されている．本章ではこれらの離散変数および区分幅の中間値を用いて 1 人当たりの売上高と経常利益のレベル変数を作成した．

それらの被説明変数をもとに（6.1）式のレベル変数の推定を行う．一方（6.4）式の差分変数の推定では，3 年前と比較して売上高や経常利益が「増加する」，「変化なし・減少する」，と二分した離散変数を作成してプロビット推定を行う．

本章では先の定式化に基づいて，企業業績に雇用量の水準や雇用量変化が与える効果を考えていく．したがって，3 年前の雇用量（x_{it-p}），過去 3 年間の従業員数変化（正規・非正規，$\varDelta x_{it}$），過去 3 年間の採用人数変化（新規学卒採用・中途採用，$\varDelta x_{it}$）を説明変数として以下で用いる．

また企業業績を左右する他の要素として，産業ダミー，過去 3 年間の雇用に関する方針，同業他社と比べた現在の労働生産性，3 年前と比べた労働生産性，非正規従業員全体の構成が変化したことによる 3 年前と比較した労働生産性の変化，過去 3 年間の能力開発の対象者，3 年前と比べた会社全体の変化，正規従業員に占めるコア人材比率，同業同規模他社と比べた現在の競争力，を用いる．

なお，労働生産性と雇用量を同時に使う理由は，企業の把握する労働者の能力が主観的なものならば，企業が把握できていない部分もあり，労働生産性への質問項目だけでは十分に捉えられないと考えるからである．

また採用や訓練に必要なコストは採用人数が多いほど平均的には低下する規模の経済性が働くと考えられ，それにより企業業績改善のために用いることができる人員の配置や資金に余裕が生まれると考えられるからである．

その他にも求職者の能力について情報の非対称性がある状況下では，一度にある程度まとまった雇用量を確保・維持しないと調整費用がかさむだけで，優秀な人材を得にくいこともありうる．その場合には確実に優秀な人材を確保・維持することと，そのことによる費用節約の代理変数として，雇用量は企業業績を左右する要因となりうる．

さらに言えば，労働生産性は企業の資本ストックや技術水準を表している部分もあるだろう．

こうした可能性を考慮して，労働生産性と雇用量を同時に説明変数として用いる．

これらの変数を以下の推定で用いるが，(6.1) 式の推定で用いる説明変数は雇用量のほかには，過去3年間の雇用に関する方針，正規従業員に占めるコア人材比率，過去3年間の能力開発の対象者（正規と非正規），同業他社と比べた現在の労働生産性，同業同規模の他社と比べた現在の競争力，産業ダミー，である．なお (6.1) 式の現在の企業業績の推定では，過去と調査時点つまり現在の状態に依存して企業業績が決まると仮定している．

また (6.4) 式で表す売上高と経常利益の変化の推定で用いる説明変数は，過去3年間の従業員数変化（正規・非正規），過去3年間の採用人数変化（新規学卒採用・中途採用），過去3年間の雇用に関する方針，正規従業員に占めるコア人材比率，過去3年間の能力開発の対象者（正規と非正規），同業同規模の他社と比べた現在の競争力，3年前と比べた労働生産性，非正規従業員全体の構成が変化したことによる3年前と比較した労働生産性の変化，3年前と比べた会社全体の変化，産業ダミー，である．

4. 企業業績の水準

4.1 現在の売上高

まずはじめにレベル変数を被説明変数とする (6.1) 式に基づいて過去の雇用量がその後の企業業績に与える影響を見ていく（表6-2）．

現在の売上高と過去の雇用量の間には負の相関がある．ここでの結果からは既存の雇用を維持することが，売上高の水準には必ずしも寄与していないと言える．

さらに過去3年間の雇用に関する方針が企業業績に与える影響も見ていく．非正規従業員の積極的活用や正規従業員中心の長期雇用は有意ではなく，企業業績を高める効果を持たない．このことは非正規従業員の積極的活用が単に労働費用削減を意味するなら，それだけでは必ずしも業績が向上しないこと，正

表6－2　現在の売上高と経常利益

	売上高		経常利益	
	(1)	(2)	(1)	(2)
3年前の正規従業員数（離散変数）	－0.0944***		－0.3229***	
	(－6.68)		(－10.11)	
3年前の非正規従業員数（離散変数）	－0.1267***		－0.1725***	
	(－8.31)		(－4.86)	
3年前の正規従業員数（中間値）		－0.0000		－0.0000
		(－0.17)		(－0.55)
3年前の非正規従業員数（中間値）		－0.0002***		0.0000
		(－2.97)		(1.32)
過去3年間の雇用に関する方針：				
正規従業員を中心とした長期雇用を維持する	0.0162	0.0097	－0.0040	0.0088
	(0.76)	(0.38)	(－0.08)	(1.16)
従業員の能力・適性によって早い段階から配置・育成について差別化を図る	－0.0185	0.0098	－0.0406	－0.0051
	(－0.96)	(0.43)	(－0.96)	(－0.78)
パートタイマー等非正規従業員を積極的に活用する	－0.0186	－0.0054	－0.0076	0.0010
	(－1.01)	(－0.25)	(－0.18)	(0.16)
専門性や経営判断の有無など仕事の内容に応じて就業形態を考慮した最適な人材配置とする	0.0318	0.0090	0.0048	0.0118*
	(1.53)	(0.36)	(0.11)	(1.66)
評価の基準として年齢や勤続年数よりも成果を重視する	0.0454**	0.0273	0.0189	0.0094
	(2.07)	(1.05)	(0.38)	(1.23)
昇進・昇格に差を付ける時期を早める	－0.0252	－0.0071	－0.0688	－0.0158**
	(－1.16)	(－0.27)	(－1.41)	(－2.09)
従業員の能力開発を強化する	－0.0029	－0.0343	0.0249	0.0036
	(－0.12)	(－1.22)	(0.45)	(0.42)
仕事と生活の調和に配慮した働き方にする	－0.0253	0.0027	－0.0330	－0.0001
	(－1.12)	(0.10)	(－0.64)	(－0.02)
男女の均等処遇をすすめる	－0.0082	0.0073	－0.0103	－0.0042
	(－0.37)	(0.28)	(－0.21)	(－0.54)
正規従業員に占めるコア人材比率	0.0010**	0.0004	0.0015	－0.0001
	(1.93)	(0.70)	(1.32)	(－0.75)
能力開発対象者：正規	0.0422	0.0229	0.2089***	0.0041
	(1.46)	(0.67)	(3.16)	(0.40)
能力開発対象者：非正規	－0.0325	－0.0164	－0.1418***	－0.0040
	(－1.43)	(－0.61)	(－2.81)	(－0.51)
同業他社と比べた現在の労働生産性	0.0183	0.0282	－0.0053	0.0016
	(0.84)	(1.09)	(－0.11)	(0.20)
同業同規模の他社と比べた現在の競争力	－0.0119	0.0233	0.1217**	0.0013
	(－0.54)	(0.89)	(2.41)	(0.17)

(表 6-2)

	売上高		経常利益	
	(1)	(2)	(1)	(2)
定数項	1.4866***	0.3704**	2.8531***	−0.0067
	(11.38)	(2.39)	(9.59)	(−0.14)
N	570	570	537	537
Adjusted R^2	0.3816	0.1152	0.3555	−0.0085
F	15.6315	4.0877	13.3166	0.8120
Prob > F	0.0000	0.0000	0.0000	0.7230

注）上段：係数推定値，下段カッコ内：t 値．＊ p<0.1，＊＊ p<0.05，＊＊＊ p<0.01．産業ダミーを含む．(1)の被説明変数は離散変数から作成，(2)の被説明変数は中間値から作成．

社員の労働保蔵を行うことが必ずしも業績向上につながらないことを示唆するが，これについては後でも触れる．

4.2　現在の経常利益

経常利益に関してもおおむね雇用量と負の相関にあり，売上高と同様の結果である．

有意水準にややばらつきはあるものの，過去 3 年間の能力開発の対象者として正規雇用を広く対象とすると経常利益増加につながるが，非正規についてはあてはまらない．ここでも正規雇用を抱え込むだけでは業績改善には不十分であり，賃金や訓練費用などの負担は無視できないものの，基幹業務をこなす人材育成が不可欠と推察される．また同業同規模他社と比べた現在の競争力も正の係数を持つことは妥当な結果といえよう．

5.　企業業績の変化

5.1　過去 3 年間の売上高変化と経常利益変化

既に述べたように，企業業績を左右する要因として観察できない企業間の異質性が存在しうる．そのために推定にバイアスをもたらす可能性があるので以下では（6.4）式の差分変数に基づいたプロビット推定を行う．

表 6-3 の推定結果からは過去 3 年間の雇用量増加が売上増加に寄与する効果は確認できない．ただ中途採用に関しては有意水準はばらついているが，正の

表6－3　過去3年間の売上高変化

	(1)	(2)	(3)	(4)	(5)	(6)	(7)	(8)
正規変化（過去3年）	−0.2112*				−0.1080			
	(−1.85)				(−0.98)			
非正規変化（過去3年）	0.0024	−0.0471			0.0057	−0.0396		
	(0.02)	(−0.40)			(0.05)	(−0.34)		
正規・新卒採用変化（過去3年）		−0.3588***		−0.2171*		−0.2948**		−0.1466
		(−2.84)		(−1.86)		(−2.40)		(−1.36)
正規・中途採用変化（過去3年）		0.1138		0.1971*		0.1296		0.1066
		(0.94)		(1.69)		(1.08)		(1.01)
過去3年の正規従業員数変化（離散変数から作成）			−2.3391***					
			(−9.16)					
過去3年の非正規従業員数変化（離散変数から作成）			−2.5652***	−1.9871***				
			(−5.28)	(−4.94)				
過去3年の正規従業員数変化（中間値から作成）							−0.0072***	
							(−7.87)	
過去3年の非正規従業員数変化（中間値から作成）							−0.0027***	−0.0031***
							(−3.07)	(−3.39)
過去3年間の雇用に関する方針：								
正規従業員を中心とした長期雇用を維持する	0.1175	0.2533*	0.0461	0.1047	0.0438	0.1394	−0.0375	−0.0442
	(0.94)	(1.78)	(0.32)	(0.75)	(0.37)	(1.04)	(−0.32)	(−0.37)
従業員の能力・適性によって早い段階から配置・育成について差別化を図る	−0.1462	−0.1492	−0.0282	−0.0828	−0.1486	−0.1455	−0.0811	−0.1115
	(−1.33)	(−1.27)	(−0.21)	(−0.72)	(−1.40)	(−1.29)	(−0.75)	(−1.07)
パートタイマー等非正規従業員を積極的に活用する	−0.1689	−0.1866*	−0.0232	−0.1345	−0.1672	−0.1879*	−0.0497	−0.1348
	(−1.61)	(−1.66)	(−0.20)	(−1.24)	(−1.61)	(−1.69)	(−0.50)	(−1.34)
専門性や経営判断の有無など仕事の内容に応じて就業形態を考慮した最適な人材配置とする	0.2503**	0.2181*	0.2154	0.2601**	0.2504**	0.2156*	0.1840	0.1833
	(2.05)	(1.65)	(1.50)	(2.00)	(2.09)	(1.67)	(1.57)	(1.58)
評価の基準として年齢や勤続年数よりも成果を重視する	0.0614	0.0499	0.0019	−0.0484	0.1248	0.1417	0.1471	0.0513
	(0.49)	(0.37)	(0.01)	(−0.37)	(1.00)	(1.07)	(1.17)	(0.43)
昇進・昇格に差を付ける時期を早める	−0.1031	−0.1049	−0.2089	−0.2039	−0.1823	−0.2015	−0.2429**	−0.2481**
	(−0.84)	(−0.79)	(−1.38)	(−1.55)	(−1.52)	(−1.56)	(−1.98)	(−2.07)
従業員の能力開発を強化する	−0.2700**	−0.1610	−0.0389	−0.0803	−0.2366*	−0.1397	−0.1544	−0.0701
	(−2.05)	(−1.14)	(−0.25)	(−0.57)	(−1.83)	(−1.02)	(−1.20)	(−0.55)
仕事と生活の調和に配慮した働き方にする	0.0888	0.1543	0.1457	0.2910**	0.0609	0.0950	0.1173	0.1956
	(0.65)	(1.05)	(0.94)	(2.05)	(0.46)	(0.68)	(0.90)	(1.55)
男女の均等処遇をすすめる	0.0468	0.0028	−0.0171	−0.1258	0.0702	0.0537	−0.0405	0.0013
	(0.38)	(0.02)	(−0.12)	(−0.95)	(0.58)	(0.41)	(−0.33)	(0.01)

正規従業員に占めるコア人材比率	0.0008	0.0012	0.0004	0.0021	0.0003	0.0006	−0.0012	0.0008
	(0.27)	(0.36)	(0.11)	(0.69)	(0.12)	(0.18)	(−0.42)	(0.28)
能力開発対象者：正規	−0.3254*	−0.4237**	−0.2497	−0.2740	−0.2890*	−0.3680**	−0.2393	−0.2526
	(−1.92)	(−2.27)	(−1.28)	(−1.51)	(−1.73)	(−2.02)	(−1.44)	(−1.52)
能力開発対象者：非正規	0.2515*	0.1289	0.2507*	0.1611	0.2271*	0.1329	0.2079*	0.1344
	(1.92)	(0.90)	(1.72)	(1.22)	(1.76)	(0.94)	(1.65)	(1.09)
同業同規模の他社と比べた現在の競争力	−0.3218***	−0.3165**	−0.2338*	−0.2217*	−0.2936***	−0.2854**	−0.1737	−0.1793
	(−2.78)	(−2.53)	(−1.74)	(−1.85)	(−2.58)	(−2.34)	(−1.53)	(−1.63)
3年前と比べた労働生産性の変化	0.3292***	0.2918**	0.2849**	0.2432**	0.3208***	0.2936**	0.2861**	0.1873*
	(2.71)	(2.28)	(2.04)	(1.99)	(2.67)	(2.32)	(2.40)	(1.64)
3年前との労働生産性の変化（非正規全体の構成変化による）	0.0744	0.0774	0.0793	0.0765	0.1461	0.1684	0.1445	0.2189
	(0.54)	(0.52)	(0.49)	(0.52)	(1.07)	(1.14)	(1.03)	(1.59)
3年前と比べた会社全体の変化：								
組織のフラット化	−0.3766*	−0.3597	−0.3151	0.0303	−0.2609	−0.2532	0.0927	0.1725
	(−1.71)	(−1.52)	(−1.23)	(0.14)	(−1.23)	(−1.12)	(0.45)	(0.87)
組織の統廃合	−0.0821	−0.0837	−0.0874	−0.2025	−0.1402	−0.1530	−0.2044	−0.2080
	(−0.46)	(−0.43)	(−0.41)	(−1.09)	(−0.79)	(−0.80)	(−1.15)	(−1.20)
会社の分割	0.3575	0.4542*	0.2765	0.2802	0.1535	0.2045	0.1475	0.0858
	(1.38)	(1.64)	(0.92)	(1.00)	(0.59)	(0.74)	(0.57)	(0.32)
会社の合併・統合	0.3947*	0.3680	0.6204**	0.4320*	0.5315**	0.5365**	0.5621***	0.4552**
	(1.81)	(1.62)	(2.55)	(1.93)	(2.51)	(2.45)	(2.70)	(2.24)
アウトソーシングの増加	0.0297	0.2066	0.0023	0.1045	−0.0518	0.1037	−0.1216	0.0228
	(0.14)	(0.93)	(0.01)	(0.50)	(−0.25)	(0.48)	(−0.60)	(0.12)
賃金のカット	−0.1353	−0.0873	−0.0079	0.0702	−0.1257	−0.1031	−0.1941	−0.0478
	(−0.70)	(−0.43)	(−0.04)	(0.36)	(−0.65)	(−0.51)	(−1.00)	(−0.26)
人員削減	−0.1187	−0.0083	−0.4841**	0.0092	−0.1083	−0.0436	−0.1737	0.0063
	(−0.62)	(−0.04)	(−2.18)	(0.05)	(−0.57)	(−0.22)	(−0.97)	(0.04)
その他	−0.4736	−0.4257	−0.4985	−0.5275	−0.4498	−0.3856	−0.4397	−0.3683
	(−1.64)	(−1.31)	(−1.45)	(−1.60)	(−1.61)	(−1.24)	(−1.53)	(−1.25)
定数項	−0.2317	−0.2199	−1.1389	−0.9762	−0.1222	0.0567	−0.4916	−0.1865
	(−0.28)	(−0.24)	(−1.26)	(−1.11)	(−0.15)	(0.06)	(−0.65)	(−0.24)
N	431	379	518	453	431	379	518	453
pseudo R^2	0.1315	0.1481	0.4902	0.2326	0.1304	0.1429	0.3070	0.1400
chi2	52.3910	51.8915	229.8648	94.5930	53.5390	51.8217	149.6933	59.1383
Prob > chi2	0.0129	0.0194	0.0000	0.0000	0.0099	0.0197	0.0000	0.0034
log likelihood	−173.0101	−149.3017	−119.5282	−156.0010	−178.5386	−155.4182	−168.9709	−181.6191

注）上段：係数推定値，下段カッコ内：z 値．＊ p<0.1，＊＊p<0.05，＊＊＊ p<0.01．産業ダミーを含む．(1)から(4)の被説明変数は離散変数から作成，(5)から(8)の被説明変数は中間値から作成．

係数が見られる.

雇用に関する方針では，最適な人材配置を行う企業で売上高増加を示す．しかし昇進・昇格に差をつける時期を早めることは，売上高増加にはつながりにくい.

能力開発の対象として非正規を広く対象とすると，売上高増加につながることは単に賃金の低い労働力として非正規雇用を用いるのではなく，人材育成が重要であることをうかがわせる結果である．また過去３年間の労働生産性の上昇も売上高の増加に寄与する.

これらの結果は正規・非正規の区別にかかわらず，単に雇用を確保・維持するだけでは業績改善につながりにくく，非正規も含めた企業内訓練と適正な処遇が必要なことを示唆する.

ただし正規雇用を広く能力開発の対象とすることや能力開発の強化が業績向上に寄与しない．現在の経常利益（および有意ではないが現在の売上高）に対して，正規雇用を広く能力開発の対象とすることが正の係数を持つ，そして非正規を対象者にしても効果が見られないという前節の結果と矛盾するように見えるが，どのような説明が可能だろうか.

第一の仮説として正規雇用の訓練が従来から高い水準で行われ続けているならば，彼らに対する能力開発は企業業績の水準を維持することには寄与するし，前節のレベル変数での結果のように正の係数を持つ．しかしその後の追加的な職務遂行能力の増加幅は訓練内容の見直しや充実が適切に行わなければ小さいものに留まる可能性があるし，継続的な訓練の費用負担がその効果と比べて正規雇用については大きいことも考えられる．よって係数が小さくなり本節の差分変数の結果では負の係数となる.

一方，非正規は訓練の質や内容がまだ不十分であったり能力開発の運用方法に問題があるために，レベル変数の結果では企業業績に寄与しにくい．だが継続的・追加的な訓練によって仕事能力が増すので，差分変数の結果では正の係数を持つ.

こうしたことが理由となり，雇用に関する方針において，従業員全体では能力開発の強化についてプラスの効果が現れていない可能性もあろう.

第二の仮説としては，本節のプロビット推定では３年前と比べた労働生産性の変化を説明変数に用いることに起因する．能力開発による職務遂行能力向上と企業業績への寄与は労働生産性の変化によって表され，正規雇用を能力開発の対象者とするという変数は，訓練費用の代理変数となるので本節では負の係数を持ってしまう．非正規雇用に関してはそのような影響が明確でないために，正の係数となる．

これらの仮説がどの程度妥当性を持つかはこれから検証すべき課題ではあるが，いずれにせよ正規・非正規共に訓練内容の見直しや充実によって業績改善につなげる必要性をうかがわせる結果である．

一方，過去3年間の経常利益変化については，売上高変化とほぼ似たような結果である（表6-4）．しかし過去3年間の能力開発の対象者が業績に寄与する効果は，正規・非正規共に確認できない．その理由は明確ではないが，例えば上述の第二の仮説において非正規でも訓練対象になることが，訓練費用の代理変数になったためかもしれない．そしてそのことを反映してか，雇用に関する方針でも能力開発の強化が寄与していない．

また過去3年間の労働生産性向上が経常利益を増やす効果も明確ではない．雇用に関する方針では正規従業員を中心とした長期雇用が負の係数を持つ．アウトソーシングや賃金のカットなど費用削減策と見られる変化も企業業績と正の相関関係を持たない．

なお売上高変化・経常利益変化ともに，現在の競争力は負の係数を持つ．現在競争力の高い企業は業績の水準を高く維持できる一方で，以前から競争力が高いために追加的な企業業績増加の余地が小さいことを表しているのかもしれない．

ここまでで得られた主な結果を要約すると，

(1) 雇用の確保・維持が売上高や経常利益の水準に寄与する効果は確認されない．
(2) 正規従業員中心の長期雇用や非正規の積極的活用は売上高・経常利益の増加につながっていない．経常利益については正規雇用の能力開発が業績改善に寄与する．
(3) 過去3年の売上高変化では，雇用量増加による業績改善効果は確認でき

表6－4　過去３年間の経常利益変化

	(1)	(2)	(3)	(4)	(5)	(6)	(7)	(8)
正規変化（過去３年）	−0.2747**				−0.1422			
	(−2.43)				(−1.25)			
非正規変化（過去３年）	−0.0419	−0.1169			0.0217	−0.0193		
	(−0.40)	(−1.06)			(0.20)	(−0.17)		
正規・新卒採用変化（過去３年）		−0.0343		0.0620		−0.1287		−0.0301
		(−0.30)		(0.60)		(−1.09)		(−0.29)
正規・中途採用変化（過去３年）		0.0464		0.0620		0.0890		0.0579
		(0.40)		(0.59)		(0.73)		(0.56)
過去３年の正規従業員数変化（離散変数から作成）			−1.7379***					
			(−7.32)					
過去３年の非正規従業員数変化（離散変数から作成）			−1.2492***	−1.1560***				
			(−4.72)	(−4.58)				
過去３年の正規従業員数変化（中間値から作成）							−0.0034***	
							(−4.48)	
過去３年の非正規従業員数変化（中間値から作成）							−0.0011	−0.0013
							(−1.31)	(−1.49)
過去３年間の雇用に関する方針：								
正規従業員を中心とした長期雇用を維持する	−0.0484	−0.0298	−0.2523**	−0.2365**	−0.0486	−0.0918	−0.2050**	−0.2023*
	(−0.42)	(−0.23)	(−2.27)	(−2.04)	(−0.42)	(−0.73)	(−2.01)	(−1.81)
従業員の能力・適性によって早い段階から配置・育成について差別化を図る	0.0202	0.0323	0.1493	0.1598	0.0103	0.0133	0.0905	0.1213
	(0.19)	(0.30)	(1.40)	(1.56)	(0.10)	(0.12)	(0.93)	(1.20)
パートタイマー等非正規従業員を積極的に活用する	−0.0481	0.0231	−0.0254	−0.0032	0.1158	0.1998*	0.0951	0.1568
	(−0.46)	(0.21)	(−0.26)	(−0.03)	(1.08)	(1.72)	(1.04)	(1.58)
専門性や経営判断の有無など仕事の内容に応じて就業形態を考慮した最適な人材配置とする	0.0030	0.0416	−0.0247	0.0805	−0.0148	0.0452	−0.0288	0.0402
	(0.03)	(0.35)	(−0.23)	(0.73)	(−0.13)	(0.37)	(−0.29)	(0.37)
評価の基準として年齢や勤続年数よりも成果を重視する	0.0995	0.0546	0.1488	0.0340	0.1455	0.1209	0.1585	0.0772
	(0.83)	(0.44)	(1.24)	(0.29)	(1.17)	(0.93)	(1.40)	(0.67)
昇進・昇格に差を付ける時期を早める	0.1800	0.1647	0.0943	0.0342	0.1991	0.217*	0.1194	0.1061
	(1.49)	(1.32)	(0.78)	(0.29)	(1.61)	(1.67)	(1.08)	(0.91)
従業員の能力開発を強化する	−0.4884***	−0.4062***	−0.3719***	−0.3108**	−0.3581***	−0.2746*	−0.2753**	−0.2175*
	(−3.73)	(−2.92)	(−2.90)	(−2.44)	(−2.70)	(−1.92)	(−2.33)	(−1.74)
仕事と生活の調和に配慮した働き方にする	−0.1126	−0.1798	−0.0272	−0.0496	−0.2576**	−0.3458**	−0.1253	−0.1710
	(−0.88)	(−1.31)	(−0.21)	(−0.39)	(−2.01)	(−2.48)	(−1.08)	(−1.39)
男女の均等処遇をすすめる	0.1550	0.2055	−0.0510	−0.0223	0.1473	0.2297*	0.0256	0.0549
	(1.31)	(1.62)	(−0.43)	(−0.19)	(1.24)	(1.77)	(0.23)	(0.48)

正規従業員に占めるコア人材比率	0.0018	0.0031	0.0018	0.0034	0.0001	0.0008	0.0006	0.0019
	(0.62)	(1.00)	(0.63)	(1.18)	(0.04)	(0.25)	(0.23)	(0.68)
能力開発対象者：正規	−0.1055	−0.1222	−0.0219	0.0133	0.1014	0.1467	0.1172	0.1394
	(−0.63)	(−0.68)	(−0.14)	(0.08)	(0.59)	(0.78)	(0.78)	(0.85)
能力開発対象者：非正規	0.0484	0.0016	0.0231	0.0462	−0.0679	−0.1095	0.0192	0.0116
	(0.39)	(0.01)	(0.19)	(0.39)	(−0.55)	(−0.81)	(0.17)	(0.10)
同業同規模の他社と比べた現在の競争力	−0.2999***	−0.2904**	−0.2107*	−0.2195**	−0.378***	−0.3577***	−0.2597**	−0.2659**
	(−2.65)	(−2.43)	(−1.86)	(−1.99)	(−3.22)	(−2.85)	(−2.48)	(−2.41)
3 年前と比べた労働生産性の変化	0.1520	0.1407	0.0941	0.1020	0.2113*	0.2002	0.1292	0.1250
	(1.29)	(1.13)	(0.80)	(0.89)	(1.75)	(1.56)	(1.20)	(1.11)
3 年前との労働生産性の変化（非正規全体の構成変化による）	0.1435	0.0783	0.1965	0.1528	0.1833	0.1061	0.2471**	0.1881
	(1.06)	(0.55)	(1.44)	(1.14)	(1.35)	(0.73)	(1.97)	(1.43)
3 年前と比べた会社全体の変化：								
組織のフラット化	−0.0588	−0.0892	−0.0300	0.0559	−0.0577	−0.0946	−0.0405	−0.0045
	(−0.28)	(−0.42)	(−0.14)	(0.28)	(−0.27)	(−0.43)	(−0.21)	(−0.02)
組織の統廃合	−0.0467	−0.0643	0.0990	−0.0573	−0.0784	−0.0528	0.0080	−0.0695
	(−0.27)	(−0.35)	(0.56)	(−0.34)	(−0.44)	(−0.27)	(0.05)	(−0.41)
会社の分割	0.2303	0.2090	0.0297	0.1011	0.0596	0.0557	−0.0294	−0.0206
	(0.87)	(0.77)	(0.11)	(0.38)	(0.22)	(0.20)	(−0.12)	(−0.08)
会社の合併・統合	0.3361	0.2887	0.3547	0.3163	0.5014**	0.4732**	0.3562*	0.3674*
	(1.51)	(1.25)	(1.60)	(1.46)	(2.22)	(1.99)	(1.78)	(1.75)
アウトソーシングの増加	−0.3101	−0.2459	−0.4797**	−0.4201**	−0.3868*	−0.2587	−0.4107**	−0.3410*
	(−1.49)	(−1.14)	(−2.24)	(−2.08)	(−1.81)	(−1.16)	(−2.16)	(−1.77)
賃金のカット	−0.4761**	−0.3583*	−0.3946**	−0.2971	−0.5915***	−0.5308**	−0.4988***	−0.4706**
	(−2.42)	(−1.76)	(−2.02)	(−1.59)	(−2.89)	(−2.43)	(−2.75)	(−2.48)
人員削減	0.0731	0.1694	0.1467	0.2365	0.1206	0.1282	0.1804	0.2022
	(0.39)	(0.89)	(0.83)	(1.35)	(0.63)	(0.64)	(1.12)	(1.17)
その他	−0.1394	−0.0881	−0.2006	−0.2553	−0.1258	0.1148	−0.1518	−0.1361
	(−0.52)	(−0.30)	(−0.73)	(−0.92)	(−0.46)	(0.39)	(−0.60)	(−0.50)
定数項	0.8896	0.3155	0.2103	−0.3017	−0.2569	−0.8198	−0.7132	−1.0439
	(1.09)	(0.35)	(0.28)	(−0.37)	(−0.31)	(−0.87)	(−1.01)	(−1.29)
N	399	344	480	412	399	344	480	412
pseudo R^2	0.1317	0.1033	0.3068	0.1564	0.1485	0.1449	0.1695	0.1197
chi2	58.2709	39.7332	164.9390	72.4686	64.3472	54.7558	89.9588	54.9253
Prob > chi2	0.0031	0.1951	0.0000	0.0001	0.0006	0.01	0.0000	0.0097
log likelihood	−192.1642	−172.4703	−186.3472	−195.4478	−184.4732	−161.5456	−220.4575	−201.9962

注）上段：係数推定値，下段カッコ内：z 値． * p<0.1, ** p<0.05, *** p<0.01．産業ダミーを含む．(1)から(4)の被説明変数は離散変数から作成．(5)から(8)の被説明変数は中間値から作成．

ない．限定的ではあるが，中途採用の増加による売上増加が見られる．また過去３年間の労働生産性の上昇，非正規も含めた能力開発の充実や運用方法の改善，適切な人材配置も売上増加を左右する要因となりうる．

過去３年間の経常利益変化については，正規従業員を中心とした長期雇用が負の係数を持つ．

とまとめられる．

6. 企業と行政に求められる役割

6.1 能力開発とそのための雇用管理および人材確保の重要性

前節の推定結果からは，雇用量の水準や変化が企業業績に寄与するとは言えない．

雇用量を説明変数に用いる理由として，企業が把握しきれていない労働者の仕事能力，採用や訓練費用の規模の経済性，非対称情報下での優秀な人材確保・維持とそれによる費用削減，という点を挙げた．しかし実証分析からは，これらの効果によって企業業績が改善するという結果は確認されない．よって後述するように失職中の生活保障と就職支援が必要となる．

また非正規雇用の積極活用が安価な労働力の活用を意味するならば，それは必ずしも企業業績に寄与しないという結果は，景気停滞期であっても労働コスト削減のみでは効果は期待しにくいことを示唆する．

近年は多くの企業が景気の停滞や将来の経済状況の不確実性のために訓練費用や賃金水準の高い正社員の採用を減らして，非正規雇用が増加したとする指摘もある．だがこうした企業の意思決定は，必ずしも業績の改善という目的を達成するものとは言えない．

また正規雇用を中心とした長期雇用は，企業特殊人的資本の習得とその人的投資の費用回収という点から見ると経済合理的であるし，長期間にわたって労働者のインセンティヴを保つためにも後払い賃金と長期雇用は理にかなう方法である．しかしそのような長期雇用のメリットが現在は十分に表れず，それだけでは業績向上に寄与できていない．

そして，そのような正社員の労働費用の負担は業績を左右する要素として無視できないが，その削減だけでは不十分であり，結局のところ，正規・非正規の区別にかかわらず効果的かつ継続的な社内での人材育成が企業業績向上につながると示唆される．確かに能力開発は費用や時間がかかり，常に訓練内容の見直しや充実を図らねばならないので容易ではないが正規・非正規共に継続的な育成とその方法の改善が不可欠なことは確かだと言える．

そのための方法として，企業の中核を担う正規雇用を増やすことも一つの方法ではあるが，景気が停滞している状況では採用数の増加は簡単ではないし，単に雇用量を確保するだけでは業績改善につながりにくい．したがって正規雇用に対して継続的な訓練とその内容の吟味を行うだけではなく，訓練の質・量が不十分なために潜在的な能力を十分に活用できていない非正規雇用者を育成することが必要である．また非正規雇用者に対して今よりも高度な業務を任せることも検討せねばならないだろう．

なおこうした雇用管理や処遇改善には同一労働同一賃金も含まれるべきである．仕事内容が同程度であれば，非正規であっても正社員と同等の賃金を払うことで彼らのインセンティヴを維持するとともに，職務遂行能力が低くとも正社員という身分によって得ていた高い賃金を是正することで，企業は会社全体の効率性改善が期待できるし過剰雇用によるコスト負担が懸念される場合でも，その軽減に寄与すると考えられる．

例えば西本・今野（2003）では非正規の均等処遇による経営状況改善の道筋を示しているが，報酬関連分野の均衡はその第一段階と位置づけられている．同一労働同一賃金も視野に入れた均等処遇は，非正規雇用が増えた現在の企業では業績改善に寄与しうると言えよう．

また能力開発が企業業績に寄与し，なおかつ訓練するに値する人材を確実に採用することができれば，企業は採用に前向きになるとも言える．しかし実際には求職者は自分の能力や訓練に対する適性などを十分知っているが，企業は求職者のうち誰が自分たちの望む能力や適性の持ち主かを正確に知ることは困難である．こうした企業と求職者の間の情報の非対称性が深刻ならば，雇用創出と業績改善が共に抑制されてしまう．新卒採用・中途採用にかかわらずマッチング機能を向上し情報の非対称性に対処するには，後の第8章で述べるような就職支援策を充実させる必要がある．

能力開発が企業業績向上につながるならば，既婚女性やいったん職を失った元正社員の労働需要増加の可能性を示唆する．従来これらの求職者は再び正社員になることは容易ではない．しかし業績向上につながるならば，企業側の合理的意思決定によって雇用状況が改善される余地がある．そのためにも行政による教育・訓練に対する支援拡充も必要となるし，企業側でもトライアル雇用などの活用によって訓練を手厚く行うに値する人材を見極めることが求められる．

しかし経済状況が厳しいと新卒・中途ともに正規雇用の採用は抑制されるし，非正規雇用が雇用者の約３分の１を占める現状では，すでに正規雇用のみに基幹業務を託すという経営手法は困難になる．したがって新卒・中途採用の活用・正規雇用の能力開発を行うと共に，先に述べた高度な業務を行う非正規雇用育成などを通じて企業業績と雇用状況改善を図ることが考えられる．

ただ繰り返すが，単にコスト軽減をあてにする非正規活用には積極的意義を見出せない．非正規でも高度な業務を任せて生産性向上を実現させるならば，人的投資と共に能力向上に伴う同一労働同一賃金の原則を適用する必要がある．そうしなければ現在と同じく非正規は雇用が不安定かつ低賃金という状況を改善することはできない．

なお当然のことながら，新卒採用や彼らへの能力開発を軽視しているのではない．本章の分析で新卒採用が企業業績に寄与するという結果が見られなかったのは，まだ職業能力を蓄積する段階であり，成果を発揮する度合いが低い可能性があるからである．

6.2　行政による支援の必要性

このように人材を確保し育成することには大きな意義があろう．しかし業績改善には訓練や処遇などの適切な措置が必要であり，コストと時間がかかる点ではその効果は限定的とも言える．

したがって企業側の自発的な採用増を過度に期待することには注意が必要である．もし採用が十分に増えない場合は，就職支援だけではなく雇用保険の充実によって最低限の生活保障が広く求められる．特に非正規の雇用保険については加入要件が緩和されたとはいえ，十分とは言えないとの指摘があり喫緊の課題として取り組む必要がある．

ところで本章の結果は間接的に最低賃金制度や解雇規制とも関係する．表6-3以降に見られるように，非正規従業員の積極活用の企業業績への貢献は確認できない．一定水準の賃金を保証する最低賃金制度を間接的に支持すると言える．少なくとも既存の労働者への賃金支払いを軽減することで業務改善を図るために最低賃金アップに反対することに大きな意義を見出せない．むしろ勤労へのインセンティヴを維持するには必要な制度である．

もちろん最低賃金近辺で働いている労働者は限らずしも低所得世帯と一致するわけではないし，また最低賃金に関しては最低賃金制度からの恩恵を受けるのは既に雇用されている者のみであり，求職者は雇用機会の減少に直面するとの指摘がある．例えば橘木・浦川（2006）では若年女性の雇用に対する最低賃金の影響は見られないとしているが，川口・森（2009）では10代男性や既婚中年女性の雇用を減少させることが示されている．

しかし地域によっては最低賃金近辺での張り付きが見られることに加え，安部・田中（2007）および安部・玉田（2007）では最低賃金がパート労働者の賃金を下支えしていることを明らかにしている．少なくとも現在では，企業が正規雇用を大幅に増やすことは容易ではないので，最低賃金は所得保障とインセンティヴ維持の制度としても意味を持つだろう[5]．

次に解雇規制との関係についてみていく．解雇規制は採用抑制を招くので，最低賃金制度と同様に求職者にとってはむしろ不利になるといわれる．奥平・大竹（2008）は多くの実証研究においては雇用に関するフロー変数（失業プールへの流出入，仕事の創出・消失など）が小さくなることを紹介している．

そのために解雇規制の働きの検証や見直しが提唱されているが，解雇規制の緩和を行う場合は，その後の就労を促進させる仕組みが伴わねばならない．本章で見たように単なる雇用量の確保・維持が業績向上につながりにくい状況では雇用の増加・維持を行いにくいので，解雇規制緩和のみを行うことには懸念

5） 給付付き税額控除によって非正規の勤労へのインセンティヴを引き上げることができれば，能力開発にも積極的に取り組むようになり，企業と求職者双方にメリットがあると考えられる．

が生じる．他の章でも述べたように解雇規制緩和は雇用保険の拡充と併用して行うべきであろう[6)]．

一方，第5章でも触れたように企業が当面の企業業績悪化を受け入れて労働保蔵を行っても，長期的には人的投資のコスト回収が可能になると考えていれば，企業は既存の労働者，特に正規雇用の保護に一定の意義を見出す．本章では雇用量の維持や正社員の長期雇用が企業業績に寄与する効果は見られなかったが，それでもなお人的投資がサンクコストになるのを避けるなどの理由により，労働保蔵が行われるならば，解雇規制を緩和すべきとの意見が増えると予想される．この場合でもやはり雇用保険によって失職時の生活保障を充実させねばならない．

7 むすび

本章では雇用を確保・維持することが企業業績にどのような影響を与えるかを検討した．雇用状況が厳しく，それがそのまま経済格差につながりかねない場合は，行政による支援が必要なのはいうまでもない．だが一方では，企業にとって景気に応じて大きく雇用量を減少させず，人材確保をコンスタントに行うほうが業績に寄与するならば，企業の合理的意思決定を活かし，行政がそれを支援するという役割分担も可能だろう．

そこで雇用の確保・維持が企業業績に寄与するのかを検討した．本章の結果からは単なる量的な面での雇用の確保・維持が業績向上につながりにくく，能力開発や適切な雇用管理を同時に行う必要があると言える．そしてそのような雇用管理を行う際には，マッチング機能を高めて企業が望む能力や特徴を持つ正規雇用の採用を増やすだけでなく，非正規雇用の訓練や処遇にも改善が求められる．

しかし短期間のうちにこうした採用や処遇のあり方が広がり，雇用創出と企業業績の改善につながるとは限らないので，行政による生活保障の充実と就職

6）江口（2007）は解雇規制が経済厚生を改善する可能性を示している．逆に解雇規制を緩和すべきことを理論的に示しているものとして安藤（2008），瀬下・中川・山崎（2008）がある．

支援が一体となって実施される必要性を確認した．

なお本章の分析にはまだ残された課題があり，より正確さを追究する必要がある．まず第一に，内生性の問題を完全に除去できていない可能性がある．例えば，雇用量変化と業績変化のタイムラグが短すぎ，両者の生じたタイミングがほぼ完全に重なる企業が多いならば，説明変数の持つ効果を正確に評価できていないかもしれない．本章の過去3年間の売上高変化と経常利益変化の推定で，そのような可能性がある．

また本章では企業業績（レベル変数）は，それ以前の雇用量などに左右されると仮定し，それによって内生性に対処してきた．しかし企業は将来の企業業績の予測に基づいて現在の雇用量を決定する側面もあるので，十分に内生性をコントロールできているとは限らない．

第二の課題は資本ストックに関する説明変数を用いることができなかったためにバイアスが生じる可能性である．産業ダミーが個々の産業・企業に必要な資本ストックの代理変数と捉えることもできようが，やはりより精緻な定式化が求められる．

これらの課題を解決し結果の頑健性を確認できれば，企業の意思による雇用確保・維持とそれを補うセーフティネット拡充，正規・非正規間の格差解消のための議論に貢献できるだろう．

変数の説明

・売上高，経常利益，従業員数：売上高は6区分（1から6の値），経常利益は12区分（1から12の値），従業員数は6区分（0から5の値）の離散変数で表されている．これらの離散変数をそのまま用いて被説明変数を作成した．またこれらの区分は金額幅，人数幅ともに均等ではないので，各区分の上限と下限の値の中間値を用いた被説明変数も作成した．ただ上限もしくは下限の値しか分からない場合は，その上限値・下限値を用いて作成している．
・3年前の雇用量——5区分（0から5の値）の離散変数と各区分の上限と下限の値の中間値．ただ上限もしくは下限の値しか分からない場合は，その上限値・下限値を用いて作成．
・過去3年の正規変化・非正規変化——「増加・やや増加」: 3,「変わらない」: 2,「やや減少・減少」: 1.
・正規・非正規変化（現在－3年前）は人数区分の離散変数およびその中間値からも作成．
・新卒採用変化・中途採用変化（過去3年）——「増加・やや増加」: 3,「変わらない」: 2,「やや減少・減少」: 1.
・産業区分——あてはまれば1の値をとるダミー変数．
・過去3年間の雇用に関する方針——「あてはまる・ややあてはまる」: 3,「どちらでもない」: 2,「あまりあてはまらない・あてはまらない」: 1.
・同業他社と比べた現在の労働生産性——「高まった・やや高まった」: 3,「変わらない」: 2,「やや低くなった・低くなった」: 1.
・3年前と比べた労働生産性の変化——「高まった・やや高まった」: 3,「変わらない」: 2,「やや低くなった・低くなった」: 1.
・非正規従業員全体の構成が変化したことによる3年前と比較した労働生産性の変化——「高まった・やや高まった」: 3,「変わらない」: 2,「やや低くなった・低くなった」: 1.
・過去3年間の能力開発の対象者（正規と非正規）——「全般」: 3,「一部」なら2,「対象でない」: 1.
・3年前と比べた会社全体の変化——あてはまれば1の値をとるダミー変数．
・正規従業員に占めるコア人材比率．
・同業同規模の他社と比べた現在の競争力——「強い・やや強い」: 3,「まあまあ」: 2,「やや弱い・弱い」: 1.

7
雇用政策に対する評価を規定する要因は何か

1. はじめに

厳しい雇用環境や経済格差，あるいは貧困問題が大きくクローズアップされる中で，最低賃金制度や解雇規制に関して多くの研究が蓄積されるようになってきた．第1章と第2章で代表的な既存研究の概要を紹介したが，現行制度が雇用量および賃金分布にもたらす影響を検証することで，政策の効果や経済厚生を考察するものが多いといえよう．

当然，現行制度あるいはそれらの変更によって，どのような個人が恩恵を受けるのかは異なるし，制度とその変更に対する評価も異なってくるだろう．しかし本来政策の対象となる者が，それらを高く評価しているかどうかはあまり検討すべき課題として取り上げられてこなかった．

しかし個々の政策がどの程度個人の効用水準を改善し，それに基づいて評価を下すかは，政策目標を達成する上で欠かせない視点である．仮に個々の政策に必要なコストが同等であるにしても，政策対象者が望む組み合わせでない場合は，効用水準が向上するものの，次善の水準にとどまる可能性がある．Waldfogel（1993）は金銭による予算制約線の上方シフトと同額の物品が与えられた場合を比較すると，前者と比較して後者の場合には効用水準の改善度合いが劣り（無差別曲線の上方シフトの程度が小さい），死荷重が生じることを示した．

そこでの考え方から推察すると，雇用政策として何らかの対策を講じたとしても，それが政策対象者の選好に沿わないならば，死荷重が発生するために効率的でなくなる可能性がある．本章ではこうした視点に基づいて，様々な雇用政策に対して肯定的な評価をするのはどのような属性を持つ人々なのかを見ていく.

次節では雇用政策に関する先行研究から得られた知見を参考にして，最低賃金引き上げや非正規の雇用保障などの雇用政策に対する評価はどのような要因に規定されるかを考察し，実証分析のモデルと使用データを提示する．その上で実証分析の結果を示し，最後に結果から得られる含意と今後の課題をまとめる．なお，最低賃金と解雇規制に関する先行研究については，第 1 章と第 2 章で述べられている.

2. 雇用政策に対する考え方

2.1 先行研究と本章の関連

最低賃金や解雇規制の先行研究の概要は既に第 1 章と第 2 章で紹介された．ここでは先行研究で得られた知見を再確認すると共に本章の実証モデルとの関連を簡単に示したい.

日本における最低賃金に関する実証分析では，橘木・浦川（2006）が若年女性の雇用に対して最低賃金は影響を及ぼさないことを，川口（2009）が高卒の若年層については最低賃金上昇による雇用への影響は見られないことを示した.

一方，有賀（2007）は高校の新卒労働者の有効求人倍率に対する影響を指摘している．また川口・森（2009）は最低賃金の引き上げによって 10 代の男性と既婚中年女性の雇用が減少するとしている.

さらには川口・森（2009），Neumark and Wascher（2008）によると最低賃金を得ている者が必ずしも貧困状態にあるのではない.

安部・田中（2007）と安部・玉田（2007）が低賃金地域では，最低賃金がパートタイム労働者の賃金を下支えしていることを示しており，パートタイム労働者として働く傾向に個人属性がかかわってくるならば，誰が最低賃金引き上げを評価するかは異なるであろう.

このように最低賃金が雇用に与える影響は年齢，学歴，性別，家族構成などによって違いが生じ，すべての労働者に対して一律に作用するわけではないようである．したがって実証モデルでもこれらの変数の効果を見る必要がある.

後節で述べるが，本章のデータには解雇規制に関する直接的な設問がない．雇用保障強化に関する設問としては，「パートタイム労働者や派遣労働者の雇用保障の強化（有期労働契約に関する法整備など）」が尋ねられている．したがって解雇規制に関する先行研究の知見をそのまま用いることはできないが，参考となる部分も少なくない．そこで解雇規制についても先行研究を概観する．

瀬下・中川・山崎（2008）は社会保障制度と解雇規制の関係にも言及している．解雇規制のために正社員になれない非正規雇用は，社会保障制度からの恩恵を受けにくいだけでなく，主婦パート・学生アルバイトなどとの競争のために，不安定な立場というリスクに見合う賃金を得られないと指摘する．

正規雇用のみならずさらに非正規の雇用保障も強化されると，企業にとっては調整費用の上昇を意味し，さらに正社員になる可能性が少なくなるおそれがある．もしこうした現象が生じることを人々が懸念するならば，正規・非正規の雇用保障強化は必ずしも自分のメリットにならないと考えるだろう．

また奥平（2008）は解雇規制の影響が若年層と40歳代女性の労働参加率を低下させることと，男性の失業率が高くなることを明らかにし，個人属性により影響の受け方が違うことを示している．最低賃金と同様に，制度の変更によって誰が解雇規制の緩和や強化を支持するのかは個人属性によって異なりうる．

ここでも仮に非正規の雇用保障が追加的に強化されて企業の負担になるならば，正社員の採用を減らし，結果的に短期・不安定な雇用が今後労働市場に加わる者で増加する可能性がある．

従来は主婦パートや学生アルバイトが多かったので問題ではなかったが，近年は家計を担う非正社員や独身女性の非正社員，男性の非正規も増加傾向にある．将来正規雇用になることをこうした人々や奥平（2008）が解雇規制の影響を受けると論じた若年層などが望むならば，やはり正規・非正規の雇用保障強化には賛同しにくくなるだろう．逆に家計補助的な非正規は雇用保障を望むと考えられる．

やはり雇用保障についても個人属性をはじめとする様々な変数の効果を見る必要があるといえよう．

2.2 雇用政策への評価を左右する要因

第1章と第2章では国内外の最低賃金と解雇規制に関する先行研究を概観した．その中で留意すべき点の一つとして，これらの制度が与える影響はすべての労働者に同じように作用するのではないことである．

そこで本節では，最低賃金引き上げと非正規の雇用保障強化に対する評価の規定要因を考察するために，実証モデルを提示する．ここで非正規の雇用保障を取り上げるのは，本章で用いるデータには解雇規制に関する情報が含まれていないためだが，推定結果からは正規雇用を対象とした解雇規制のあり方を考える手がかりの一つにもなるからである．

この実証モデルによって，現行制度やその変更が効用水準向上に寄与しうるかを検討する．もちろん政策に対する評価には年齢や家族構成，現在の就業形態，将来の転職可能性など多くの要因がかかわってくる．以下では大竹（2005）を参考にして，これらの要因を取り上げ，政策に対する評価に対して持ちうる影響を考えたい．

1．年齢，学歴，性別，世帯所得，家族構成などの個人属性

通常，現時点の世帯所得が多い場合は，最低賃金の引き上げや雇用保障強化に反対はしないが，低所得者に比べると積極的に賛同しないと考えられる．川口・森（2009）やNeumark and Wascher（2008）が述べたように，最低賃金労働者が必ずしも貧困世帯ではないこともこうした推論につながる．

また後述する転職可能性と関連するが，一般的には学歴が高く若いならば，現在の雇用形態にかかわらず，より高賃金の職を得る確率は高くなるだろう．この場合も最低賃金・非正規の雇用保障強化ともに積極的な評価はされないと予想できる．有賀（2007）や川口・森（2009），坂口（2009）が明らかにしたように，若年層や新卒者の雇用が最低賃金の存在によって抑制されることを彼らが批判的に捉えている場合も，やはり制度の充実には高い評価はしないだろう．先に触れたように，非正規の雇用保障についても同様の議論が成り立つ．

性別により現在の処遇や将来の不確実性に対する態度が異なる可能性もある．よって就業形態や個人属性をコントロールしてもなお，男女間の違いが生じるか

も検討する．

家族構成については，配偶者が家計を補助する存在として認識されているならば，最低賃金引き上げや雇用保障に対する関心が低くなると考えられる．

2. 現在の就業形態，失業の不安，将来の転職可能性，消費・所得の変動

将来，より高所得で安定的な仕事につく見込みが高く，なおかつ現時点での最低賃金引き上げや非正規の雇用保障強化は企業の調整費用を高めるために企業負担が増すならば，非正規は自らの転職可能性を狭めるためにこれらの施策に対して否定的になる．

したがって現時点で非正規雇用でもこうした政策に賛同するとは限らない．特に高学歴，若年，男性といった属性を持つ場合に正社員への転職が見込めるならば，こうした傾向を持ちうる．例えば先に紹介した有賀（2007）や川口・森（2009），奥平（2008）などでは若年層への影響が大きく，検証する必要があろう．また橘木・浦川（2006）では若年女性の雇用への最低賃金の影響は見られないが，近年増加しつつある独身女性の非正規・若年非正規でも家計の担い手となるべく正社員の職を求めている場合は，同様の考えを持つと予想できる．

あるいは制度が充実するとより良い仕事を得る見込みが少なくなり，主婦パートなどと競合する非正規雇用（男性非正規もしくは若年非正規など）も，不安定な立場というリスクに見合う賃金を得られないために，より良い転職を阻害しうる最低賃金引き上げや雇用保障強化を評価しないと推察される．

逆に非正規が現時点での生活水準を重視したり，失業の不安が強い場合は各種の雇用政策への支持は高まるだろう．

また現在は正社員であっても，失業の不安を強く感じて非正規になることを懸念している場合や，有期雇用保障契約によって企業特殊人的資本（特定の企業でのみ役に立つ知識や技能）の蓄積ができると考えている場合は，非正規の雇用保障に対して賛同すると予想される[1)]．あるいは正社員であっても未熟練

1）安藤（2008）は，長期の雇用保障契約で人的資本の蓄積を促すことができ，解雇規制も強行規定ではなく任意規定で対応できるとしている．そこでの議論が非正規にも適用されれば，このような推論が成り立つだろう．

労働者ならば，Autor（2003）が示したような非正規との代替を想定して非正規の雇用保障には賛同する余地があるが，正社員のそれは支持しないと考えられる．

一方，仕事を失っても若年・男性・高学歴の正社員の方が再び正社員としての転職が容易となる場合は，非正規と比較して積極的な支持はなく，一律の支持ではないだろう．

これら以外にも消費や所得の変動を経験していたり，今後も予想している場合には，政策の支持・不支持を左右する要因となる．

3. 賃金格差・経済格差についての意識

非正規雇用にとっては正社員との賃金格差縮小や雇用の安定化が関心事となる．一方，正社員にとっては大きな関心事とはなりえないが，近年の経済格差を意識してその是正が重要だと判断すれば，最低賃金引き上げや雇用保障強化を認めるだろう．

では次にこうした様々な要因が雇用政策に対する評価を決めるうえで，相対的にどの程度の重要性を持つのかを検証するモデルを考える．これにより，どのような者が雇用政策を評価しているのかを見ることができ，政策対象者の効用水準の向上につながるかを考えることができるとともに，現行制度を変更すべきか継続すべきかの判断材料にもなる．本章のデータは雇用政策についていくつかを例示し，それらの充実・強化の支持・不支持を尋ねている．調査票では「支持する・どちらかといえば支持する・どちらかといえば支持しない・支持しない・わからない」の5区分の質問をしている．このうち「支持する・どちらかといえば支持する」を政策の充実・強化に対する支持，「どちらかといえば支持しない・支持しない」を不支持とし，これらを被説明変数としたプロビット推定を行う．

$$Y_i^* = X_i\beta + \varepsilon_i \tag{7.1}$$

$$Y_i = \begin{cases} 1 & \text{if } Y_i^* > 0 \\ 0 & \text{otherwise} \end{cases} \tag{7.2}$$

$Y_i=1$ならば支持，$Y_i=0$ならば不支持である．個人属性をはじめとする説明変数はX_iである．推定結果を見る前に，主な説明変数に関して予想される結果について，上記1から3の記述に基づき簡単に触れておく．

世帯所得が多くなると係数は負または有意でなくなる．家計を補助する配偶者の存在でも同様だろう．若く学歴が高いと将来良い転職先を見つけられる．よって年齢が高いほど係数は正で有意になり，学歴ついては負または有意でない係数が予想される．

失業の不安を感じていたり，消費や所得の減少を懸念するなら政策への支持が増えると考えられる．

非正規は現時点での処遇や生活水準に不満を感じていたり失業不安があれば，各種の雇用政策に賛同するだろう．だが現在の就業形態が非正規でも，将来正社員への転職が見込める場合や正社員志向が高い場合，あるいは主婦パートと競合する若年などの場合は最低賃金引き上げや雇用保障強化が企業負担の増加につながると判断すると，賛同しないだろう．このように非正規については，現在と将来をどの程度考慮しているか，転職見込みを左右する年齢や学歴などによってその効果は異なり，係数は正負どちらもありうる．

一方，現在正社員で男性・若年・高学歴ならば，非正規と比べると雇用保障強化や最低賃金制度への支持は相対的に少ないと予想できる．しかし正社員でも失職の可能性を感じ，非正規になると予想している場合は，これらの雇用政策を支持するために就業形態による違いは生じないと予想される．

様々な格差に対する意識は格差拡大を意識していたり，格差は縮小すべきという意識を持つ場合は，正の係数を持つと考えられる．

2.3　使用データ

本章で用いるデータは，「勤労者の仕事と暮らしについてのアンケート，2001～2007統合データ」（連合総合生活開発研究所）である．その中で雇用・労働政策に関する質問項目が含まれている，2006年4月に実施された第11回調査に含まれる，20～59歳の労働者を分析対象とする[2)]．

前節で触れたように被説明変数は，近年関心が高まっている最低賃金と解雇規制に関するものを用いる．まず前者については「パートタイム労働者の時給に対する影響が大きい法定最低賃金額の引き上げ（以下，「最低賃金の引き上げ」）への評価を用いる．

ところで本章のデータでは正規雇用の解雇規制に関する質問項目がない．したがって雇用保障については，「パートタイム労働者や派遣労働者の雇用保障の強化（有期労働契約に関する法整備など）」（以下，「雇用保障の強化」）を用いる．しかしこれを被説明変数として用いる際には注意が必要である．

瀬下・中川・山崎（2008）は，有期雇用保障契約で人的資本の蓄積を促すことができるので，解雇規制も強行規定ではなく任意規定で対応できるとしている．「雇用保障の強化」はその議論を理解しているという条件の下では，現行の正社員中心の解雇規制緩和への評価を暗に尋ねていると解釈できる．しかしこの議論を踏まえていないならば，パートタイム労働者や派遣を対象にした雇用保障強化だと考えるほうが自然だろう．

どちらの見方が当てはまるかを知ることはできないが，調査票では「雇用保障の強化」に関して，正社員の解雇規制緩和との関連で質問をしているわけではない．したがって以下では文字通りにパートや派遣を対象にした雇用保障強化として捉える．

よって現時点で非正規雇用であり，なおかつ正規への転職が困難な者・失業不安が大きい者にとっては支持される政策である．逆に非正規でも正社員への転職可能性が高いものからは評価されないだろう．

一方の正規雇用にとっては，失職した後に非正規になる可能性を考慮すると，非正規の雇用安定化は支持される政策であろう．しかしこの施策により企業の負担が増して，そのしわ寄せが自分たちに生じると考える場合は，現在正規雇用である者は不支持に向かう[3]．

なお，「最低賃金の引き上げ」や「雇用保障の強化」は雇用されている場合に適用されるものであるが，本章では失職した場合の施策として「失業者に対

2） 二次分析に当たり，東京大学社会科学研究所附属社会調査・データアーカイブ研究センターSSJデータアーカイブから「勤労者の仕事と暮らしについてのアンケート，2001～2007統合データ」（連合総合生活開発研究所）の個票データの提供を受けた．

3） この場合でも未熟練の正規は非正規と代替される可能性を考慮して，非正規の雇用保障強化は支持するだろう．

する所得保障の充実（失業手当の増額や給付日数の延長など）」も補足的に用いる．

次に使用する説明変数について簡単に触れておく．現在の状態として年齢，学歴，性別，家族構成，世帯所得，就業形態を用いる（詳しくは章末参照）．

将来の不確実性は生活水準低下の懸念を高め，雇用政策に対する評価にも影響を与える．また過去と今後の経済状態も政策評価に関係すると予想される．そこで，失業の不安，世帯所得および世帯消費の変化に対する見方を用いる．また今後の景気に対する見方，勤め先の経営状況に対する見方を用いる．この二つは今後の経済状態とそれに左右される社内での処遇，もしくは転職を左右する要因を表すと考えられる．

格差についての意識としては，個人間・世帯間・社員間・男女間格差の変化に対する認識と今後のあるべき状態という規範意識を用いる．

表 7-1 が各変数の記述統計量であるが，被説明変数の分布が現在の状態や将来に対する予想によって異なるかを概観しておく．

表 7-2-1 から表 7-2-3 によると，やはり非正規が各種の雇用政策を支持すること分かる．その中でも特に「雇用保障の強化」と「最低賃金の引き上げ」は，やはり明確な差が見られる．

また失業の不安を感じている場合も政策への支持が高く，現時点の状態のみに依存しないことがうかがえる．将来の経済状況の見込みによって，政策の支持・不支持に違いがあるか見ておくと，景気や経営状況の改善を予想する場合は政策への支持はやや少なくなる．

ここで観察されることからは，現時点での状況だけでなく将来の予想も政策への評価に影響を与えることである．それらに加えて格差についての現状認識や今後のあるべき状態という規範意識も政策に対する評価を左右する要因になりうるだろう．そこで次節の推定では前節の議論に基づき，ここで取り上げた変数と個人属性などその他の変数の相対的な重要性を検証すると共に，雇用政策の実施・変更を考察する材料とする．

表 7-1 記述統計量

変数	サンプル数	平均	標準偏差	最小値	最大値
失業者に対する所得保障の充実	706	0.683	0.466	0	1
雇用保障の強化	723	0.863	0.344	0	1
最低賃金の引き上げ	701	0.854	0.353	0	1
20 代ダミー	781	0.247	0.432	0	1
30 代ダミー	781	0.265	0.442	0	1
40 代ダミー	781	0.230	0.421	0	1
50 代ダミー	781	0.257	0.437	0	1
男性	781	0.612	0.488	0	1
配偶者あり	779	0.648	0.478	0	1
大卒	776	0.483	0.500	0	1
主な家計の担い手	685	0.594	0.491	0	1
非正規	781	0.301	0.459	0	1
失業不安	658	0.213	0.410	0	1
世帯年収（400 万円未満）	750	0.176	0.381	0	1
世帯年収（400 万円以上，700 万円未満）	750	0.368	0.483	0	1
世帯年収（700 万円以上，1,000 万円未満）	750	0.264	0.441	0	1
世帯年収（1,000 万円以上）	750	0.192	0.394	0	1
景気改善ダミー（1 年後の見込み）	728	0.448	0.498	0	1
経営状況改善ダミー（1 年後の見込み）	705	0.284	0.451	0	1
世帯収入増加ダミー（1 年前と比較）	758	0.332	0.471	0	1
世帯収入増加ダミー（1 年後の見込み）	730	0.262	0.440	0	1
世帯消費増加ダミー（1 年前と比較）	750	0.421	0.494	0	1
世帯消費増加ダミー（1 年後の見込み）	749	0.427	0.495	0	1
個人間収入格差・拡大した	656	0.758	0.429	0	1
世帯間金融資産格差・拡大した	571	0.699	0.459	0	1
世帯間不動産格差・拡大した	539	0.527	0.500	0	1
個人間収入格差・拡大化の容認	609	0.266	0.442	0	1
世帯間金融資産格差・拡大化の容認	536	0.272	0.446	0	1
世帯間不動産格差・拡大化の容認	514	0.173	0.379	0	1
正規・非正規の賃金・処遇格差・拡大した	576	0.262	0.440	0	1
正規・非正規の訓練機会格差・拡大した	600	0.160	0.367	0	1
正社員の男女間の賃金格差・拡大した	573	0.073	0.261	0	1
正社員の男女間の訓練機会格差・拡大した	594	0.047	0.212	0	1
正規・非正規の賃金・処遇格差・拡大化の容認	563	0.140	0.348	0	1
正規・非正規の訓練機会格差・拡大化の容認	576	0.137	0.344	0	1
正社員の男女間の賃金格差・拡大化の容認	587	0.051	0.220	0	1
正社員の男女間の訓練機会格差・拡大化の容認	574	0.073	0.261	0	1

表7-2-1　失業者に対する所得保障の充実

就業形態	不支持	支持	失業不安	不支持	支持
正規	35.07	64.93	なし	34.61	65.39
非正規	23.67	76.33	あり	22.39	77.61
全体	31.73	68.27	全体	31.9	68.1

景気改善	不支持	支持	経営状況改善	不支持	支持
悪くなる	27.27	72.73	悪くなる	30.63	69.37
良くなる	37.95	62.05	良くなる	34.05	65.95
全体	32.13	67.87	全体	31.62	68.38

表7-2-2　雇用保障の強化

就業形態	不支持	支持	失業不安	不支持	支持
正規	17.16	82.84	なし	15.7	84.3
非正規	5.56	94.44	あり	8.96	91.04
全体	13.69	86.31	全体	14.24	85.76

景気改善	不支持	支持	経営状況改善	不支持	支持
悪くなる	11.41	88.59	悪くなる	12.12	87.88
良くなる	17.42	82.58	良くなる	19.17	80.83
全体	14.16	85.84	全体	14.2	85.8

表7-2-3　最低賃金の引き上げ

就業形態	不支持	支持	失業不安	不支持	支持
正規	19.35	80.65	なし	17.55	82.45
非正規	3.33	96.67	あり	9.23	90.77
全体	14.55	85.45	全体	15.75	84.25

景気改善	不支持	支持	経営状況改善	不支持	支持
悪くなる	13.69	86.31	悪くなる	13.25	86.75
良くなる	16.72	83.28	良くなる	18.92	81.08
全体	15.07	84.93	全体	14.89	85.11

3. 政策評価への影響

3.1 年齢，学歴，性別，世帯所得

表 7-3 から表 7-9 に基づき推定結果を見ていく[4]．おおむね年齢が高いと雇用政策への支持に向かう．前節で述べたように，より良い転職が容易でなくなることがその理由であろう．また若年層は新規採用が減少したり転職が難しくなるために支持していない．先行研究では雇用政策によって若年層が不利益を被ることが見出されており，それらと整合的といえる．学歴は有意な結果をもたらさず，政策評価に影響しない．

男性ダミーについては「最低賃金の引き上げ」においてのみ不支持につながっている．これは最低賃金の影響が現れやすいパート労働をしているのが女性に多く，最低賃金上昇についてより敏感に反映していると考えられる．一方，非正規でも男性は転職可能性が高いと考えているのであろう．

大竹（2005）によると女性は再分配政策に否定的であり，むしろ再分配前の平等を求めている．男性と比較して「最低賃金の引き上げ」を女性が支持することもこうした志向の表れといえる．

ただし表 7-4 によると女性でも独身で非正規ならば，「雇用保障の強化」や「最低賃金の引き上げ」への支持は減少する．独身では若年の比率が高いためにこのような結果になったのだろう．あるいは家計を担っている場合は正規雇用への志向が強いために支持が減ると考えられる．またこうした政策による企業負担の増加は労働需要を減退させかねないので，支持されないとも言えよう．

世帯所得に関してみると，所得が少ないほど政策の支持に向かうという傾向はそれほど明確には見られない．しかし一部の定式化では世帯所得の多さが「失業者に対する所得保障の充実」と「最低賃金の引き上げ」の不支持につながっている．

4） 係数が大きくともそれに伴い限界効果が大きくなるとは限らない．しかし以下の推定結果においては，年齢および世帯所得について一部を除き，係数が大きいとそれに伴い限界効果も大きいことが確認された．

表 7－3　推定結果（基準となる定式化）

	失業者に対する所得保障の充実	雇用保障の強化	最低賃金の引き上げ
男性	0.052	−0.1562	−0.4986***
	(0.36)	(−0.89)	(−2.62)
30 代	−0.3948**	0.3472*	0.5969***
	(−2.38)	(1.75)	(2.92)
40 代	−0.0202	0.3051	0.605***
	(−0.11)	(1.41)	(2.68)
50 代	0.2015	0.5523**	0.6927***
	(1.06)	(2.40)	(2.99)
配偶者あり	0.0734	−0.0559	−0.014
	(0.51)	(−0.32)	(−0.08)
大卒	−0.0641	−0.0223	−0.096
	(−0.51)	(−0.15)	(−0.64)
世帯年収（400 万円以上，700 万円未満）	−0.0556	−0.0032	−0.2723
	(−0.31)	(−0.02)	(−1.22)
世帯年収（700 万円以上，1,000 万円未満）	−0.1629	0.3031	0.0834
	(−0.85)	(1.28)	(0.33)
世帯年収（1,000 万円以上）	−0.3849*	−0.196	−0.4147*
	(−1.93)	(−0.85)	(−1.70)
非正規	0.2219	0.5644***	0.5646**
	(1.40)	(2.66)	(2.45)
失業不安	0.2299	0.1699	0.2744
	(1.59)	(0.93)	(1.44)
定数項	0.5391**	0.7796***	1.0287***
	(2.56)	(3.20)	(3.95)
N	582	593	579
pseudo R^2	0.0417	0.0724	0.1248
chi2	30.3246	34.5047	61.593
Prob > chi2	0.0014	0.0003	0.0000
log likelihood	−348.735	−221.0321	−215.938

注）上段：係数推定値，下段カッコ内：z 値．＊ $p<0.1$，＊＊ $p<0.05$，＊＊＊ $p<0.01$．年齢は 20 代，世帯年収は 400 万円未満が基準である．

表7-4 推定結果（独身女性・非正規）

	失業者に対する所得保障の充実	雇用保障の強化	最低賃金の引き上げ
男性	0.2086	−0.1341	−0.4543*
	(1.12)	(−0.56)	(−1.77)
30代	−0.3824**	0.344*	0.5943***
	(−2.30)	(1.72)	(2.88)
40代	−0.0137	0.3086	0.6142***
	(−0.07)	(1.43)	(2.71)
50代	0.2074	0.5544**	0.6993***
	(1.09)	(2.40)	(3.00)
配偶者あり	0.2067	−0.1061	−0.0338
	(1.25)	(−0.54)	(−0.18)
大卒	−0.0734	−0.0037	−0.0767
	(−0.59)	(−0.02)	(−0.51)
世帯年収	−0.0094	−0.0175	−0.2656
(400万円以上，700万円未満)	(−0.05)	(−0.08)	(−1.18)
世帯年収	−0.1132	0.2864	0.0799
(700万円以上，1,000万円未満)	(−0.58)	(1.19)	(0.32)
世帯年収	−0.3484*	−0.2103	−0.4245*
(1,000万円以上)	(−1.73)	(−0.90)	(−1.72)
非正規	0.2517	0.8098***	0.8392***
	(1.36)	(2.92)	(2.80)
失業不安	0.2183	0.1776	0.2701
	(1.51)	(0.97)	(1.41)
独身女性	0.3544	0.1337	0.233
	(1.14)	(0.36)	(0.58)
独身女性・非正規	0.1144	−0.7788*	−0.8836*
	(0.32)	(−1.74)	(−1.79)
定数項	0.2569	0.7804**	0.9721***
	(0.89)	(2.28)	(2.72)
N	582	593	579
pseudo R^2	0.0456	0.0799	0.1318
chi2	33.1831	38.0722	65.0373
Prob > chi2	0.0016	0.0003	0.0000
log likelihood	−347.3057	−219.2484	−214.2158

注）上段：係数推定値，下段カッコ内：z 値．＊ $p<0.1$，＊＊ $p<0.05$，＊＊＊ $p<0.01$．年齢は20代，世帯年収は400万円未満が基準である．

3.2　現在の就業形態，失業の不安，将来の転職可能性，消費・所得の変動

現在の就業形態が政策評価に与える効果については，非正規は各種の雇用政策への支持に向かうと言える．相対的に正規雇用では支持が減るということでもある．

正規雇用では政策への支持が非正規と比較して少ないことは，彼らは将来失職した場合に非正規雇用になる可能性はあまり考慮しないことを示唆する．非正規も将来より良い仕事に就ける可能性よりも現時点での経済状態を重視している．

以上から雇用政策の主たる対象は非正規雇用であるとも言えよう．しかし前節で見たように一口に正規・非正規といっても，個人属性により政策への評価は異なりうる．

そこで就業形態と個人属性の交差項を用いた推定を行う．同じ就業形態でも，個人属性によって将来の転職可能性などが異なれば，政策への評価に違いが生じうるからである．表 7-5 にその結果を示している．

非正規でも男性もしくは高学歴ならば，転職可能性が高くなるので負の係数を持つと予想したが，有意なものはなかった．逆に年齢の高い非正規は転職可能性が低くなるために，政策支持が多くなると推測したが，やはり有意ではない．

このように非正規という就業形態内での差異は明確に見られなかった[5)]．ただし就業形態と企業の経営状況の交差項では，企業の経営状況改善を予想する非正規では，「最低賃金の引き上げ」を支持しておらず，景気対策や経営改善が社内での処遇改善を通じて雇用政策を代替することを示唆している．

将来の失業不安については，おおむね係数は正であり政策支持に向かうが，有意とは言えない．非正規ダミーが不安定な雇用と失業不安を代理している可

---

5)　非正規ダミーの代わりに正規ダミーを用いる場合は，係数の符号のみが変わる．また推定結果の記載は省略するが，主な家計の担い手となっている非正規も正社員への転職を希望するので，非正規・家計の担い手の交差項は有意な負の係数を持つと推測されたが，有意ではなかった．

表7-5　推定結果（非正規交差項）

	失業者に対する所得保障の充実	雇用保障の強化	最低賃金の引き上げ
男性	0.0792	−0.037	−0.4857**
	(0.43)	(−0.18)	(−2.10)
30代	−0.3809*	0.4642**	0.6203***
	(−1.88)	(2.02)	(2.67)
40代	0.1159	0.3733	0.52**
	(0.51)	(1.50)	(2.07)
50代	0.2908	0.6509**	0.7082***
	(1.26)	(2.46)	(2.69)
配偶者あり	0.0815	−0.0973	0.0388
	(0.52)	(−0.51)	(0.20)
大卒	−0.0534	0.0757	−0.0406
	(−0.34)	(0.43)	(−0.23)
世帯年収	−0.0796	−0.1312	−0.1457
(400万円以上，700万円未満)	(−0.39)	(−0.54)	(−0.58)
世帯年収	−0.2213	0.2177	0.1107
(700万円以上，1,000万円未満)	(−1.04)	(0.84)	(0.41)
世帯年収	−0.4344**	−0.2374	−0.4319
(1,000万円以上)	(−1.97)	(−0.93)	(−1.62)
非正規	0.1295	0.8589	0.551
	(0.33)	(1.60)	(0.91)
失業不安	0.1648	0.1197	0.2075
	(1.00)	(0.57)	(0.97)
景気改善ダミー（1年後の見込み）	−0.2980**	−0.0575	−0.0232
	(−2.06)	(−0.35)	(−0.14)
経営状況改善ダミー（1年後の見込み）	0.1083	−0.2363	0.0402
	(0.71)	(−1.36)	(0.23)
大卒・非正規	0.3478	−0.0728	−0.1006
	(1.01)	(−0.14)	(−0.17)
男性・非正規	0.0148	−0.132	0.2126
	(0.04)	(−0.22)	(0.33)
30代・非正規	−0.0174	−0.0119	0.0577
	(−0.04)	(−0.02)	(0.08)
40代・非正規	−0.18	0.1927	
	(−0.42)	(0.31)	
50代・非正規	−0.0254	0.0706	0.1342
	(−0.06)	(0.12)	(0.18)
景気改善ダミー・非正規	0.1605	−0.5904	0.8488
	(0.52)	(−1.25)	(1.40)
経営状況改善ダミー・非正規	−0.1031	0.6845	−1.2007*
	(−0.29)	(1.16)	(−1.95)
定数項	0.6234**	0.7445**	0.9129***
	(2.45)	(2.55)	(3.01)
N	506	513	467
pseudo R^2	0.0585	0.0941	0.1185
chi2	37.0384	40.1563	50.3036
Prob > chi2	0.0116	0.0048	0.0001
log likelihood	−297.9794	−193.3599	−187.1275

注）上段：係数推定値，下段カッコ内：z 値．＊ $p<0.1$, ＊＊ $p<0.05$, ＊＊＊ $p<0.01$．年齢は20代，世帯年収は400万円未満が基準である．空欄の説明変数が1なら被説明変数が必ず1なので除いて推定した．

表 7-6　推定結果（失業不安交差項）

	失業者に対する所得保障の充実	雇用保障の強化	最低賃金の引き上げ
男性	−0.0327	−0.269	−0.4894**
	(−0.21)	(−1.41)	(−2.44)
30 代	−0.3367*	0.4531**	0.5004**
	(−1.82)	(2.08)	(2.28)
40 代	0.0337	0.4727*	0.5691**
	(0.16)	(1.95)	(2.29)
50 代	0.1648	0.6618***	0.7244***
	(0.79)	(2.61)	(2.82)
配偶者あり	0.0633	−0.0799	0.0196
	(0.43)	(−0.45)	(0.11)
大卒	−0.089	0.0478	0.0284
	(−0.63)	(0.29)	(0.17)
世帯年収	−0.0624	−0.0063	−0.264
(400 万円以上，700 万円未満)	(−0.35)	(−0.03)	(−1.15)
世帯年収	−0.1948	0.284	0.1221
(700 万円以上，1,000 万円未満)	(−1.00)	(1.18)	(0.48)
世帯年収	−0.4090**	−0.2375	−0.4096*
(1,000 万円以上)	(−2.02)	(−1.01)	(−1.65)
非正規	0.2483	0.5773***	0.6046**
	(1.53)	(2.60)	(2.52)
失業不安	−0.0732	0.3654	0.831
	(−0.20)	(0.75)	(1.31)
男性・失業不安	0.5074*	0.6722*	−0.2318
	(1.65)	(1.66)	(−0.39)
大卒・失業不安	0.1648	−0.2686	−0.8995**
	(0.54)	(−0.69)	(−2.02)
30 代・失業不安	−0.3186	−0.5973	
	(−0.76)	(−1.04)	
40 代・失業不安	−0.2641	−0.827	0.2912
	(−0.65)	(−1.57)	(0.54)
50 代・失業不安	0.1976	−0.5537	−0.0277
	(0.45)	(−1.00)	(−0.05)
定数項	0.6022***	0.7636***	0.938***
	(2.75)	(3.01)	(3.52)
N	582	593	554
pseudo R^2	0.0499	0.0824	0.1294
chi2	36.3118	39.255	62.7848
Prob > chi2	0.0026	0.001	0.0000
log likelihood	−345.7414	−218.6569	−211.1207

注）上段：係数推定値，下段カッコ内：z 値．＊ p<0.1, ＊＊ p<0.05, ＊＊＊ p<0.01．年齢は 20 代，世帯年収は 400 万円未満が基準である．空欄の説明変数が 1 なら被説明変数が必ず 1 なので除いて推定した．

表7-7 推定結果（将来の見込み）

	失業者に対する所得保障の充実	雇用保障の強化	最低賃金の引き上げ
男性	0.0812	−0.0724	−0.4077*
	(0.50)	(−0.37)	(−1.95)
30 代	−0.3930**	0.4772**	0.6179***
	(−2.16)	(2.21)	(2.81)
40 代	0.0638	0.428*	0.5807**
	(0.32)	(1.84)	(2.43)
50 代	0.2767	0.6789***	0.687***
	(1.35)	(2.76)	(2.79)
配偶者あり	0.0847	−0.0853	0.0194
	(0.54)	(−0.45)	(0.10)
大卒	0.0118	0.0927	−0.1089
	(0.08)	(0.56)	(−0.65)
世帯年収	−0.107	−0.0907	−0.2293
(400 万円以上，700 万円未満)	(−0.54)	(−0.38)	(−0.95)
世帯年収	−0.2327	0.2131	0.0832
(700 万円以上，1,000 万円未満)	(−1.11)	(0.83)	(0.31)
世帯年収	−0.4562**	−0.2273	−0.4334*
(1,000 万円以上)	(−2.10)	(−0.90)	(−1.66)
非正規	0.2317	0.7286***	0.6411**
	(1.29)	(2.93)	(2.41)
失業不安	0.1795	0.1272	0.2102
	(1.12)	(0.63)	(1.01)
景気改善ダミー（1 年後の見込み）	−0.2679**	−0.1326	0.0689
	(−2.11)	(−0.87)	(0.45)
経営状況改善ダミー（1 年後の見込み）	0.0893	−0.1592	−0.0771
	(0.65)	(−0.98)	(−0.47)
定数項	0.6042**	0.7279***	0.9209***
	(2.49)	(2.60)	(3.14)
N	506	513	503
pseudo R^2	0.0555	0.0876	0.1245
chi2	35.1285	37.4069	54.4659
Prob > chi2	0.0008	0.0004	0.0000
log likelihood	−298.9344	−194.7346	−191.4506

注）上段：係数推定値，下段カッコ内：z 値．＊ p<0.1，＊＊ p<0.05，＊＊＊ p<0.01．年齢は 20 代，世帯年収は 400 万円未満が基準である．

能性もある．しかしここでの結果は，失業不安に対しては最低賃金引き上げなどの非正規雇用の現状を改善する雇用政策だけでなく，より良い転職のための労働移動の円滑化と雇用保険拡充という組み合わせも検討すべきことを示唆しており，より詳細な考察が必要である．

ところで前節でも述べたように，失業の可能性があっても若い間は転職しやすいと考えられるので，政策への支持も弱まると予想される．同様の推論は高学歴や男性の場合でも成り立ちうる．そこで失業不安との交差項を用いる推定も行い，表7-6の結果を得た．

それぞれ負の係数を持つことが予想されたが，有意な係数は少ない．しかし学歴については「最低賃金の引き上げ」で負の係数を持つ．高学歴であれば，失業のリスクも小さく失職した場合でも最低賃金近辺で働くことはないからであろう．この場合は労働移動の円滑化が望ましい政策である．また男性では「失業者に対する所得保障の充実」と「雇用保障の強化」に関して正の係数を持つ．これは主たる家計の担い手となっている男性が将来のより良い転職よりも当面の生活水準維持を意識するためであろう[6]．

本章の使用データでは，将来の転職可能性を直接尋ねていない．そこで今後景気が改善すれば，より良い転職ができ，一方，経営状況が改善すれば社内での処遇も良くなり，転職を控えるので雇用政策を必要としないと仮定して，これらを説明変数に用いる推定も行った．表7-7では有意な結果は少ないが，景気改善によるより良い転職の可能性は，雇用政策を必要としなくなることを示す．また，いずれの場合でも表7-5で見たように，景気や経営状況の改善が雇用政策を代替するからだろう．

所得や消費量の変動は生活水準の変化に直結するために，雇用政策への支持に影響を与える可能性がある．そこで世帯所得と世帯消費の過去1年間の変化と今後1年間の変化見込みを説明変数に加えた．推定結果は省略するが，有意なものはなかった．

6）失業不安と非正規の交差項も説明変数に用いた推定を行ったが，有意ではなかった．失業不安を感じる非正規は雇用政策への支持がより大きくなるとの予想は当てはまらなかった．

表 7-8　推定結果（格差拡大の認識）

	失業者に対する所得保障の充実	雇用保障の強化	最低賃金の引き上げ
男性	0.2116	−0.4397	−0.4712
	(0.95)	(−1.50)	(−1.51)
30 代	−0.6346**	0.2674	0.6584**
	(−2.47)	(0.86)	(2.12)
40 代	−0.1665	0.3638	0.9121***
	(−0.58)	(1.03)	(2.59)
50 代	0.1777	0.5557	0.8848**
	(0.61)	(1.55)	(2.56)
配偶者あり	0.1859	−0.0968	−0.124
	(0.85)	(−0.33)	(−0.43)
大卒	−0.0242	−0.0801	−0.1393
	(−0.13)	(−0.34)	(−0.60)
世帯年収（400 万円以上，700 万円未満）	0.0906	0.2248	−0.4524
	(0.31)	(0.63)	(−1.07)
世帯年収（700 万円以上, 1,000 万円未満）	0.0555	0.9836**	−0.0902
	(0.18)	(2.31)	(−0.20)
世帯年収（1,000 万円以上）	−0.0925	0.0871	−0.6708
	(−0.30)	(0.23)	(−1.51)
非正規	0.6271**	0.3456	0.8829*
	(2.33)	(0.94)	(1.88)
失業不安	0.1221	0.4209	0.186
	(0.59)	(1.48)	(0.68)
個人間収入格差・拡大した	0.1072	0.0236	0.0475
	(0.47)	(0.08)	(0.17)
世帯間金融資産格差・拡大した	−0.0662	0.8624***	0.7164**
	(−0.28)	(2.80)	(2.30)
世帯間不動産格差・拡大した	0.3679*	0.2043	−0.0058
	(1.76)	(0.72)	(−0.02)
正規・非正規の賃金・処遇格差・拡大した	0.1807	0.2136	−0.3187
	(0.82)	(0.67)	(−1.10)
正規・非正規の訓練機会格差・拡大した	−0.2022	0.0863	0.1838
	(−0.77)	(0.22)	(0.52)
正社員の男女間の賃金格差・拡大した	−0.0564	−0.4461	−0.1024
	(−0.13)	(−0.82)	(−0.18)
正社員の男女間の訓練機会格差・拡大した	0.3738	−0.8188	−0.0069
	(0.73)	(−1.37)	(−0.01)
定数項	0.0349	0.1869	0.8087
	(0.09)	(0.39)	(1.54)
N	289	290	287
pseudo R^2	0.0849	0.2179	0.1744
chi2	29.5856	49.9021	41.0506
Prob > chi2	0.0417	0.0001	0.0015
log likelihood	−159.3989	−89.5469	−97.1781

注）上段：係数推定値，下段カッコ内：z 値．＊ $p<0.1$，＊＊ $p<0.05$，＊＊＊ $p<0.01$．年齢は 20 代，世帯年収は 400 万円未満が基準である．

表7-9　推定結果（格差に対する規範意識）

	失業者に対する所得保障の充実	雇用保障の強化	最低賃金の引き上げ
男性	−0.059	−0.2594	−0.7371**
	(−0.25)	(−0.87)	(−2.26)
30代	−0.1412	0.6732**	0.6258**
	(−0.59)	(2.28)	(2.23)
40代	0.0234	0.4743	0.7391**
	(0.09)	(1.55)	(2.27)
50代	0.5447**	0.9601***	1.1331***
	(2.00)	(2.77)	(3.38)
配偶者あり	−0.0813	−0.1361	−0.135
	(−0.38)	(−0.52)	(−0.52)
大卒	−0.0734	−0.1498	0.0722
	(−0.40)	(−0.65)	(0.31)
世帯年収(400万円以上，700万円未満)	0.293	0.3359	0.5248
	(1.03)	(1.00)	(1.48)
世帯年収(700万円以上，1,000万円未満)	0.1381	0.5824*	0.5526
	(0.48)	(1.65)	(1.56)
世帯年収(1,000万円以上)	−0.261	0.1181	0.0648
	(−0.85)	(0.33)	(0.18)
非正規	0.397	0.3221	0.7886*
	(1.48)	(0.87)	(1.85)
失業不安	0.2414	0.492	0.3618
	(1.11)	(1.59)	(1.21)
個人間収入格差・拡大化の容認	0.4237	−0.1952	−0.0235
	(1.48)	(−0.58)	(−0.07)
世帯間金融資産格差・拡大化の容認	−0.2301	−0.0661	−0.1607
	(−0.80)	(−0.19)	(−0.48)
世帯間不動産格差・拡大化の容認	−0.1102	0.2995	0.0164
	(−0.39)	(0.90)	(0.05)
正規・非正規の賃金・処遇格差・拡大化の容認	−0.0781	−0.2572	−0.3037
	(−0.28)	(−0.83)	(−0.96)
正規・非正規の訓練機会格差・拡大化の容認	−0.6318*	−0.7598**	0.5916
	(−1.72)	(−2.01)	(1.35)
正社員の男女間の賃金格差・拡大化の容認	0.1532	−1.0107**	−0.4256
	(0.34)	(−2.05)	(−0.88)
正社員の男女間の訓練機会格差・拡大化の容認	0.544	0.5759	−0.0642
	(1.25)	(1.15)	(−0.13)
定数項	0.3471	0.6188	0.602
	(0.96)	(1.52)	(1.36)
N	292	293	288
pseudo R^2	0.0889	0.2172	0.1868
chi2	31.9165	58.1593	49.065
Prob > chi2	0.0225	0.0000	0.0001
log likelihood	−163.5844	−104.7959	−106.8261

注）上段：係数推定値，下段カッコ内：z 値．＊ p<0.1，＊＊ p<0.05，＊＊＊ p<0.01．年齢は20代，世帯年収は400万円未満が基準である．

3.3　格差についての意識

次に格差に対する認識がもたらす効果を表7-8と表7-9から見ていく．金融資産の格差が拡大したという認識が「雇用保障の強化」と「最低賃金の引き上げ」の支持に向かうが，所得格差や正規・非正規間の格差，男女間格差では有意な結果は見られない．また今後格差はどうあるべきかという規範意識について見ると，一部の説明変数で格差拡大を容認する場合は政策の不支持につながることが分かる．

格差への認識や規範意識を入れると非正規ダミーが有意でなくなるケースが見られるが，それは非正規ダミーは賃金格差や処遇格差への規範意識を代理していた部分があるからだろう．

4. 望ましい雇用政策のあり方

前節の推定の主な結果は，以下の通りである．

(1) 年齢が高いとより良い転職が困難になるため，雇用政策を支持する傾向を持つ．
(2) 女性は再分配前の対策として最低賃金引き上げを支持する．ただし独身女性の非正規雇用ではこの限りではない．
(3) 非正規は現状を改善する雇用政策を支持するが，個人属性ごとの差異は明確には見られない．ただし最低賃金については企業業績を向上させる景気対策が代替策になりうる．
(4) 失業に対する不安に対しては，労働移動の円滑化と失職時の生活保障の組み合わせが求められる．
(5) 格差拡大や格差に対する規範意識も政策評価にかかわってくる．

以上の結果が示唆する含意について考える．

正規・非正規共におおむね現在の就業形態や個人属性によって雇用政策への支持・不支持が左右される．しかし同じ就業形態に属していても，すべての労働者が一律に支持するとはいえない．

非正規は雇用政策を支持する傾向を持つが，企業業績改善が見込める場合や独身女性にとっては最低賃金引き上げによる生活保障ではなく，労働移動の円滑化が望まれる．近年は非正規として生計を立てる若年女性が増加傾向にあると指摘されており，ここでの知見を考慮した対策が求められる．

ただし非正規全般と女性全般では最低賃金引き上げを支持しているし，安部・田中（2007）と安部・玉田（2007）でも最低賃金がパートタイム労働者の賃金を下支えしている側面が示されている．また大橋（2009）はヨーロッパでは年齢ごとに異なる最低賃金を設定していることを踏まえて，日本では労働時間別での設定を提案している．本章の結果からは年齢ごとに異なる最低賃金の導入が検討に値する．しかし少なくともこうした対策は，短期的には実現は難しいかもしれない．

以上のことから最低賃金引き上げによる生活保障と労働移動の円滑化を同時に行うべきであろう．ただ労働移動の過程で失業が増加すると，こうした方向性は受け入れられないので，雇用保険の範囲と内容を拡充して失職時の生活を保障しなくてはならない．この主張は第1章と第2章と共通したものであるし，第4章で論じたベーシック・インカム導入が困難ならば最低賃金に引き上げが代替案にもなる．

また労働移動の円滑化は労働者のインセンティヴが十分高いことが前提となっている．労働移動を促進する仕組みを整えても，すぐにより安定した職が得られないために求職過程でインセンティヴを喪失することは回避すべきである．この問題を解決するうえで第3章で示しているように給付付き税額控除が導入されることは格差縮小も兼ねた方策として検討に値する．また最低賃金引き上げもこうした文脈の中で捉えられるべきであろう．実際，玄田（2008a）は非正規でも数年間勤続し続けることが正社員への転換を果たすうえで重要と指摘しており，最低賃金や給付付き税額控除によって労働へのインセンティヴを保つことが欠かせない．

本章では雇用保障に関して非正規の雇用保障強化を取り上げた．非正規全体では雇用保障に賛同するものの，若年・独身女性などでは支持が得にくい．この点は最低賃金での結果と共通しており，彼ら・彼女らにとっては労働移動の円滑化と雇用保険の拡充がより望ましい政策であろう[7].

ただここでも非正規全体では雇用保障強化の支持が見られることは再確認しておきたい．第1章でも触れているように，現在，非正規雇用は雇用保険で十分保護されているとは言えない．よって雇用保障がその補完的役割を担い，それと同時に第5章でも述べたような労働移動の円滑化と雇用保険の拡充を進めていく必要がある．

正社員を主な対象とした解雇規制は直接的には扱えなかった．しかし本章の推定結果からは，企業の調整費用の負担が増加することで就職機会が減少することを懸念する若年層の存在が分かり，それは正社員中心の解雇規制についても当てはまると考えられる．若年層が解雇規制により不利益を被ることを指摘する先行研究（奥平 2008）もあり，その結果とも符合する．

実際，奥平・大竹（2008）は解雇規制により雇用創出などフロー変数が小さくなることを紹介しており，解雇規制緩和を通じて若年層の雇用改善を進めることは検討に値しよう．ただこうした対策をとるならば，その過程で職を失うものに対して雇用保険拡充がやはり必要となる．もちろん近年の非正規雇用の増加に対しては，彼らをすべて正社員に転換することは企業の経営状況から見ても難しいだろう．また主婦パートの一部に代表されるように，個人のライフスタイルに合致する働き方として非正規を選択する者も多く存在し，すべての非正規雇用が正社員になることを望んではいない．しかし少なくとも，より良い転職が今よりも容易に実現できるための制度変更は検討に値するだろう．

5. むすび

本章では主に最低賃金の引き上げや非正規の雇用保障強化を支持する要因は何かを見ることで，どのように雇用政策を実施すべきかを考えた．両者共に従

7） ただ玄田（2008a）は数年間非正規でも働き続けることが，後に正社員としての転職につながることを明らかにしている．つまり労働移動の円滑化と非正規の雇用保障が補完的であり，必ずしも二者択一の関係ではないと言える．

若年・独身女性などでは非正規の雇用保障強化の支持が得にくいという本章の結果は，回答者がその点に留意していないことやより良い仕事に就ける見込みが高いと考えていることが原因かもしれない．

来から多くの議論がなされ，実施・強化の是非が検討されてきたが，その対象となるのはどういう人々かを問い直すことがここでの目的であった．

推定結果から一般的には，非正規の雇用条件を改善する政策の充実が支持されることが示された．それは生活保障につながるだけでなく，格差に対する人々の規範意識にも適うという点で効用を高めることができる．しかし一方では個人属性や企業業績の予想によって政策への支持は異なるケースがあり，雇用条件改善よりも失職した場合でもやり直しがしやすい環境を整えることと失職時の保障も同時に行う必要がある．

最低賃金制度や非正規の雇用保障，そして雇用保険の拡充はこうした考えの下で運用・改善していくことを考えるべきだろう．

最後に残された課題について触れておく．解雇規制に関する先行研究は，正社員の解雇規制緩和が関心事であり議論されている．本章では間接的にしかその問題を扱うことができなかったという限界がある．また労働へのインセンティヴを保ち，円滑な労働移動を促進するために，給付付き税額控除の導入も必要であるが，それに対する人々の評価も検証する必要があろう．

変数の説明

・失業者に対する所得保障——失業者に対する所得保障の充実（失業手当の増額や給付日数の延長など）を「支持する・どちらかといえば支持する」: 1,「どちらかといえば支持しない・支持しない」: 0.

・雇用保障の強化——パートタイム労働者や派遣労働者の雇用保障強化（有期労働契約に関する法整備など）を「支持する・どちらかといえば支持する」: 1,「どちらかといえば支持しない・支持しない」: 0.

・最低賃金の引き上げ——パートタイム労働者の時給等に対する影響が大きい法定の最低賃金額の引き上げを「支持する・どちらかといえば支持する」: 1,「どちらかといえば支持しない・支持しない」: 0.

・20代ダミー～50代ダミー——各年代に属している：1，それ以外：0.

・男性——男性なら1，女性なら0.

・配偶者あり——配偶者有：1，配偶者なし（離別・死別，未婚）: 0.

・主な家計の担い手——自分が主に家計を支えている：1，それ以外：0.

・非正規——非正社員（パートタイマー，アルバイト，契約社員，派遣労働者）: 1，正社員：0.

・失業不安の有無——今後1年くらいの間に自分が失業する不安を「かなり感じる・やや感じる」: 1,「あまり感じない・ほとんど感じない」: 0.

・世帯年収——各世帯年収階層に属している：1，それ以外：0.

・景気改善ダミー（1年後の見込み）——1年後の日本の景気は，現在と比べて良くなると思うか，悪くなると思うかについて,「かなり良くなると思う・やや良くなると思う」: 1,「変わらない・やや悪くなると思う・かなり悪くなると思う」: 0.

・経営状況改善ダミー(1年後の見込み)——勤め先の会社の今後1年間の経営状況（業績）はどうなるかについて,「かなり良くなると思う・やや良くなると思う」: 1,「変わらない・やや悪くなると思う・かなり悪くなると思う」: 0.

・世帯収入増加ダミー（1年前と比較）——1年前と比べて，世帯全体の収入が「かなり増えた・やや増えた」: 1,「変わらない・やや減った・かなり減った」: 0.

・世帯収入増加ダミー（1年後の見込み）——今後1年間の世帯全体の収入は現在と比べて「かなり増えると思う・やや増えると思う」: 1,「変わらない・やや減ると思う・かなり減ると思う」: 0.

・世帯消費増加ダミー（1年前と比較）——1年前と比べて，世帯全体の消費が「かなり増えた・やや増えた」: 1,「変わらない・やや減った・かなり減った」: 0.

- 世帯消費増加ダミー（1年後の見込み）――今後1年間の世帯全体の消費は過去1年間に比べて「かなり増えると思う・やや増えると思う」: 1,「変わらない・やや減ると思う・かなり減ると思う」: 0.
- 個人間収入格差・拡大した――5年前と比べて個人間の収入の差が「拡大した」と思う：1,「変化していない・縮小した」と思う：0.
- 世帯間金融資産格差・拡大した――5年前と比べて世帯間における金融資産（貯蓄や株式など）の保有額の差が「拡大した」と思う：1,「変化していない・縮小した」と思う：0.
- 世帯間不動産格差・拡大した――5年前と比べて世帯間における不動産（土地や家屋など）の保有額の差が「拡大した」と思う：1,「変化していない・縮小した」と思う：0.
- 個人間収入格差・拡大化の容認――今後個人間の収入の差が「拡大してよい」と思う：1,「現状のままでよい・縮小すべき」と思う：0.
- 世帯間金融資産格差・拡大化の容認――今後世帯間における金融資産（貯蓄や株式など）の保有額の差が「拡大してよい」と思う：1,「現状のままでよい・縮小すべき」と思う：0.
- 世帯間不動産格差・拡大化の容認――今後世帯間における不動産（土地や家屋など）の保有額の差が「拡大してよい」と思う：1,「現状のままでよい・縮小すべき」と思う：0.
- 正規・非正規の賃金・処遇格差・拡大した――5年前と比べて職場で正社員とパート等非正社員との間における賃金・処遇の差が「拡大した」と思う：1,「変化していない・縮小した・あてはまる事例がない」: 0.
- 正規・非正規の訓練機会格差・拡大した――5年前と比べて職場で正社員とパート等非正社員との間における教育訓練を受ける機会の差が「拡大した」と思う：1,「変化していない・縮小した・あてはまる事例がない」: 0.
- 正社員の男女間の賃金格差・拡大した――5年前と比べて職場で正社員の中での男女間の賃金・処遇の差が「拡大した」と思う：1,「変化していない・縮小した・あてはまる事例がない」: 0.
- 正社員の男女間の訓練機会格差・拡大した――5年前と比べて職場で正社員の中での男女間の教育訓練を受ける機会の差が「拡大した」と思う：1,「変化していない・縮小した・あてはまる事例がない」: 0.
- 正規・非正規の賃金・処遇格差・拡大化の容認――今後正社員とパート等非正社員との間における賃金・処遇の差が「拡大してよい」と思う：1,「現状のままでよい・縮小すべき」と思う：0.

・正規・非正規の訓練機会格差・拡大化の容認——今後正社員とパート等非正社員との間における教育訓練を受ける機会の差が「拡大してよい」と思う：1,「現状のままでよい・縮小すべき」と思う：0.

・正社員の男女間の賃金格差・拡大化の容認——今後正社員の中での男女間の賃金・処遇の差が「拡大してよい」と思う：1,「現状のままでよい・縮小すべき」と思う：0.

・正社員の男女間の訓練機会格差・拡大化の容認——今後正社員の中での男女間の教育訓練を受ける機会の差が「拡大してよい」と思う：1,「現状のままでよい・縮小すべき」と思う：0.

8
入職・転職経路に対する課題と有効な施策は何か

1. はじめに

我々の大半は教育課程を終えた後，何らかの仕事を持ち，職業生活を営んでいく．しかしすべてが順調に行われるわけではない．労働市場に参入する時点で適職が得られず失業者や非正規雇用になる場合もある．

もちろん当初は非正規で働いていたり失業していた者も求職活動を続けることで正社員として採用されることもある．また当初は正社員であった場合でもミスマッチのために転職することもある．さらに言えば，学卒後の若い間は適職を探す期間という側面が強いので当初の雇用形態が何であれ，転職・離職が必ずしも労働者のデメリットになるわけではない．

しかし不況下ではより良い仕事が得られる確率は好況時よりも低くなる．そのために失業や非正規から正社員への移行が実現されにくく，いわゆる中高年フリーターとなる者，あるいはその予備軍が生じてしまう．とりわけ新卒一括採用の傾向が強い日本においてはこうした状態が続くと，当初の雇用形態がそのまま維持されるために，雇用の安定性や所得格差もそのまま固定化されてしまう．

さらに問題視すべき点は失業状態が長期化すると求職意欲減退効果によって求職活動を中断し，非労働力化する人々が増加する可能性である．不満足な就業が継続する場合も離職し非労働力化するおそれもあるだろう．本来生かすべき労働力を活用できないのは経済全体にとって効率的とはいえないし，個人の効用水準を下げることにもなる．

こうした雇用環境に関する先行研究を概観することで問題点を整理すると共

に，採用・転職・離職について，今後のあるべき雇用政策を考察するのがここでの目的である．特に以下では（1）新卒採用，（2）中途採用と離職・転職，に論点を絞る．

新卒採用は若年層の入職経路にかかわる．中途採用と離職・転職は転職によって安定的かつ一定水準以上の賃金を得られるかという問題に関係している．

第2節で新卒採用，第3節では中途採用と離職・転職の先行研究の紹介と論点整理を行い，今後望まれる対策を考える．最後に本章の議論をまとめる．

2. 新卒採用

2.1 新卒採用の減少——世代効果と置換効果

まず最初に1990年代以降の新卒者の雇用状況の推移を確認する．高卒・大卒共に就職率は1990年代を通じて低下傾向にあり，上昇に転じたのは2004年・2005年以降である（図8-1）．有効求人倍率も同様に低水準で推移してきた．19歳以下については2001年頃から2007年までは改善しているが，20歳以上の若年層では改善度合いは明確ではなく，水準自体も低い（図8-2）．

こうした厳しい状況を反映して，失業率および非正規割合も上昇した（図8-3，図8-4，図8-5）．とりわけ若年層で学卒直後のみならずその後数年間の失業率の高さが見て取れる．またこの時期の就職1年目の離職率についても1990年代初頭に比べると2000年代前半には約5ポイントほど上昇した（図8-6）．

これらの結果は，労働需要が減少したために若年層が正規雇用としての就職先を見つけにくくなり，そこから溢れ出るかたちで非正規雇用が増えると共に失業が増加したことを示している．また時期を同じくして離職率が高くなったのは，採用が少ない中で不本意な就職をした者，ミスマッチに直面した者が少なからず存在することをうかがわせる．

このように若年層の雇用環境が厳しくなっているが，従来は大企業を中心に新卒者の一括採用によって安定的な雇用が確保されていた．それがなぜ変化しつつあるのかを以下で見ていきたい．

日本企業は新卒者の一括採用で正社員を採用することが多い．その理由とし

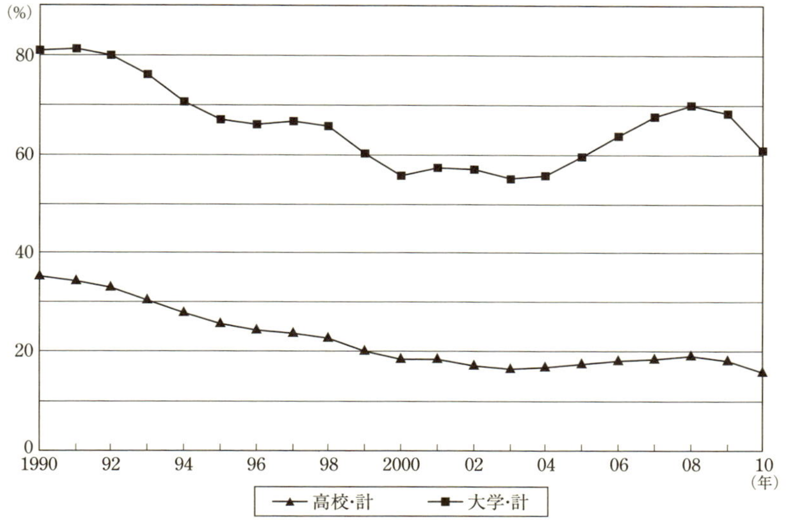

図 8－1　学歴別就職率

出所）文部科学省「学校基本調査」.

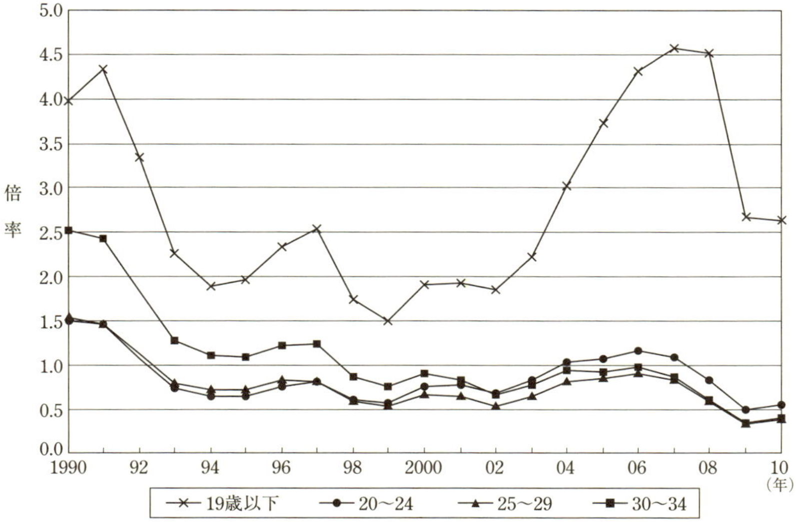

図 8－2　年齢別有効求人倍率

出所）厚生労働省「職業安定業務統計」.

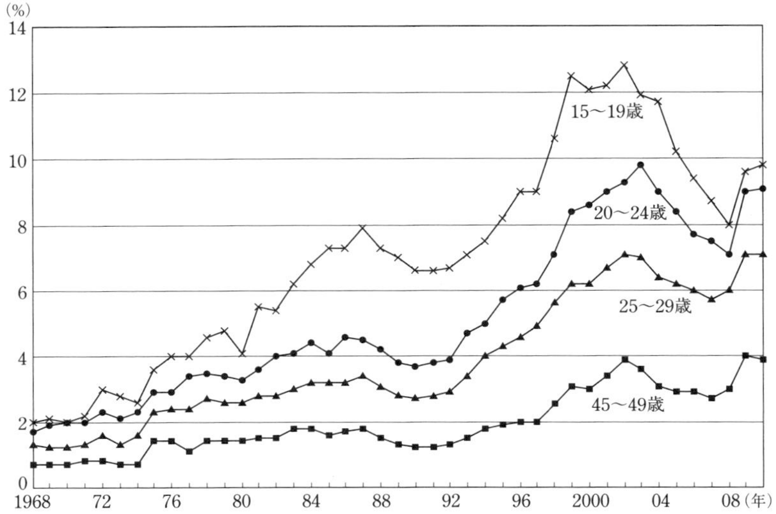

図 8－3　年齢別失業率

出所）総務省「労働力調査」.

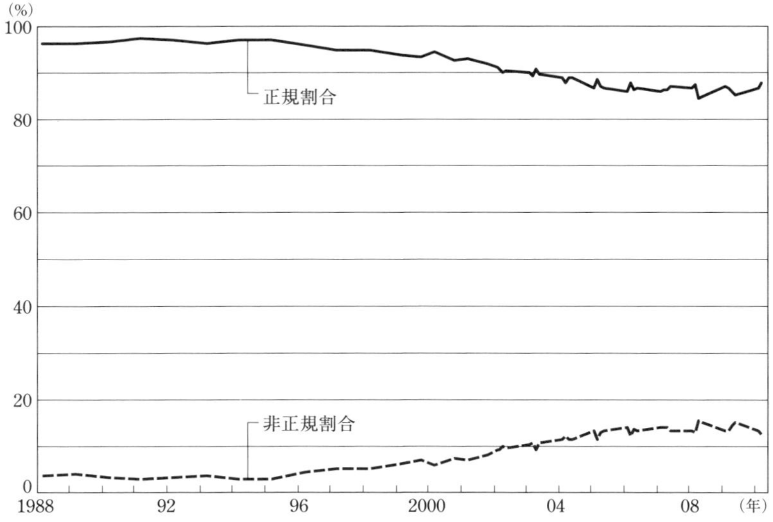

図 8－4　男性 25〜34 歳，正規・非正規割合

出所）総務省「労働力調査」,「労働力調査特別調査」.

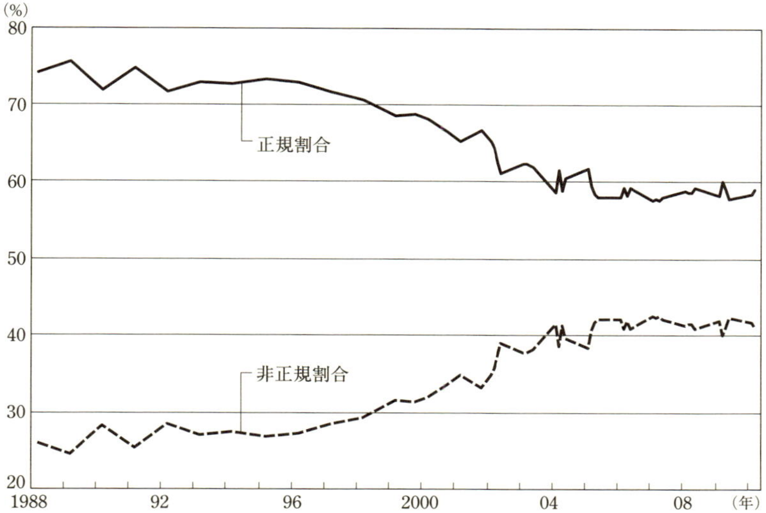

図 8-5　女性 25〜34 歳，正規・非正規割合

出所）総務省「労働力調査」，「労働力調査特別調査」.

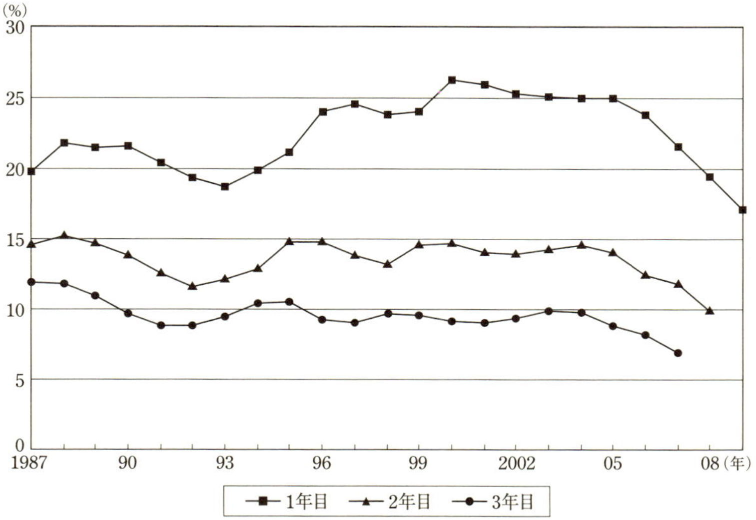

図 8-6　在職期間別離職率の推移（高等学校卒業者）

出所）内閣府「平成 22 年版子ども・若者白書」，厚生労働省　「新規学校卒業者の就職離職状況調査」.

てしばしば指摘されるのは企業が企業特殊人的資本を重視しているからというものである．仕事を行うためには様々なスキルを必要とするが，どの企業でも通用する一般的人的資本と特定の企業でのみ有用な企業特殊人的資本に大別される．

人的資本理論に基づくと，一般的人的資本は他企業でも活用できるので，企業がそれを身に付けるためのコストを負担しても労働者が他企業に転職するとコストの回収ができない．したがって理論上は，企業は一般的人的資本のコストを負担しない．

しかし企業特殊人的資本に関しては企業と労働者のどちらか片方のみがコストを負担することは困難でも，転職すると企業特殊人的資本は他企業では活用できないので一般的人的資本とは異なり，コスト回収が不可能になる懸念がない．そのため，企業と労働者が互いにコストを負担し，生産性上昇という成果を分かち合うことができる．また生産性上昇という成果を分かち合い，長期間にわたって訓練コストの回収を行うために企業は若年を正社員として採用し，長期間雇用する．

また新卒者を労働市場に送り出す側，特に高校では企業との長期的関係に基づき新卒者の就職につなげてきた．このように企業特殊人的資本の重視と労働力需給双方のニーズの一致が若年の一括採用につながっている．しかし企業が新卒採用を積極的に行う傾向が近年は変化を見せていると言われる．特に世代効果や置換効果といった観点から若年層の雇用状況を捉えることが注目を集めている．

世代効果とは学校を卒業した時点での雇用状況や同世代の人口規模が，その後の離職・賃金水準などに影響を与えるというものである．具体的には学卒時の労働需給の状態に依存して若年層の雇用が減少すると共に，正規ではなく失業・非正規雇用が増加する．また就業機会の減少は不本意な就職を増やし，結果的に離職につながる．

その先駆的研究は大竹・猪木（1997）と玄田（1997）である．前者は高卒・大卒共に就職した時期の景気が良いとその後の勤続年数が長くなることを明らかにした．後者も高卒の若年層で転職の頻度と卒業時の景気の間に同様の関係性を見出している．太田（1999）や黒澤・玄田（2001）も卒業時の労働市場の需給状況とその後の離職率や正社員である確率に関連があることを明らかにしてきた.

さらに太田・玄田・近藤（2007）では卒業時の失業率悪化がその後の無業や非正規雇用である確率を高くすることを確認しているが，特に高卒など相対的に教育年数の短い層でより明確に観察されることを指摘している.

では，なぜこのような現象が見られるのか．先行研究でも新卒正社員の採用について様々な視点から原因解明が試みられている.

人的資本理論の枠組みで考えると，従来ほど企業特殊人的資本が重視されなくなれば，新卒者を正社員として大量に一括採用して訓練実施と長期雇用によるコスト回収を行う必要性が薄れる.

将来の景気動向が不確実であったり，経済成長率が鈍化すると企業が予測すれば，新卒正社員の大量一括採用と訓練実施は，採用・訓練に伴う費用を回収できる確率や訓練からの期待収益の低下を招く．また国際的な企業間競争や技術革新も将来の不確実性を増す要因となりうる.

このような企業を取り巻く環境変化が訓練実施に対する企業側の姿勢を変化させ，そのことが新卒者を正社員として一括採用する方針にも影響を与える.

また既存の正社員が享受している年功賃金と長期雇用も現在の新卒採用抑制に影響を与える．こうした効果は玄田（2001）によって置換効果として指摘されている．インサイダーである既存正社員は安定的な雇用と賃金水準の維持を求める．景気が停滞している状態で彼らの意向に沿う処遇を行うならば，アウトサイダーである新卒求職者の雇用は減少するのである.

さらに言えば既存正社員の雇用を確保することは，彼らに企業特殊人的資本を身に付けるための訓練にコミットしてもらうために必要という側面もある．よって企業としても，既存正社員を保護することに一定のメリットがあるが，不況下では新卒採用を増やす余裕はなくなってしまうのである.

以上の議論からは，新卒一括採用は経済状況に応じて，若年層の雇用を大量に創出するというプラスの側面を持つ．しかし世代効果や置換効果というかたちで雇用創出が大幅に減少する可能性も持ち合わせており，振幅の幅が大きい採用方針と言える．そして現在は後者の影響が現れ，若年失業や非正規で働く若者が増加傾向にあると言えよう.

2.2　若年層の失業・非正規から正規雇用への移動

企業を取り巻く経済環境が変化したために，世代効果や置換効果が発生する．そしてそのために不本意な就職や失業・非正規雇用を受け入れざるをえない者が出てくる．しかしそれらの状態から抜け出すことができれば大きな問題とはならないはずである．ただ実際には失業・非正規から正規雇用への移動は困難を伴うことがある．

では，どうして世代効果や置換効果を未然に防ぐことができなかったのだろうか．まず世代効果や置換効果を解消できず，学卒直後の初職が不本意なものになったり，就職できない背景と失業・非正規からの流出は困難になる理由を見ていく．

先に触れたように大卒よりも高卒で世代効果が顕著に現れる．ならば高卒の若年層にとっては在学中の求職活動と学校からの指導が重要であろう．

しかし高校在学中の職業指導が十分機能しているとは言えない．例えば黒澤・玄田（2001）は適切な職業指導がないと正規雇用になりにくい傾向や，職業指導が有用だったと感じていない者が少なくないことを指摘している．

このことは裏を返せば職業指導を適切に受けることができれば，世代効果を緩和する可能性がある．現に彼らの実証分析は高校のみならず大学でも職業指導によって離転職確率を低下させることを示している．

もちろん企業側も優秀な人材確保は事業継続のために必要なので，一律に雇用を減らしているとはいえない．確かに原（2005）は企業の採用行動を分析し，1990年代以降，新卒採用は減少し特に高卒者で顕著であると述べている．しかし同時に中核的な業務を担う人材として大卒者の採用が行われていることや業務の性質上，高卒者の採用に積極的な企業の存在を示している．また高卒者の質が高いと判断する企業は高卒採用比率を高めている[1)]．だからこそ卒業から就職へとスムーズに移行できる体制強化が求められる．

さらに太田・玄田・近藤（2007）は学校と企業間の連携による就職というルートから外れた者および無業や非正規にならざるをえなかった若年層（とりわ

1）ただし高卒の正社員は非正規に置き換えられていることも述べられている．

け高卒者）の能力評価が現在の労働市場では適切に行われにくいことを問題視している．彼らの能力が評価されないゆえにいったん非正規や失業状態に陥るとそこから離脱し正社員になることが難しくなるのである．

今まで見てきた新卒採用に関しては，(1) 従来の新卒一括採用や年功制は世代効果や置換効果といった副作用を誘発する，(2) 世代効果や置換効果の解消策として高卒を中心に学卒時およびその後の支援が必要であること，が示唆される．

では，こうした点についてどのような対策をとるべきかを以下で検討したい．

2.3　雇用政策・人事制度の改革——若年層を中心に

先に見たように企業が新卒一括採用や年功制を重視する背景には，企業特殊人的資本の存在がある．したがって企業特殊人的資本がその企業の生産活動にとって重要なものであれば，新卒一括採用や年功制を一律に禁じることはむしろ経済全体の効率性を損なう可能性があるため，適切とは言えないだろう．

さらに言えば，採用コストは固定費の性質を持つために，新卒一括採用にすれば規模の経済性が働き，社員１人当たりに必要な平均的採用コストを抑えることができる．

このように新卒一括採用や年功制には現在も一定程度の経済合理性がある．したがって新卒一括採用や年功制を今後も維持できる企業は，その方針を保ちつつも中途採用を必要に応じて活用して雇用を創出できる．

ただその場合でも先行研究の知見に基づくと，新卒者が初職を得る際の職業指導強化によって個々の企業の業務遂行に適合するだけの職業能力育成が必要である．また企業が新卒者に求める資質を高校・大学側が把握することもミスマッチ軽減のためには重要であろう．

職業指導と企業と学校の情報交換の緊密化が今以上に進めば，企業が必要とする質の高い人材を発見する確率も高くなると期待できよう．そうすればミスマッチを軽減し，離転職確率の低下にも寄与しうる．

では新卒一括採用や年功制を維持できない企業が必要な人材を確保すると共に，若年層の雇用状況を改善する方法としてどのようなことが考えられるだろうか．もちろん上述した職業指導と情報交換は重要である．しかしこのような企業では先に述べたように，景気停滞と国際市場での競争などによって企業特殊訓練のコスト負担や回収できない見込みが増加したために，新卒を大量に一括採用する方針を採りにくい．こうした外的要因を変化させることはできないので，新卒一括採用ではなく，第二新卒や中途採用を年間を通して逐次的に行う必要があろう．

しかし第二新卒や中途採用が，新卒一括採用と比べて容易な採用方法というわけではない．特に高卒者では企業と高校との長期的関係では伝達可能な職業能力や定着性の情報を企業側に知ってもらうことが難しい．

太田・玄田・近藤（2007）が学校と企業間の連携による就職というルートから外れた者および無業や非正規にならざるをえなかった若年層の能力評価が適切に行われにくいと述べていることも先に触れた．また企業側，特に中小企業にとっては年間を通じた人材募集を行うことは費用負担が大きいと考えられる．

以上のことから，新卒一括採用の方針を維持するにせよ，中途採用を含め通年採用を重視するにせよ，失業プール・非正規雇用プールへの流入を減らし，流出を促進するための施策が必要と言える．それを怠れば不本意な非正規就業は将来の中高年フリーター化につながるし，失業状態が長期化すれば求職意欲を喪失し非労働力化することもありうる．

よってここで述べた職業指導や情報交換などによって円滑な労働移動を進めることが不可欠であるし，企業が採用を増やす場合の助成制度の活用も進めるべきである[2)]．

そしてそれと同時に，求職者と企業双方の費用負担を軽減しつつ，通年採用普及への道筋を探ることが必要になる．そのためには卒業後の職業能力評価，非正規から正規への転換（登用）制度，などが求められるが，こうした労働市場参入後の支援のあり方については，若年層だけでなく壮年・中高年にとっても解雇時の保障として重要である．したがって学卒時およびその後の施策として，次節で触れる中途採用と離職・転職に関する先行研究の概要を述べた後で併せて検討する．

もう一つ検討すべきは既存正社員の年功賃金の度合いを下げることが可能か，

2） 太田（2010）は若年層を中心に様々な雇用政策のあり方を論じている．

という点である．景気が停滞し，企業業績が伸び悩んでも賃下げしにくければ採用が抑制される置換効果は解消しにくくなる．

しかし既存正社員の雇用と賃金をどこまで保護するかを決定することは簡単ではない．確かに雇用削減と賃下げは労働費用を節約し，新規採用を増やすかもしれないが，そのために職場のモチベーションが低下したり中高年社員の人的投資のコスト回収ができなくなる．

だが過度に雇用と賃金を保障し続ければ，彼らも失職する可能性がある．また後述するように中高年の再就職は条件が悪化することが知られている．さらに第７章では年齢が高いほど各種の雇用政策を支持する傾向が見られた．

それらを踏まえると，失職のリスクを減らすために賃金を見直すことは中高年正社員に支持される余地はあるし，後述する中途採用を促進させる施策を併用するという考え方もあろう[3)]．

近年議論が盛んな同一労働同一賃金を実現することで，不況期には安価な非正規雇用を増やすというインセンティヴを抑制することも求められる．同一労働同一賃金のもとでも企業業績が保たれれば，必ずしも現行の賃金が低下するとは限らない．

現在のようなインサイダーとアウトサイダーの処遇の違いを是正することも必要であるが，その際には既存正社員の雇用と賃金の保護が現在よりは弱くなるため，解雇規制との関係と同様に雇用保険の拡充がここでも求められる．

3. 中途採用と離職・転職

3.1 中途採用と離転職の概観

先行研究の概要を見る前に，ここでもまず中途採用と離職・転職に関するデータを確認しておく．中途採用実施企業の割合を見てみると，2007 年頃まで実施割合は緩やかに上昇しているが，その後反転して低下している（図 8-7）．

また景気停滞期の企業の雇用調整の方法には，労働時間の短縮や残業規制の

3） 第７章では最低賃金引き上げへの支持も年齢の高まりとともに観察された．しかし多くの正社員は最低賃金近辺で働いているとは言えないので，ここで述べた賃金の見直しと最低賃金引き上げへの支持は必ずしも相反するものではないだろう．

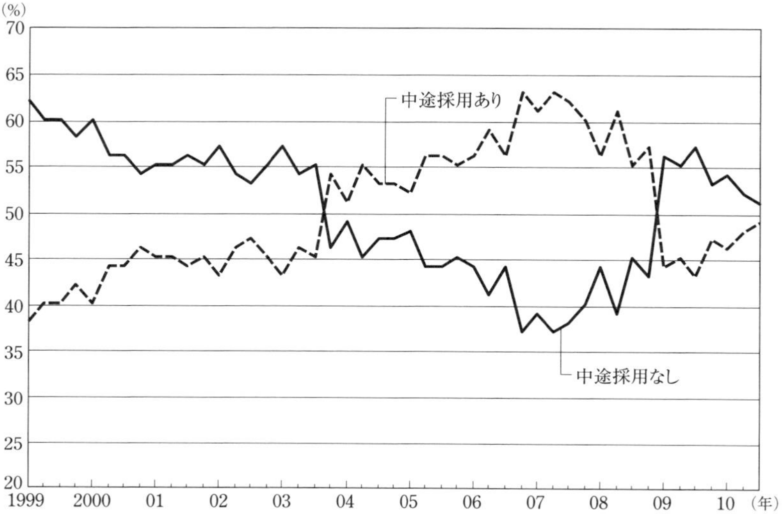

図 8－7　中途採用の有無別企業割合

出所）厚生労働省「労働経済動向調査」.

ほか，配置転換などによってインサイダーである既存の労働者の雇用を守りながら労働費用軽減を図る（表 8-1）．だが一方ではインサイダーの保護は求職者であるアウトサイダーの採用減少につながる．その際には新卒採用の抑制だけでなく，中途採用の削減や停止が併用される（図 8-8）．ここで中途採用の実施割合が低下しているのもその影響であろう．

このことからも，いったん新卒一括採用による正社員というルートから外れると，その後の安定した雇用と賃金が得られにくいことがうかがえる．前節では失業プール・非正規雇用プールから流出できるかどうかが重要な課題であることに触れたが，少なくともここでの図表からは容易ではなさそうである．

では中途採用と離職・転職に関連する先行研究はどのような知見を得ているのだろうか．しばしば指摘されるように，求職者と企業はそれぞれ仕事内容や職場の人間関係，職業能力，定着性などについて情報の非対称性に直面している．情報の非対称性があると，そもそも求人と求職が満たされず離職から転職へという労働移動が実現しにくくなる．また転職が実現しても事前の情報が不十分なためにミスマッチが生じるかもしれない．転職した中途採用者が再びミ

表 8－1　雇用調整の方法別実施状況（産業計）

（%）

年	計	雇用調整実施	雇用調整の方法（複数回答）								特別な措置はとらない
			残業規制	休日の振替、夏季休暇等の休日・休暇の増加	臨時・季節、パートタイム労働者の再契約停止・解雇	中途採用の削減・停止	配置転換	出向	一時休業（一時帰休）	希望退職者の募集、解雇	
1999	100	34	19	4	5	9	10	7	3	5	66
2000	100	25	14	3	3	6	8	7	2	3	75
2001	100	23	12	3	3	5	7	5	1	3	77
2002	100	31	16	4	5	5	10	5	3	7	69
2003	100	22	10	3	3	4	7	4	1	3	78
2004	100	17	6	2	2	2	5	3	0	3	83
2005	100	14	6	2	1	2	4	2	0	2	86
2006	100	12	5	2	1	1	4	2	0	2	88
2007	100	12	6	2	1	1	3	2	0	1	88
2008	100	13	6	2	1	1	5	2	0	2	87
2009	100	47	30	8	12	13	14	4	13	5	53
2010	100	44	25	8	5	10	14	5	8	2	56

注）すべて各年の 1 月期から 3 月期の値.
出所）厚生労働省「労働経済動向調査」.

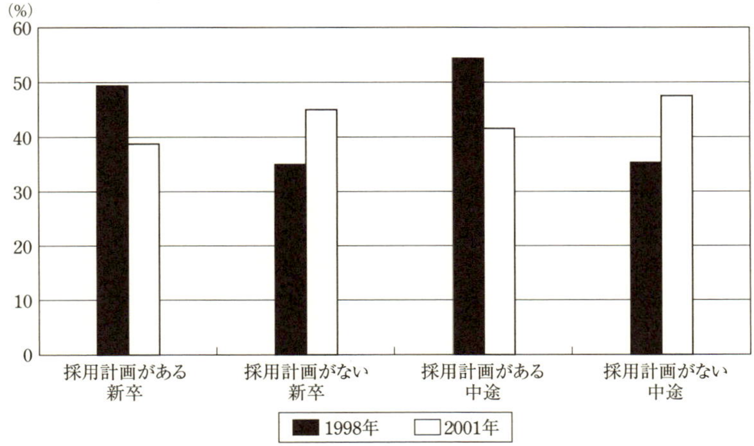

図 8－8　新卒・中途採用別採用計画の有無

出所）厚生労働省「雇用管理調査」.

スマッチのために離職することになれば，安定的な雇用を得ることがさらに難しくなる．

実際，黒澤（2002）よると，中途採用者の処遇に関して，転職先での業務に関連した外部企業での経験などが職業能力のシグナルとして機能していない．またそのことが中途採用者の満足度を下げ，転職後のミスマッチを誘発する効果を持つ．

中途採用者の満足度を高める要因としては，職場の人間関係や能力を発揮できる環境があること，会社からの誘いや以前の勤務先の取引先を介した入職が挙げられている．このことからも企業と求職者間で職業能力や企業の仕事内容や能力発揮に関する情報の非対称性を解消することが中途採用の促進とミスマッチ軽減に必要と言える．

阿部（2005）は若年層の離職理由として採用時の情報の非対称性とミスマッチの大きさを指摘している．また中途採用の選考基準の特徴として，即戦力の採用に賛成する企業は，単に一般常識や学業成績などだけでなく，分析的思考力，企画・発想力，リーダーシップなどを重視するとしている．

これは新卒採用の基準として新卒者の長期育成に賛成する企業が，対人対応力や協調性，コミュニケーション能力が重視されているのとは異なるとも指摘している．よって転職希望者がこのような企業側の選考基準を理解しているかどうかも転職可能性を左右すると考えられる．

また企業側でも自らが重視する選考基準を個々の求職者に対して十分に把握できているわけではない．求人・求職双方の情報の非対称性の解消が必要である．

ところで離職傾向の違いという側面については，中村（2001）が非自発的離職を経験した中途採用者はそうでない者に比べて離職性向が高いことを示している．中途採用者の離職性向が高いということは，本来ならば転職によって安定的な雇用を得ようとしていた意図が実現されにくいということである．

離職・転職のありようは年齢や性別にも左右される．下村（2001）によると，離職しても年齢が若いとより高い賃金の職を得やすくなる．一方で中高年は再就職後に非正社員化するケースが多い．また女性の求職者は再就職の際に不利な扱いを受けていると感じている．勇上（2001）は30代の離職で中途採用者が活用されている部門（営業や研究・技術系）で同じ部門での経験があることが転職後の賃金を高めるとしている[4]．転職による満足度という点でも，守島（2001）は若い時の転職が満足度を高めるとしている．そして年齢以外にも，自己都合転職であること，実務経験を重視されて転職した場合などに満足度が高くなる．しかし一方では転職回数が２回以上だと満足度は改善しない．

さらに大橋・中村（2002）によると，より良い条件の仕事を求める前向きな理由による転職は，賃金年功度が高くなること，前職在職中から職探しをするとマッチングが改善すること，などを見出している．

このように職歴，年齢，性別，転職理由や求職活動の期間によって転職先での処遇や満足度，さらなる離職の可能性が規定される．

ここまで見てきた中途採用と離職・転職に関する国内の先行研究からは，(1)情報の非対称性と学卒時点・転職前後のミスマッチ，(2)職歴，求職者の属性（年齢や性別），転職理由や求職活動の期間，が論じられ雇用にもたらす影響が考察されてきたと言える．

そしてこうした観点から示唆される課題について考察することは，先に触れたように若年層が労働市場参入後，失業プール・非正規雇用プールに流入した場合にどのようにして流出するかという点ともかかわってくる．そこで次は，今まで述べてきた若年層（新卒者）と壮年以上を含む労働市場に参入した後の求職者（転職者，離職者，中途採用者，非正規雇用）への支援のあり方について検討する．

3.2　雇用政策・人事制度の改革
——若年層・壮年以上を含む中途採用と転職

ここでは若年層を含め壮年以上の中途採用や離職に関して，現在議論されている課題について見ていきたい．以下では，上述の（1)情報の非対称性と学卒時点・転職前後のミスマッチ，(2)職歴，求職者の属性（年齢や性別），転職理由や求職活動の期間に関する課題を解決するための方策を考える．

そしてその際には (1) 卒業後の職業能力評価やRJP（Realistic Job

4)　ただし営業系の転職後の賃金プロファイルは生え抜き社員と比べて低くなっている．

Preview）による情報の非対称性の解消，(2)企業内での正規雇用転換制度と企業間での正規化，(3)雇用保険拡充とインサイダーとアウトサイダーの処遇是正，による施策を考え，それが転職を円滑に行ううえでどのように機能するかを検討する．

卒業後の職業能力評価やRJP（Realistic Job Preview）による情報の非対称性の解消

先行研究からは学卒時のみならず，卒業後までも求職者の職業能力が企業に伝達されず，そのことが失業プールや非正規プールからの流出を難しくしている．また不十分な情報の下で雇用関係がむすばれたとしても，ミスマッチが顕在化すれば離職につながる．そして転職先での満足度も左右する．

では，どのようにして情報の非対称性を緩和するべきか．行政による取り組みとしては，ジョブカードなどによって訓練や職業経験の履歴，卒業後の職業の能力を企業側に伝達する仕組みを整備している[5)]．それと同時に企業側，特に中小企業から求職者に対して情報を発信する場を設けること，あるいはその支援を行うことも重要である．そのためには行政機関や商工会議所などが果たすべき役割も小さくはないはずである．

ただ，行政による取り組みだけでは十分とはいえず，求人・求職を行う当事者間の情報伝達を緊密にする必要がある．そのための方法としてRJPがある．RJPとは「組織や仕事の実態について，良い面だけでなく悪い面も含めてリアリズムに徹した情報を提供すること」である（堀田 2009，p. 103）．

求職者は適職を探す過程で企業や仕事内容，職場の雰囲気などに関する情報収集を行うが，それが結果的に不十分であれば，不本意な就職となり離職・転職の頻度を高めてしまう．頻繁な転職は先行研究のサーベイでも見たように，転職の満足度改善につながらない（守島 2001）．またそのことが，中村（2001）による非自発的離職を経験した中途採用者はそうでない者に比べて離職性向が高いという発見の一因であるかもしれない．

5） 言うまでもなく，公共職業安定所（ハローワーク）による職業紹介も重要な役割を果たしている．中村（2002）は特に労働市場での評価が低くなりがちな求職者の転職に有用であるとしている．

RJPの考え方を用いてこうした事態を未然に防ぐことが期待されるし，堀田（2009）によるとRJPは新卒だけでなく中途採用でも企業からの情報伝達によって，より良いマッチングが実現されるとしている．

RJPの考え方に基づく採用方法には様々なものがあるが，堀田（2009）は「体験的就業を通じたマッチング」に注目して，紹介予定派遣，トライアル雇用，日本版デュアルシステム，インターンシップ，を取り上げている[6]．こうした方法で求人・求職双方の情報伝達が緊密になりうるのである．

それぞれの詳細にはここでは立ち入らないが，企業・求職者双方共にメリットを感じていることがうかがえる．また体験的就業を通じた採用も正社員の採用全体のうち，約15%を占めていることも報告されている．さらにインターンシップに関する実証分析からも，適切な準備を行えば企業側の人材見極めもインターンシップ参加者の満足度も改善できるとしている．

まだRJPの考え方に裏付けられた採用が普及しているわけではないが，今後は労使双方にとってメリットのある方法として整備を進める必要があろう．

企業内での正規雇用転換（登用）制度と企業間での正規化

ここまでの議論は，企業外部の人材を採用するための方法を見てきたが，非対称情報の緩和を行うならば，既に企業内部に抱え込んでいる非正規雇用を正規雇用に転換する方法が考えられる．あるいは自社の内部だけで正規雇用への転換を行うだけでなく，同時に企業外部で非正規経験のある求職者を正規雇用として選抜することもある．これらは共に現在および過去の働きぶりを採用の判断基準とする点で，RJPの考え方に基づく採用方法としての「体験的就業を通じたマッチング」と共通部分がある．

では正規雇用への転換制度や非正規から正規への転職に関してどのような議論がなされてきたのかを確認していきたい．

原（2009）は転換制度は企業側にとっては非対称情報の緩和だけでなく，非正社員のインセンティヴ向上や訓練機会の拡大などのメリットを挙げている．そして労働者にとってもすべての非正規が正規雇用を望むわけではないが，男

6）従来の新卒採用や中途採用は体験的就業を通じて実際の働きぶりを見るのではなく，試験や面接による採用法として対比されている．

性パートや若年層を中心に正社員希望が増えていることを挙げており，労使双方にとってメリットがあると言える．

回帰分析により，正社員登用制度を導入する確率は，パートタイム労働者やアルバイトにも正社員と同程度の仕事内容や責任を担う者が多いと高くなっている．このことは同じ仕事内容を経験させることで，職業能力に関する非対称情報を解消した上で選抜を行うという側面があると推察できる．また，非正社員にとっても登用制度の整備は現在の会社で正社員になりたいと希望する確率を高めており，ここでも労使共にメリットがあることが確認できる．

もちろん転換制度も容易に導入できるものではなく，制度そのものの整備や企業全体での周知徹底などのコストはかかる．しかしそれを上回るメリットも期待できれば，徐々に普及するであろう[7]．

非正規雇用から正規雇用への移行は，企業内部での転換制度だけでなく，企業間で非正規から正規への移動も行われる．玄田（2008a）によると同一企業で継続して2年から5年ほど就業することが正規への移行確率を高めている．これは求職者の職業能力などに関する情報の非対称性が緩和されていることを示唆する．非正規であっても定着性を増すことで正規雇用への移行が進むならば，先述したRJPを非正規に対しても適用すると共に，非正規の処遇自体も見直して定着性を上げる必要がある．

非正規の処遇を賃金水準から見た場合，篠崎・石原・塩川・玄田（2003）では仕事内容や責任度に応じた賃金が得られないと，正社員との賃金格差に納得できていなことが示されている．島貫（2007）は正社員との均等処遇だけでなく，正社員への転換制度が賃金満足度を高めるとしている．転換制度は直接的に正規雇用への経路となるだけでなく，賃金満足度を高めて非正規の定着性を高めることで，継続就業を促し正規雇用への移行確率を上昇させると推察できる[8]．

7）他にも平野（2009）は正規と非正規の中間形態を設けることが経営上合理的であるとしている．近年提案されている任期付き雇用制度もその一形態と言えよう．

8）玄田（2008b）は非正規でも継続就業年数が長いと年収が増えることを見出している．その他にも過去の正社員経験，正社員登用制度は年収と正の相関，卒業後の無業経験は年収と負の相関がある．

非正規の処遇改善を通じた定着性向上については，単に賃金水準や人材育成に力を入れるだけでは不十分である．有賀・神林・佐野（2008）は労働者の選好にあわせた雇用管理施策の必要性を指摘している．

企業内および企業間での非正規から正規への移行に関して，玄田（2009）はそれぞれを区別し，その特徴を検証している．正規化の過程で企業内移動は同じ職種への移動が多いのに対し，企業間移動は異なる職種への移動も多い．

正規への移動理由についても，企業内移動では経営者や上司から評価されたから，自ら正規化を希望したこと，正社員登用制度があったから，などが特徴である．一方の企業間移動では，自分の性格や自分の持っている資格・技術，が理由として目立つ．

このことは企業内移動とは異なり企業間移動による正規化では，求職者が自ら正規化を望んだとしても，彼らの職業能力や職歴を評価する方法が整備されていないと，効率的なマッチングにつながらないともいえよう．黒澤（2002）が指摘する職業能力が中途採用においてシグナルとして機能していない状態を改善するには，やはりRJPなどによって情報の非対称性への対処することが求められる．

類似点としては企業間移動・企業内移動共に継続就業年数が正規化を促す要因の一つなっており，玄田（2008a）と共通する．

正社員への転換制度や企業間での正規への移行が十分に普及すれば中途採用や転職が今よりは円滑に行われるであろう．そのためにも定着性向上のために均衡処遇で継続就業期間を一定程度保つことが必要となる．それと共に企業間の移行については，継続就業年数以外の観点から情報の非対称性を解消する試みも求められる．

ところで太田（2009）は労働需要と年齢構造の関係に着目し，若年採用比率を上昇させる要因として，雇用成長率が高いこと，企業が企業特殊人的資本を重視していることを明らかにした．

こうした若年採用の変化はその一方で壮年以上の採用にも影響するので，新卒者が中心となる若年層だけでなく，彼らより年長である中途採用者にも関係する．

例えば個々の企業がその技術特性や業務遂行に必要な職種ごとのスキルを吟

味することで，それぞれの企業にとって若年層（重点的な企業特殊訓練と長期間にわたる訓練費用の回収が行われる）と中高年層（訓練の程度は小さく，訓練費用回収の期間も短いが，即戦力として期待される）の最適な組み合わせが明確になると推察できる．そうした人的資本ごとの採用方針に関する情報を詳細に求職者と共有できれば，新卒一括採用にこだわらず，今よりも中途採用を活用するような採用方針にもつながる．

また太田（2009）は若年層の離職率が高いと新卒採用が抑制されるとしている．よってマッチング機能を充実させて離職を少なくすることが求められる．

いずれにせよ職種や仕事内容，必要な知識や技術に関する情報の伝達が企業と求職者の双方にとって重要である．そのためにも今まで述べてきた情報の非対称性緩和の仕組みが有効に機能する必要がある．

転職や中途採用を円滑に進めるためには，以上で述べたような取り組みが求められるが，このほかにもより長期的な視点からは安定した経済成長が必要である．太田（2009）は雇用成長率の鈍化が，近年の若年雇用抑制の背景にあるとしている．雇用成長率は景気動向と相関していると考えられるので，やはり堅実な経済成長も不可欠である．

雇用保険拡充とインサイダーとアウトサイダーの処遇是正

先行研究では職歴，年齢，性別，転職理由や求職活動の期間も転職・中途採用の成否を規定する．

したがって，中途採用者の離職性向が高くともそれをRJPによって緩和すること，継続就業年数以外の観点からジョブカード利用など公的支援も併用して情報の非対称性を解消することなども必要である．特に再就職で不利な状況に置かれる傾向は中高年や女性に見られるので，こうした求職者は重点的な支援対象になろう．

また前向きな転職を後押しすること，転職回数が多くならないようにすること，求職期間を十分確保することもより良い条件の転職につながる．

だが，そもそも新しい仕事の情報が不足していたり，自分の職業経験が正当に評価されなければ，転職に踏み切れない．仮に転職を試みてもミスマッチゆえに転職を繰り返せば，満足度は高くならないし，定着性の低い求職者は採用されにくくもなる．まずは円滑な労働移動ができるために企業の仕事内容や職場環境，職業能力の伝達がかぎとなる．

そしてこうした個人の努力は，十分な求職活動期間が確保されてこそ発揮できる．よって雇用保険の拡充を同時に行うことも検討課題である．

最後にインサイダーとアウトサイダーの処遇是正についても触れておく．上述の様々な施策を試みるだけでは十分に期待される成果は上がらないかもしれない．企業側は外部の人材を獲得しようとしても，インサイダーである既存正社員の雇用と賃金が過度に保護されていれば，結局コスト負担が過重になり，採用は抑制されうるからである．

こうした事態を回避するには，既に述べたが既存の中高年正社員の賃金見直しが求められる．さらには解雇規制も企業の採用意欲を抑制するおそれがあるので，見直しを含めた検討が必要だが，その際にはやはり雇用保険の拡充を同時に行い，最低限の生活保障を行うべきである．

ここで述べた様々な施策と労使間の協議，そして雇用保険を補完的に用いつつ現状を改善することが検討されるべきだろう．

4. むすび

本章では日本の新卒労働市場と中途採用，離職・転職に関する先行研究を概観することで入職や転職に伴う様々な問題を確認し，それらに対する施策を検討した．

新卒採用に関しては，新卒一括採用や年功制は世代効果や置換効果といった副作用を誘発するので，学卒時およびその後の支援が必要である．よって新卒一括採用で若年層を大量に雇用できないならば，第二新卒の活用や中途採用による通年採用を併用すべきである．しかし新卒採用でも中途採用でも，求人・求職に関する情報の非対称性の解消が雇用状況改善には不可欠である．そのためには新卒を対象とする学校での職業指導や企業との情報交換だけでは，学卒後の状況には対応できない．

そこで公的な支援で卒業後の職業能力評価を促進すること，RJP による情報の非対称性の解消，そして企業内での正規雇用転換制度と企業間での正規化，非正規の定着性促進，などがとりうる手段の候補となる．

ただこれらの施策を行ったとしても，求職の過程ではどうしても失業は発生するし，より良いマッチングのためには十分な求職期間を確保せねばならない．そのためには雇用保険を拡充し，不本意ながらも条件の良くない仕事を選択しないようにすることも必要である．

さらには既存正社員の雇用と賃金が過度に保護されているならば，上述の施策も十分に機能しないかもしれない．そのためには解雇規制や年功制の見直しも議論の俎上に上がるし，労使間の協議によって賃金調整を行うかを話し合う準備をすべきだろう．

低い失業率と順調な経済成長という前提の下で，新卒一括採用や正規雇用中心の年功制と長期雇用が機能してきた．ここで紹介した施策を普及させるにはまだ時間が必要であるが，現在はそうした前提が変化しており，採用のあり方もそれに応じた変化をすべきである．

9
資金調達は事業継続と安定雇用に関連性があるのか

1. はじめに

1990年代以降の雇用状況の特徴は，正規雇用の創出が抑制されたことと，非正規雇用の増加であることは既に多くの指摘がある．「労働力調査」によると，非正規雇用の増加については従来の主婦パートだけではなく，近年は家計を支える男性や未婚女性にも非正規雇用として就労している者が増えている．さらに1990年代を通じて失業率も上昇しており，所得格差のみならず，雇用の安定性についても問題を抱えている．そのため，行政によるセーフティネットの拡充や最低賃金制度が注目を浴び，新たな対応として給付付き税額控除も導入に向けた議論が行われている．

言うまでもなく，雇用創出や所得格差の縮小に向けた行政の取り組みは重要であり，職業訓練によるスキルアップやハローワークなどを通じた求職活動支援も従来から実施されており，その重要性は広く認識されている．一方で企業自体によるパートタイム労働者の正社員への転換制度導入や従来の正規・非正規という枠組みにとらわれない人事制度を運用する企業も現れている．

しかし企業に雇用されることを目的とするのではなく，自ら開業したり事業を継承するという選択肢もある．実際，太田・玄田（1999）では自営業部門の雇用減少が1990年代の失業増加の一因であることを示している．それは自営業・中小企業の増加が失業率低下に貢献する可能性を示唆しているとも言える．また健全な企業が成長すれば新たに雇用を生み出し，十分な賃金を支払うこともできる．そこで本章では自ら事業を行う際に求められる条件とは何かを考察するが，とりわけ重点的に考えるのは資金調達の可能性である．

金融機関としても優良な自営業・中小企業は重要な顧客であるが，経営状況等に関する情報生産と情報蓄積が十分でない場合は，融資が難しいという問題もある．このような状況下でどのような企業が資金調達の問題を抱えているのかを検証することが本章の目的であるが，その際には特に次の2点に留意して分析を進めていく．

まず第一に女性が経営者である自営業・中小企業の資金調達に関する問題である．結婚や出産による離職後はパートタイムで働く既婚女性が多いが，近年は独身女性であっても正規の仕事を見つけにくく，正規・非正規間の賃金格差があるために不十分な所得水準を受け入れざるを得ない．こうした理由の他にも，自ら事業を行うことはやりがいの充足や自らも含めて新たな雇用創出につながる利点もあり，自営業は選択対象となりうる雇用形態であろう．

しかし金融機関からの資金調達は必ずしも容易なわけではない．もし何らかの理由により，女性が経営者である自営業・中小企業の効率性や経営状況に問題があれば，融資を受けにくくなる．それ自体は非効率な企業が淘汰されることを意味するので，経済全体の効率性を損なうものではないが，経営に支障がないにもかかわらず，女性であることが借り入れに不利ならば着目すべき現象である．ただこの場合でも後で触れるように統計的差別とベッカーが述べている嗜好による差別とを区別する必要がある．

このような観点から海外ではマイノリティーの資金調達について差別的扱いの有無を検証する研究が行われている．一方，日本では女性経営者が開業する際の資金調達に関して松繁（2002b）やクリスティーナ・松繁（2004）が分析を行っているが，まだ研究の蓄積が多いとは言えない．したがって本章でも性別による資金調達の違いを考察するが，その際には先行研究とは異なり，既に事業を継続している者を対象として資金調達を困難にする（あるいは容易にする）要因を検証する．その理由は正規・非正規以外の安定雇用であるためには，単に開業できるだけではなく，事業を継続することがより重要だからである．さらには優良な雇用創出の担い手になるためにも順調に事業を継続することに注目すべきだからである．

第二の論点は性別など経営者の属性とは関係なく，すべての企業が資金調達に困難を感じているのかという点である．金融機関が十分な審査能力を発揮できれば，事業内容や経営効率を考慮して融資を行うか，もしくは融資の拒否や融資額の減少を行う．金融機関のこうした行動によって倒産してしかるべき非効率な経営を行っている企業が融資を受けにくくなり，市場から退出したとしても経済全体から見ればむしろ望ましいと言える（大日 2002b）．

しかし金融機関の審査能力が不十分な場合や情報の非対称性ゆえに適切な審査ができない場合は，十分な担保がある企業への融資が重視されるだろう．この場合は効率的な経営をし，将来性のある事業，高い経営者の資質があるにもかかわらず，十分な担保がないゆえに融資が受けられない企業が現れる．したがって事業を継続する際にこうした問題が解消されるかを検証する必要がある．

中小企業の資金調達については，金融機関と融資先企業が密な関係を築き，文書化や伝達が難しい企業・経営者の情報を蓄積して融資を行うリレーションシップバンキングが注目を集め，日本でも多くの研究が蓄積されている．そこで本章でも金融機関と企業間の情報の非対称性やリレーションシップバンキングに関する先行研究を概観したうえで，資金調達が順調に行われるならばどういう点が金融機関に評価されてのことなのかを見ていく．

まず次節で女性の自営業・中小企業の資金調達に関する先行研究，さらに金融機関と企業の情報の非対称性について先行研究をサーベイする．第 3 節でデータと実証分析について述べる．第 4 節では推定結果とその解釈を述べ，最後に結論を述べる．

2. 先行研究

2.1　経営者の属性と資金調達に関する先行研究

女性が性別ゆえに資金調達において，男性より不利な立場にあるのかを検討した研究は多くはない．松繁（2002b）およびクリスティーナ・松繁（2004）が開業資金の金融機関からの借り入れについて，女性起業家が不利であるかどうかを検討している．そこでの推定結果からは，民間金融機関からの開業資金の借入額に関しては，女性であることがハンディキャップにはなっていないことが分かる．ただし融資の可否については女性起業家であることが不利となる[1)]．

経営者の属性による融資の受けやすさについて見てみると，マイノリティーの資金調達の問題が分析されている例として，Cavalluzzo and Cavalluzzo（1998），Blanch-flower, Levine and Zimmerman（2003）があげられる[2)].

Cavalluzzo and Cavalluzzo（1998）では統計的差別と嗜好による差別を区別した推定モデルを採用し，被説明変数に借り入れの有無，借り入れ申し込みの有無，融資の可否，という3種類の変数を用いて，資金の供給側と需要側両方の行動を分析している．推定結果からは人種によって，経営効率や融資・返済履歴等をコントロールしてもなお，融資の受けやすさに違いがあることが示されている．ちなみに性別による違いはなく，むしろ女性の方が有利である．

Blanchflower, Levine and Zimmerman（2003）も同様に人種間の違いに注目した分析を行い，やはりマイノリティーは経営状況や過去の融資・返済履歴等をコントロールしても不利な扱いを受けていることを示唆している．ただし彼らの研究では，性別による明確な違いは観察されない．また，彼らが使用しているデータでは融資の申し込みが受け入れられたかどうかはともかく，金融機関に対する融資申込みができた企業のみを分析対象としている可能性がある．つまり調査時点で実際に営業可能であったマイノリティーの自営業・中小企業を分析しており，それ以外のマイノリティー企業は資金不足によって市場から退出した可能性もある．さらには不完全な資本市場において，マイノリティーの企業は融資が断られることを嫌うため，そもそも融資を申し込まないケース（フィードバック効果）も考えられる．これら二つの可能性を考慮するとマイノリティーへの不利な扱いが過小評価されることには注意を要する[3)].

程度の差や不利になる属性の違いはあるが，日本および海外で自営業・中小企業の資金調達には経営者の属性による差異が存在していると言えよう．本章でも女性を対象にして分析を行い，その際に用いる実証分析のモデルも先行研究を参考にするが，これについては後節で述べる．

1）公的金融機関からの借入額は女性起業家であることが不利になる．

2）Munnell, Tootell, Browne and McEneaney (1996) では住宅関連ローンの融資について分析を行っている．

3）Cavalluzzo and Cavalluzzo (1998) はフィードバック効果をコントロールする推定モデルを用いている．

2.2　金融機関と企業間の情報の非対称性に関する先行研究

金融機関は貸し倒れリスクを回避するために企業の経営状況や技術水準，経営者の資質など様々な情報を集め，それを勘案して融資を決定する．しかしこうした情報の量および質は当該企業に比べると金融機関は不十分となる可能性があり，それゆえに最適な量の融資が実現されないこともありうる．この情報の非対称性に起因する融資可能性を論じた研究として，Stiglitz and Weiss (1981) では投資案件に関する情報の非対称性への対応として高い利子率を設定すると，貸し倒れリスクの高い企業を惹きつけたり（逆選択），借り手にリスクの高い投資行動をとらせる可能性があるとしている（モラルハザード）．

このような状況で金融機関がとる対策としては，優良な投資案件を逃さないために，資金の需給バランスで決まる利子率よりも低い利子率を設定して，優良な投資案件でもそうでなくても融資を行うことが考えられる．ただしこの場合には大日 (2002b) が述べるように貸し倒れリスクを軽減させるために担保を取ることが必要となるし，十分な担保を用意できる企業が融資を受けることができる．もう一つ金融機関がとれる対策は，投資案件の不確実性や貸し倒れリスクを考慮しつつ，慎重に審査を行って，最適な金利や融資額を決定する方法である（大日 2002b）．しかし金融機関がこのような行動をとる場合は，企業の投資案件や過去の融資履歴，経営状況，経営者の資質など多くの情報を蓄積することが不可欠である．よって金融機関が詳細に審査を行い，融資の可否を決める際には多くの情報が必要になると共に，それを企業の側でも理解していれば，金融機関と密接かつ長期的関係を構築することで融資を受けやすくするだろう．また密接な関係を作ることは情報生産・情報蓄積のコストを削減することにもなる．

では金融機関と融資先企業はどのようにして関係を築いていくのか．中小企業金融との関係で近年注目されているのがリレーションシップバンキングである．

内田 (2007) はリレーションシップバンキングを，「銀行と借手の間の親密な取引関係を通じて銀行がソフトな情報を蓄積し，さまざまなメリットを生み出すこと」としている．またソフトな情報とは「文書化したり他人に伝達したり，あるいはそれに基づいて契約を結んだりすることが難しい情報であり，外部者にとって容易に利用することができない情報である」と述べている．

リレーションシップバンキングに期待される役割はこうしたソフトな情報の蓄積により，先に触れた情報の非対称性を緩和することにある．では実際にその役割は機能しているのだろうか．内田（2007）は自身の研究も含め複数の実証分析に基づいて，資金調達の促進という役割は程度は大きくないものの，一定程度は果たされていると述べている[4]．

また小倉（2007）は地域金融市場の競争度との関係からリレーションシップバンキングを考察している．金融機関同士の競争が緩やかならば，リレーションシップバンキングが促進され，製造業などで新規参入企業への融資が行われやすくなることを見出した．岡村・齋藤・橘木（2006）も企業側の積極的な情報開示が取引条件改善につながることを示している．

経済産業研究所金融・産業研究ネットワーク研究会（2009）では2008年の金融危機以降の中小企業金融の現状を調査している．それによると借入残高の減少や新規借り入れ申し込みの拒絶が観察されるほか，金融機関の貸出態度もメガバンクや地銀を中心に厳しくなっている．また取引期間が短いこともメガバンクからの融資を難しくしている．こうした困難な状況下では金融機関との密接な関係構築が資金調達に際して重要な役割を担うと考えられえる．

ただリレーションシップバンキングがすべての中小企業に期待されているとは言えない．家森（2007）は小規模の零細企業ではリレーションシップバンキングへの期待が弱く，またその適用も中小企業の中でも比較的規模の大きい企業や成長志向のある企業が対象となっていると述べている．こうした場合は担保の有無が安定的な資金調達には重要となってくるだろう．

またリレーションシップバンキングは必ずしも永続的ではない．財務状態，企業が成長する可能性，金融機関との取引期間，地域金融市場の競争度などによって取引関係が継続されるか否かが左右される．加納（2007）は実証分析によりリレーションシップ変更を左右する要因を検証し，これらがリレーションシップ変更につながる要因になると示した．

4）低金利での借り入れなどのメリットについてもその程度は大きくはないと指摘している．

ところでこれらの先行研究も含めて，金融機関と企業との関係を表す変数にはどのようなものがあるだろうか．例えばPetersen and Rajan（1994）では当該金融機関との取引期間，融資以外の金融サービスを挙げている．そこで以下の実証分析でも操業年数などが金融機関と企業の関係を表すと仮定して定式化を行う．

これらの先行研究からは，リレーションシップバンキングはすべての地域・企業で有効とまでは言えないまでも，自営業・中小企業の資金調達に貢献しているといえよう．そして実際の融資に際しては，(1) 担保を基にした融資，(2) ソフトな情報を用いたリレーションシップバンキング，(3) ハードな情報といわれる財務状態などについての情報蓄積と審査，を補完的に用いていると考えられる．

金融機関が情報の非対称性にどのように対処しているのか，その結果融資に困難を感じる企業が存在するのかを検証することが本章の目的で述べた第二の点である．言い換えれば自営業・中小企業が上記(1)から(3)の金融機関の行動の影響を受けているかを明らかにすることが目的である．また一方ではこのような企業と金融機関の関係をコントロールした上で経営者の属性による融資の可否を検証する必要があると言えよう．

3. 資金調達の可能性と企業属性の関係

3.1 使用データ

本章で用いるデータは中小企業経営者の実態に関する研究調査会が1998年に実施した「中小企業の経営実態に関する調査（第1次調査）」である．本調査では全国の非農林漁業100人未満の事業所（支所は除く）で帝国データバンクのデータベースに記録されている事業所の中から無作為に抽出された10,000事業所および大阪府豊中市の事業所で職業別電話帳から無作為に抽出された10,000事業所（ただし支店・支所はのぞく）の合計20,000事業所を対象としている．回答事業所数は3,153件で回答率は15.8%であった[5]．

ただし本章で用いることのできるデータは，20,000事業所のうち前者のみであり，そのためサンプル数は1749件である（記述統計量は表9-1に記している)[6].

3.2 資金調達の状態を左右する要因

本章では自営業・中小企業の申し込む融資の可否が，どのような要因に規定されるかを検証するが，次の二つの被説明変数を用いる．

1. $LOAN_i$：企業 i に借り入れがあれば1，借り入れがなければ0（調査票では現時点の借り入れ額を尋ねており，調査時点直近の借り入れだけでなく，それ以前の過去に受けた借り入れも含まれると考えられる）
2. $DENIED_i$：調査時点で融資の申し込みが拒否される・もしくは融資を受けにくくなったと回答していれば1，そうでなければ0

である．2つの説明変数で $LOAN_i$ は資金の借り手と貸し手の区別がつかないが，資本市場での取引の結果を表していると解釈できよう．一方，大日(2002b）にならい作成した $DENIED_i$ は資金の貸し手の行動を表している．また，本章で用いるデータでは融資の拒否・融資条件の悪化については，

1. 従来受けられていた運転資金の融資を受けられない
2. 従来受けられていた設備資金の融資を受けられない
3. 運転資金の融資条件（金利，担保，返済期間等）が厳しくなった
4. 設備資金の融資条件（金利，担保，返済期間等）が厳しくなった

5）二次分析に当たり，東京大学社会科学研究所附属社会調査・データアーカイブ研究センターSSJデータアーカイブから「中小企業の経営実態に関する調査1998」（中小企業経営者の実態に関する研究調査会）の個票データの提供を受けた．

6）比較的規模の大きくない企業の資金調達に関心があるため，以下の分析では企業規模（従業員数）が40人以下，操業年数が40年以下の企業のデータを用いた．やや恣意的な基準ではあるが，この場合でも欠損値を除くサンプルの約80%が含まれている．また従業員構成（正社員，家族従業者，パートタイム・アルバイト）は欠損値が多く，これらの企業を除くとサンプル数が少なくなる．したがって従業員の構成別人数の欠損値はゼロとした．開業時（事業継承時）からの売上伸び率が極端に大きな値をとる企業も存在し，恣意的だがこれを用いる場合は950倍を超える企業（146社，うち欠損値の企業は137社）はサンプルからはずした．

表9－1　記述統計量

	サンプル数	平均	標準偏差	最小値	最大値
借入ダミー	1,616	0.879	0.327	0	1
融資を受けられない	1,749	0.135	0.342	0	1
融資条件が厳しくなった	1,749	0.270	0.444	0	1
融資を受けられない，あるいは融資条件が厳しくなった	1,749	0.316	0.465	0	1
業務を縮小している	553	0.295	0.456	0	1
新規業務への進出を延期している	553	0.141	0.348	0	1
他の民間金融機関からの融資で賄っている	553	0.237	0.426	0	1
公的金融機関からの借り入れで賄っている	552	0.346	0.476	0	1
親戚，知人等の非金融機関からの借り入れで賄っている	553	0.237	0.426	0	1
資産売却や内部留保の取り崩しによって賄っている	553	0.233	0.423	0	1
廃業を検討している	553	0.061	0.240	0	1
その他	553	0.081	0.274	0	1
法人ダミー	1,726	0.893	0.309	0	1
建設業	1,749	0.177	0.382	0	1
製造業	1,749	0.201	0.401	0	1
電気・ガス・水道・熱供給業	1,749	0.020	0.140	0	1
運輸・通信業	1,749	0.029	0.168	0	1
卸売・小売業・飲食店	1,749	0.327	0.469	0	1
金融・保険業	1,749	0.007	0.083	0	1
不動産業	1,749	0.033	0.178	0	1
対事業所サービス業	1,749	0.041	0.197	0	1
その他のサービス業	1,749	0.033	0.179	0	1
その他	1,749	0.109	0.311	0	1
中卒（旧小卒）	1,749	0.107	0.309	0	1
高卒（旧中卒）	1,749	0.397	0.489	0	1
専門学校卒	1,749	0.053	0.223	0	1
高専卒	1,749	0.022	0.148	0	1
短大卒	1,749	0.017	0.130	0	1
大卒	1,749	0.384	0.486	0	1
大学院卒	1,749	0.009	0.095	0	1
企業規模	1,568	11.753	9.328	0	40
女性ダミー	1,732	0.046	0.210	0	1
操業年数（10年以下）	1,686	0.314	0.464	0	1
右腕社員ダミー	1,737	0.736	0.441	0	1
開業ダミー	1,725	0.568	0.496	0	1
都市部ダミー	1,718	0.491	0.500	0	1
赤字ダミー	1,723	0.279	0.448	0	1
売上額	1,721	5.799	1.377	1	8
資産額	1,710	4.749	1.896	1	8
相続額	1,692	1.902	2.141	1	9
売上伸び率（昨年度）	1,650	1.088	2.769	0.1	105.7
売上伸び率（開業・事業継承時）	1,603	21.296	75.276	0.03	950

5. 従前と変わらない
6. 融資を受けやすくなった
7. 融資を受けていない

という設問が設定されている．本章では1または2に回答すれば「融資を受けられない」，3または4に回答すれば「融資条件が厳しくなった」，そしてその両方をあわせた「融資を受けられない，あるいは融資条件が厳しくなった」，というように被説明変数$DENIED_i$を3種類に区別する．

説明変数には，女性ダミー，法人ダミー，産業ダミー，開業ダミー，都市部ダミー，教育水準，企業規模（従業員数），現在の経営者の下での操業年数，右腕社員ダミー，赤字ダミー，昨年度の売上高，開業時（事業継承時）からの売上伸び率，昨年度の売上伸び率，資産額，遺産相続，である．

本章の目的の一つは女性が経営者としてどのような扱いを受けているかを検証することなので，女性ダミーを用いる．ただし経営状況や過去の融資・返済履歴等を可能な限りコントロールしなければ，単に経営の非効率性や過去の債務不履行に基づいて融資を拒否されているのか，他の理由があるのかを区別できない．したがって本章のデータで利用可能ないくつかの変数を用いる．

説明変数の中で企業規模（従業員数），資産額，遺産相続は担保負担能力を，右腕社員ダミー，赤字ダミー，昨年度の売上高，開業時（事業継承時）からの売上伸び率，昨年度の売上伸び率，は企業業績や収益性を表すといえる．ここで右腕社員ダミーを用いるのは冨田（2002）で右腕社員の存在は，売上高に貢献することが確認されていることを受けている．

また，資産額は過去の融資履歴の代理変数でもある．過去に債務の返済が困難だった経験があれば資産額の減少を避けられないだろうからである[7]．操業年数は企業に関する金融機関の情報生産の代理変数とし，操業年数が長いとその分金融機関の情報生産が充実すると仮定する．加納（2007）でも仮定しているように，この操業年数はリレーションシップバンキングの効果を表すと言えよう．

7） 小原・ホリオカ（1999）は，持ち家の有無を過去のローン経歴を表すものとして解釈している．

以上の被説明変数と説明変数の関係を次のようなプロビット推定として表す.

$$Y_i^* = X_i\beta + \varepsilon_i \tag{9.1}$$

$$Y_i = \begin{cases} 1 & \text{if } Y_i^* > 0 \\ 0 & \text{otherwise} \end{cases} \tag{9.2}$$

ここで先に触れたように, Y_i は $LOAN_i$, $DENIED_i$ の 2 種類を用いる.

4. 借り入れの有無, 融資の可否, 金融機関以外からの資金調達方法

4.1 借り入れの有無について

まず最初に借り入れの有無（被説明変数は $LOAN_i$）について見ていく. 表 9-2 からは, 右腕社員ダミー・開業ダミー・赤字ダミー・資産額・企業規模は借り入れを促進させる. また操業年数（10 年以下）と売上伸び率は借り入れ抑制につながる.

推定結果からは担保負担能力や資金調達の必要性に合わせて借り入れの状態が変化することが分かる. 企業規模は担保負担能力を反映する（大日 2002b）と考えられるが, 安田（2006）によると企業規模の拡大と共に成長率は低下するものの, 生存率は上昇する. 生存率の高い企業が借り入れが可能なことを反映している部分もあるだろう.

また右腕社員の存在が借り入れを後押しする. 右腕社員の存在は売上増加につながるので, 負の係数が予想されたが結果は逆となった. 有能な社員がいれば, むしろ借り入れを増やし, 事業を拡大する傾向にあるのだろう. あるいは金融機関は右腕社員がいれば, 順調な企業経営が見込めるので, 融資を行いやすくなるのであろう. 冨田（2002）は右腕社員が売上高に貢献することを見出したが, 融資の際にも重要な役割を果たすことを示唆している. 右腕社員の存在については融資可否の推定結果でも再び触れることとする.

なお, 性別による違いはここでは確認できない. 借り入れの有無に性別が影響を与えないというのは, 資金の貸し手である金融機関は性別による差異を設

表9－2　借り入れの有無

	(1)	(2)	(3)	(4)	(5)	(6)	(7)
企業規模	0.005	0.016***	0.009	0.006	0.014**	0.014**	0.013**
	(0.63)	(2.59)	(1.33)	(0.99)	(2.3)	(2.18)	(2.12)
女性ダミー	−0.136	−0.085	−0.101	−0.111	−0.063	0.006	−0.026
	(−0.54)	(−0.38)	(−0.46)	(−0.5)	(−0.27)	(0.02)	(−0.11)
操業年数（10年以下）	−0.145	−0.200*	−0.211**	−0.162	−0.195*	−0.205*	−0.196*
	(−1.21)	(−1.86)	(−1.97)	(−1.47)	(−1.8)	(−1.86)	(−1.76)
右腕社員ダミー	0.234**	0.193*	0.171	0.165	0.162	0.231**	0.191*
	(1.96)	(1.76)	(1.57)	(1.5)	(1.46)	(2.06)	(1.69)
開業ダミー	0.443***	0.352***	0.331***	0.394***	0.336***	0.348***	0.330***
	(3.58)	(3.17)	(3.01)	(3.5)	(3.02)	(3.08)	(2.86)
都市部ダミー	−0.161	−0.138	−0.152	−0.124	−0.148	−0.156	−0.105
	(−1.42)	(−1.38)	(−1.52)	(−1.23)	(−1.46)	(−1.52)	(−1.00)
赤字ダミー	0.201	0.282**					
	(1.61)	(2.47)					
売上額	0.046		0.071				
	(0.82)		(1.51)				
資産額	0.085***			0.085***			
	(2.68)			(3.01)			
相続額	0.018				0.035		
	(0.72)				(1.44)		
売上伸び率（昨年度）	−0.127*						
	(−1.87)					−0.137**	
売上伸び率（開業・事業継承時）	−0.001					(−2.09)	−0.001
	(−1.01)						(−1.32)
N	1,091	1,241	1,250	1,235	1,219	1,192	1,172
log likelihood	−343.363	−413.041	−418.742	−405.942	−407.601	−393.647	−386.004
chi2	85.91	68.89	63.77	69.42	62.16	79.29	57.14
Prob > chi2	0.000	0.000	0.000	0.000	0.000	0.000	0.0001
Pseudo R^2	0.111	0.077	0.071	0.079	0.071	0.092	0.069

注）上段：係数推定値．下段カッコ内：z 値． ＊ p<0.1, ＊＊ p<0.05, ＊＊＊ p<0.01. 説明変数には法人ダミー，産業ダミー，教育水準，を含む．

けていないこと，借り手の企業は男女間で借り入れ行動に差がないことを表すが，これに関しても融資可否の推定結果で再考する．

資産が多いと借り入れ確率が上昇するのは，十分な担保があれば金融機関から融資を受けやすくなることを反映していると言える．これは Stiglitz and Weiss（1981）が指摘した逆選択やモラルハザードに対して，担保を取ることでリスク回避をしているということであろう．

また資産については担保負担能力だけではなく，過去の融資履歴を表している可能性もある．というのも過去に返済が滞ったことがあれば，持ち家や土地などの資産を保有していないか，それらの資産額は多くないと考えられる．よって資産が多くあるということは，過去の融資履歴が良好であることを意味しており，資産額と共に借り入れ確率が上昇するのはこのような関係を反映しているとも言える．

操業年数（10 年以下）で借り入れ確率が低下するのは，金融機関は十分な情報蓄積がなされていないと判断しているか，融資履歴がまだ不十分と借り手の企業が判断するために融資申請を控えている可能性がある．もしくは安田（2006）が述べているように企業年齢が若いと企業成長率は高いが，生存率が低いことが借り入れをしにくい要因になっているかもしれない．これらの点は以下の融資の可否の推定結果とあわせてもう一度考察する．

しかし借り入れ側から見ると，操業年数が短く事業規模が大きくない間は，資金需要が少ないとの見方もできる．他にも加納（2007）は操業年数の短い企業ほど金融機関とのリレーションシップを変更する傾向があると指摘しており，単に貸し手の影響のみがここでの結果につながったとは言えないだろう．

4.2　融資の可否について

資金の貸し手の行動は，大日（2002b）にならって作成した融資の可否（被説明変数は $DENIED_i$）を被説明変数にする推定で見ることができる．ここでは大日（2002b）を基に融資の可否を左右する要因を見ていくが，同じデータを用いた大日（2002b）の結果との類似点，相違点を確認すると共に前節までで見た先行研究との関連にもふれることで，大日（2002b）の内容を補完する．また 4.4 節の第 1 段階の推定でもあるので，大日（2002b）と共通する分析方

表９－３　「融資を受けられない」を被説明変数とした場合

	(1)	(2)	(3)	(4)	(5)	(6)	(7)
企業規模	−0.010	−0.010*	−0.008	−0.015**	−0.013**	−0.016***	−0.017***
	(−1.48)	(−1.72)	(−1.29)	(−2.55)	(−2.36)	(−2.75)	(−2.75)
女性ダミー	−0.118	−0.164	−0.153	−0.154	−0.104	−0.105	−0.214
	(−0.45)	(−0.71)	(−0.67)	(−0.67)	(−0.44)	(−0.45)	(−0.86)
操業年数（10年以下）	−0.250**	−0.206*	−0.198*	−0.192*	−0.198*	−0.179*	−0.267**
	(−2.16)	(−1.94)	(−1.9)	(−1.82)	(−1.9)	(−1.66)	(−2.46)
右腕社員ダミー	−0.193*	−0.176*	−0.152	−0.170*	−0.178*	−0.157	−0.207**
	(−1.81)	(−1.78)	(−1.55)	(−1.73)	(−1.8)	(−1.56)	(−2.05)
開業ダミー	−0.061	−0.046	−0.072	−0.053	−0.081	−0.039	−0.103
	(−0.54)	(−0.45)	(−0.72)	(−0.52)	(−0.8)	(−0.38)	(−0.98)
都市部ダミー	0.296***	0.275***	0.324***	0.311***	0.298***	0.293***	0.290***
	(2.9)	(2.98)	(3.54)	(3.39)	(3.24)	(3.12)	(3.03)
赤字ダミー	0.393***	0.452***					
	(3.76)	(4.79)					
売上額	−0.079		−0.095**				
	(−1.62)		(−2.32)				
資産額	0.050*			0.015			
	(1.65)			(0.59)			
相続額	−0.013				−0.020		
	(−0.54)				(−0.9)		
売上伸び率（昨年度）	−0.368**					−0.561***	
	(−2.25)					(−3.6)	
売上伸び率（開業・事業継承時）	−0.001						−0.001
	(−0.95)						(−1.39)
N	1,155	1,317	1,326	1,304	1,294	1,260	1,245
log likelihood	−425.487	−497.731	−510.767	−507.395	−500.515	−481.948	−471.247
chi2	89.2	73.46	57.36	50.18	50.06	69.6	61.03
Prob > chi2	0.000	0.000	0.000	0.0003	0.0004	0.000	0.000
Pseudo R^2	0.095	0.069	0.053	0.047	0.048	0.067	0.061

注）上段：係数推定値，下段カッコ内：z 値．＊ p<0.1, ＊＊ p<0.05, ＊＊＊ p<0.01．説明変数には法人ダミー，産業ダミー，教育水準，を含む．

法であるが，ここに示す．

表9-3は「融資を受けられない」を被説明変数とする推定結果である．企業規模・右腕社員ダミー・売上伸び率・売上額・操業年数（10年以下）が負，赤字ダミー・都市部ダミー・資産額が正である．またここでも性別による違いは確認できない．

売上伸び率や売上額が融資拒否確率を下げることは，予想される結果と言えよう．また右腕社員は当該企業の利益を増やし，投資案件の不確実性を軽減する要因となるので融資拒否確率を軽減する．赤字ダミーはそれと逆の効果を持つ8)．

上述の借り入れの有無でもここの融資拒否でも赤字ダミーは正の係数を持つ．融資拒否されやすい赤字企業は資金調達の必要性が高いので，複数の金融機関に申請し結果的に借り入れにむすびつけているのかもしれない．

右腕社員の存在は融資を受けやすくする要因となっている．彼らの約50%が他社で働いていた経験を持ち，中途採用とみなせる．なおかつ約30%が家族・親族以外の者である．したがって家族以外の中途採用が中小企業の企業業績や融資に関して重要な役割を果たしており，彼らを採用することは中小企業にとってメリットのある人事方針といえる．もちろん求職者にとっても雇用創出が増えるならば再就職しやすくなる．

またこうした中途採用のうち約26%が家族・知人・従業員の紹介により職を得ている．ハローワークや人材紹介会社，求人広告を通じた採用よりも多く，企業にとっても求職者にとっても広い人的ネットワークを持つ意味は大きい9)．

企業規模は担保負担能力や生存率の高さを表すので，負の係数を持つのであろう．また経営状況に関する情報整備は企業規模が大きいほど進んでいるならば融資を受けやすくなるだろう．さらに加納（2007）によると中小企業のなかでも規模の大きい企業でリレーションシップバンキングが用いられているが，その影響がここでも現れているのかもしれない．

8）家森（2007）は赤字企業はリレーションシップバンキングが行われにくく，担保に基づく貸し出しが行われていることも指摘してる．

9）転職における weak tie（弱い紐帯）の重要性は玄田（2001）などで述べられているが，自営業・中小企業の存続に関しても意義があるとことを示唆している．

一方，操業年数（10年以下）では融資拒否確率が低下することは，操業年数が長くなっても融資拒否確率が改善しないとも解釈できる．つまり情報生産が不十分でも借り入れ可能であり，リレーションシップバンキングには操業年数が重要ではないように見える[10]．

先述した借り入れの有無の推定結果とともに解釈すると，若い企業でもリレーションシップバンキングが不利に働くことはないし，融資申請を拒否されることもない．つまり資金の貸し手側の行動によって若い企業の融資が厳しくなるとは一概に言えない．あるいは事業規模が小さいために資金需要が小さいことも拒否される確率が低くなることに寄与すると推察される[11]．

ただし融資拒否の可能性が低い場合にのみ融資申請しているならば，こうした解釈が妥当でないかもしれない．この点については，融資申請の決定要因を調べる必要があり，さらなる検証が求められる．

また資産額は融資拒否確率を下げると予想されたが，逆の結果となった．前節の借り入れの有無については，既に触れたように担保価値や融資履歴を反映してのことであろう．

一方，融資の可否については，資産が少なく資金繰りが厳しい企業に対して，貸し倒れを防ぐために金融機関が融資を行っているならば正の係数を持ちうる．赤字ダミーが正であったことに見られるように，経営状態が良くないと融資拒否確率が高くなるが，それでも融資する場合は，資金繰りの厳しい企業への貸し出しも重視されると考えられる．

あるいは資産額の大きい企業は，従来から一定程度の借り入れができているために，金融機関から見ると，すでに十分な融資を行っているとみなされるかもしれない．その場合は，過剰投資に陥ることを回避するために融資拒否につながる可能性も考えられる[12]．

都市部ダミーが正の係数を持ち，融資拒否確率が高くなる背景には，金融機関同士の競争が激しい都市部ではリレーションシップバンキングが行われにく

10）Uchida, Udell and Yamori（2006）でも取引年数はソフトな情報の蓄積にとって必ずしも重要でないことを述べている．

11）安田（2006）が指摘した，企業年齢が若いと企業成長率は高いが，生存率が低いという点に関して，金融機関は成長率の高さを重視しているとも考えられる．

いことが考えられる．この場合は自営業・中小企業への融資が円滑に行われない．小倉（2007）は金融機関の競争が緩和されると，リレーションシップバンキングが盛んになり，新規参入企業への融資が行われやすくなることを示した．ここでの結果はそれと整合的と言えよう．ただ都市部ダミーは財市場の競争度を表しており，競争が激しいため倒産リスクが増し，融資が行われにくくなったという見方もできることには留意すべきだろう．

表9-4は「融資条件が厳しくなった」を被説明変数としている．赤字ダミー・都市部ダミー・資産額が正である．また性別による相違として，女性であることが融資を受ける際には，不利な扱いを受けるという印象を持たれることがあるが，女性ダミーの係数推定値は負であり，むしろ男性よりも有利な扱いを受けている．

推定結果は省略するが，「融資を受けられない，あるいは融資条件が厳しくなった」が被説明変数の場合は，先の二つの場合と共通した結果である．売上伸び率・売上額・女性ダミーの係数が負，赤字ダミー・開業ダミー・都市部ダミー・資産額が正となった．

ここまでの結果からは，右腕社員ダミー・赤字ダミー・売上伸び率・売上額などの経営状況を左右する要因によって金融機関による融資の決定が行われていることが確認できる．しかし一方で金融機関は，企業の投資案件や経営状況を慎重に審査して融資を行うだけでなく，審査に必要な情報を十分に得ることができないので，担保を融資決定の目安にしていることが分かる．

また性別による違いが確認されるが，それは女性に有利に働くという形で表れている．女性が金融機関から融資を受ける際に，ハンディキャップがあるという見解はここでは支持されない．

融資の際にリレーションシップバンキングが機能しているかについては，必ずしも整合的な結果とはならなかった．操業年数が長いとリレーションシップバンキングが機能しやすく，融資拒否確率が低下すると予想した．しかし推定

12）借り入れの有無は調査時点以前の借り入れも含まれうる．そのため借り入れの有無の推定では，調査時点以前に担保価値や融資履歴を考慮して融資が行われた結果，資産額の係数が正になったとも考えられる．だとすれば融資の可否において資産額の係数が正になることと必ずしも矛盾しない．

表9-4 「融資条件が厳しくなった」を被説明変数とした場合

	(1)	(2)	(3)	(4)	(5)	(6)	(7)
企業規模	−0.0003	0.001	0.001	−0.004	−0.001	−0.003	−0.001
	(−0.06)	(0.28)	(0.15)	(−0.81)	(−0.23)	(−0.69)	(−0.18)
女性ダミー	−0.359	−0.464**	−0.461**	−0.448**	−0.408*	−0.402*	−0.472**
	(−1.59)	(−2.26)	(−2.25)	(−2.18)	(−1.95)	(−1.93)	(−2.17)
操業年数（10年以下）	−0.034	−0.057	−0.058	−0.029	−0.056	−0.065	−0.071
	(−0.37)	(−0.66)	(−0.68)	(−0.33)	(−0.65)	(−0.75)	(−0.81)
右腕社員ダミー	−0.046	−0.007	0.001	−0.022	−0.012	−0.028	−0.016
	(−0.51)	(−0.08)	(0.01)	(−0.26)	(−0.14)	(−0.32)	(−0.19)
開業ダミー	0.156*	0.125	0.108	0.139	0.091	0.103	0.127
	(1.67)	(1.47)	(1.28)	(1.63)	(1.07)	(1.2)	(1.45)
都市部ダミー	0.157*	0.136*	0.159**	0.158**	0.156**	0.148*	0.125
	(1.89)	(1.8)	(2.1)	(2.08)	(2.05)	(1.92)	(1.6)
赤字ダミー	0.237***	0.284***					
	(2.64)	(3.47)					
売上額	−0.048		−0.030				
	(−1.18)		(−0.86)				
資産額	0.053**			0.037			
	(2.1)			(1.62)			
相続額	−0.0005				−0.006		
	(−0.02)				(−0.34)		
売上伸び率（昨年度）	−0.122					−0.104	
	(−1.21)					(−1.31)	
売上伸び率（開業・事業継承時）	−0.001*						−0.001
	(−1.66)						(−1.43)
N	1,173	1,340	1,349	1,327	1,317	1,283	1,263
log likelihood	−674.265	−774.573	−786.366	−773.409	−768.595	−748.407	−737.101
chi2	52.91	43.36	33.21	35.19	34.44	33.61	31.76
Prob > chi2	0.003	0.0063	0.0774	0.0498	0.059	0.071	0.1053
Pseudo R^2	0.038	0.027	0.021	0.022	0.022	0.022	0.021

注）上段：係数推定値，下段カッコ内：z 値．* $p<0.1$, ** $p<0.05$, *** $p<0.01$．説明変数には法人ダミー，産業ダミー，教育水準，を含む．

結果からは操業年数が短くとも融資の可否に影響はなかった．一方で企業規模や都市部ダミーの結果は先行研究が示すところと整合的である．

ただ先に触れたように実際に金融機関が融資を行う場合は，(1) 担保を基にした融資，(2) ソフトな情報を用いたリレーションシップバンキング，(3) ハードな情報といわれる財務状態などについての情報蓄積と審査，を補完的に用いており，そのことがここでの結果につながったのではないだろうか．

4.3 他の定式化について

前節では金融機関が融資の採否について，どのような変数を重視しているのかを検討した．その際に重要となるのは企業の経営力や収益性であり，金融機関はそれらを審査して融資を決定している．その一方で担保負担能力も重視されており，情報生産・情報蓄積が不十分である場合には担保を必要とすることが確認された．

さらに本章で注目している融資の可否への性別の影響については，女性が不利な扱いを受けているとは言い難いし，むしろ融資の決定に関しては男性よりも有利な場合もある．

しかし前節の推定で用いた実証分析モデルでは，鍵となる変数の評価にあたって，性別ごとに異なる基準を金融機関が設けているのかは明らかでないし，統計的差別や嗜好による差別の検証も十分とは言えない．そこで次にこれらの点を検証する試みとして，以下のようなモデルを考える．

$$Y_i^* = X_i\beta + Z_i\gamma + \varepsilon_i \tag{9.3}$$

$$Y_i = \begin{cases} 1 & \text{if } Y_i^* > 0 \\ 0 & \text{otherwise} \end{cases} \tag{9.4}$$

ここで Z は女性ダミーと前節までの推定で用いた説明変数との交差項である．交差項に採用する説明変数は，前節の分析で担保価値や収益性といった観点から重要と考えられ，なおかつ以下で述べるように整備状況や信頼性の点で潜在的な資金の貸し手には十分伝達されにくい可能性があるものを扱う．そして金融機関が性別ごとに異なる評価基準をこれらの説明変数に設けているかを検証する．

しかしここで問題となるのは，統計的差別と嗜好による差別を区別する作業である．統計的差別とは取引関係において一方が他方の情報を十分持っていない場合に，統計的性質に基づいて意思決定をすることを言う．本章の文脈では金融機関が取引先企業の経営状態や技術，投資案件の不確実性などについて十分な情報が得られない場合，過去の統計から女性経営者の貸し倒れリスクが平均的に高いと言えるならば，女性たちに対する融資が抑制される．

Cavalluzzo and Cavalluzzo（1998）では統計的差別と嗜好による差別を区別する方法として，人種ダミーと資本市場の不完全性を表すハーフィンダール指数の交差項を用いている．当該企業の所在地の資本市場が不完全ならば，金融機関同士の競争が十分に機能しない．するとマイノリティーが経営する健全な企業に対して融資を行わない金融機関が市場から退出させられることがない．そのために融資に際して嗜好による差別が存在しうる．

したがってハーフィンダール指数と経営者の属性ダミーの交差項を説明変数に用いることによって，嗜好による差別と統計的差別を区別することを試みている．この場合，交差項が嗜好による差別，女性ダミーや人種ダミーが統計的差別や性別や人種による選好の違い，嗜好による差別の一部を表す．この分析方法では，資本市場の不完全性をどのように定義し，測定するかが重要であるが，本章で用いるデータからは企業の所在地が都道府県レベルでしか分からない．自営業や中小企業が各都道府県全域の金融機関を取引相手と考え，融資を求めるとは考えにくく，Cavalluzzo and Cavalluzzo（1998）と同様の方法を用いて厳密にハーフィンダール指数（もしくは前節で金融機関同士の競争度として用いた都市部ダミー）で資本市場の不完全性を測ることは困難であるとの指摘もありうる．例えば都市部ダミーは財市場の競争度や需要の大きさなどを表すと解釈するならば，その指摘が当てはまる．よって代替的方法を試みる．

Petersen and Rajan（1994）では情報の非対称性を軽減するものとして，経営状況や融資履歴などを，融資の可否を左右する重要な変数として挙げている．さらに彼らは資本市場における金融機関の数が多く，なおかつこのような企業の情報が他のすべての金融機関にも伝達可能ならば，資本市場は競争的だとしている．逆にいえば企業に関する情報が十分に他の潜在的な取引金融機関に伝達されないのならば，資本市場は競争的でなく，企業から見ると取引金融機関が限られるということになる．

したがって本章で用いる企業の財務・経営状況，担保負担能力の変数が金融機関にとって重要かつ，現在取引している金融機関以外には信頼できる正確な情報として伝達されにくいと仮定できるならば，競争的ではない資本市場で金融機関は融資の可否を決定していると言える．そしてその中には，こうした変数の評価にあたって差別を行う金融機関も存在しうる．よって，女性ダミーとの交差項の係数が有意で不完全市場にある金融機関が性別ごとに異なる評価基準を設けていることは，嗜好による差別に基づいて融資の採否が行われていることを示唆する．

以上の仮定の下では，$DINED_i$ においては資本市場が不完全ゆえに嗜好による差別があれば交差項は正となる．一方，$LOAN_i$ では，資金の貸し手と借り手の行動を区別することはできないが，交差項が負ならばいずれかの行動が作用していると言える．

まず借り入れの有無（被説明変数は $LOAN_i$）を見てみると，表 9-5 からは交差項は有意ではなく，性別による扱いの違いは見られない．また交差項以外の変数は，有意水準は異なるが，前節までの結果とほぼ同じであることが確認できる．

次に融資の可否（被説明変数は $DENIED_i$）について見ていく．表 9-6 は「融資を受けられない」を被説明変数とする推定結果である．ここでも交差項は有意ではなく，交差項以外の主な変数の符号は前節の推定結果と同様である．

表 9-7 の「融資条件が厳しくなった」や「融資を受けられない，あるいは融資条件が厳しくなった（推定結果は省略）」を被説明変数とした場合でも，交差項はほとんどの推定で有意ではない．

以上の推定結果から全体的な傾向として，交差項は借り入れの有無と融資の可否について影響を持つとは言えない．金融機関による融資決定に際しては，嗜好による差別があるとは言い難い．女性ダミーがほぼ有意ではないので，統計的差別も確認されない．

ただしここで注意すべき点は，上記の交差項を使うことが適切かという点である．ここでの推定では，金融機関が重視する変数の情報が他の潜在的な貸し

表 9-5　借り入れの有無（女性ダミーとの交差項）

	(1)	(2)	(3)	(4)	(5)	(6)	(7)
企業規模	0.004	0.016**	0.009	0.006	0.014**	0.013**	0.013**
	(0.51)	(2.55)	(1.32)	(0.95)	(2.22)	(2.13)	(2.05)
女性ダミー	1.100	−0.019	0.349	0.992	0.159	0.384	0.215
	(0.59)	(−0.04)	(0.3)	(1.18)	(0.27)	(0.31)	(0.37)
操業年数（10年以下）	−0.153	−0.200*	−0.210*	−0.163	−0.202*	−0.208*	−0.202*
	(−1.26)	(−1.85)	(−1.95)	(−1.47)	(−1.86)	(−1.88)	(−1.8)
右腕社員ダミー	0.252**	0.197*	0.173	0.167	0.178	0.242**	0.206*
	(2.07)	(1.76)	(1.55)	(1.48)	(1.58)	(2.12)	(1.79)
開業ダミー	0.439***	0.350***	0.331***	0.393***	0.332***	0.346***	0.323***
	(3.52)	(3.16)	(3.01)	(3.48)	(2.98)	(3.04)	(2.8)
都市部ダミー	−0.159	−0.138	−0.152	−0.128	−0.144	−0.153	−0.103
	(−1.4)	(−1.37)	(−1.51)	(−1.26)	(−1.43)	(−1.49)	(−0.99)
赤字ダミー	0.192	0.274**					
	(1.5)	(2.35)					
売上額	0.044		0.073				
	(0.77)		(1.55)				
資産額	0.094***			0.093***			
	(2.91)			(3.24)			
相続額	0.011				0.030		
	(0.4)				(1.21)		
売上伸び率（昨年度）	−0.128*					−0.137**	
	(−1.88)					(−2.1)	
売上伸び率（開業・事業継承時）	−0.001						−0.001
	(−1.12)						(−1.34)
交差項：							
右腕社員ダミー	−0.484	−0.146	−0.032	−0.042	−0.453	−0.314	−0.364
	(−0.69)	(−0.27)	(−0.06)	(−0.08)	(−0.73)	(−0.48)	(−0.59)
赤字ダミー	0.305	0.229					
	(0.45)	(0.39)					
売上額	−0.001		−0.074				
	(0.00)		(−0.38)				
資産額	−0.205			−0.223			
	(−1.08)			(−1.52)			
相続額	0.121				0.074		
	(1.06)				(0.67)		
売上伸び率（昨年度）	−0.281					−0.130	
	(−0.23)					(−0.13)	
売上伸び率（開業・事業継承時）	0.012						0.011
	(0.35)						(0.31)
N	1,091	1,241	1,250	1,235	1,219	1,192	1,172
log likelihood	−341.382	−412.943	−418.665	−404.668	−407.061	−393.523	−385.687
chi2	89.87	69.08	63.92	71.97	63.24	79.54	57.78
Prob > chi2	0.000	0.000	0.000	0.000	0.000	0.000	0.0002
Pseudo R^2	0.116	0.077	0.071	0.082	0.072	0.092	0.070

注）上段：係数推定値，下段カッコ内：z 値．＊ $p<0.1$，＊＊ $p<0.05$，＊＊＊ $p<0.01$．説明変数には法人ダミー，産業ダミー，教育水準，を含む．右腕社員ダミーと女性ダミーの交差項を含まないケースでもほぼ同じ結果を得た．

表 9-6 「融資を受けられない」を被説明変数とした場合（女性ダミーとの交差項）

	(1)	(2)	(3)	(4)	(5)	(6)	(7)
企業規模	−0.011	−0.010*	−0.008	−0.016***	−0.013**	−0.016***	−0.017***
	(−1.5)	(−1.69)	(−1.28)	(−2.67)	(−2.36)	(−2.75)	(−2.74)
女性ダミー	0.282	−0.044	−0.506	0.735	−0.136	−0.260	−0.050
	(0.18)	(−0.16)	(−0.43)	(1.28)	(−0.44)	(−0.27)	(−0.14)
操業年数（10年以下）	−0.257**	−0.209**	−0.199*	−0.187*	−0.198*	−0.179*	−0.270**
	(−2.2)	(−1.97)	(−1.91)	(−1.77)	(−1.9)	(−1.67)	(−2.49)
右腕社員ダミー	−0.192*	−0.175*	−0.152	−0.171*	−0.178*	−0.157	−0.208**
	(−1.79)	(−1.77)	(−1.54)	(−1.74)	(−1.8)	(−1.56)	(−2.07)
開業ダミー	−0.058	−0.044	−0.072	−0.056	−0.080	−0.040	−0.102
	(−0.51)	(−0.43)	(−0.72)	(−0.55)	(−0.79)	(−0.39)	(−0.96)
都市部ダミー	0.298***	0.281***	0.323***	0.309***	0.298***	0.293***	0.293***
	(2.9)	(3.04)	(3.53)	(3.37)	(3.24)	(3.12)	(3.06)
赤字ダミー	0.403***	0.466***					
	(3.78)	(4.84)					
売上額	−0.081		−0.097**				
	(−1.63)		(−2.34)				
資産額	0.053*			0.025			
	(1.71)			(0.91)			
相続額	−0.015				−0.021		
	(−0.6)				(−0.91)		
売上伸び率（昨年度）	−0.361**					−0.565***	
	(−2.19)					(−3.59)	
売上伸び率（開業・事業継承時）	−0.001						−0.001
	(−0.96)						(−1.39)
交差項：							
赤字ダミー	−0.396	−0.364					
	(−0.65)	(−0.73)					
売上額	0.116		0.062				
	(0.44)		(0.31)				
資産額	−0.137			−0.203			
	(−0.79)			(−1.62)			
相続額	0.026				0.016		
	(0.24)				(0.16)		
売上伸び率（昨年度）	−0.301					0.167	
	(−0.25)					(0.17)	
売上伸び率（開業・事業継承時）	−0.019						−0.046
	(−0.26)						(−0.61)
N	1,155	1,317	1,326	1,304	1,294	1,260	1,245
log likelihood	−424.970	−497.458	−510.718	−506.058	−500.502	−481.934	−470.978
chi2	90.23	74.01	57.45	52.85	50.09	69.62	61.67
Prob > chi2	0.000	0.000	0.000	0.000	0.001	0.000	0.000
Pseudo R^2	0.096	0.069	0.053	0.050	0.048	0.067	0.061

注）上段：係数推定値，下段カッコ内：z 値．* p<0.1，** p<0.05，*** p<0.01．説明変数には法人ダミー，産業ダミー，教育水準，を含む．右腕社員ダミーと女性ダミーの交差項を用いると推定が収束しないケースが生じたため，ここでは用いていない．

表9-7 「融資条件が厳しくなった」を被説明変数とした場合（女性ダミーとの交差項）

	(1)	(2)	(3)	(4)	(5)	(6)	(7)
企業規模	−0.00001	0.001	0.001	−0.003	−0.001	−0.003	−0.001
	(−0.00)	(0.33)	(0.2)	(−0.74)	(−0.2)	(−0.67)	(−0.17)
女性ダミー	−3.757	−0.692	−0.679	−1.133	−0.682	−2.27*	−2.015
	(−1.31)	(−1.29)	(−0.59)	(−1.51)	(−1.18)	(−1.73)	(−1.39)
操業年数（10年以下）	−0.033	−0.055	−0.056	−0.028	−0.054	−0.067	−0.072
	(−0.35)	(−0.64)	(−0.65)	(−0.32)	(−0.63)	(−0.76)	(−0.81)
右腕社員ダミー	−0.049	−0.014	−0.008	−0.030	−0.018	−0.036	−0.023
	(−0.53)	(−0.17)	(−0.09)	(−0.35)	(−0.21)	(−0.42)	(−0.26)
開業ダミー	0.155*	0.128	0.110	0.143*	0.093	0.098	0.123
	(1.65)	(1.51)	(1.31)	(1.67)	(1.1)	(1.14)	(1.4)
都市部ダミー	0.156*	0.138*	0.158**	0.158**	0.155**	0.147*	0.118
	(1.86)	(1.81)	(2.08)	(2.07)	(2.03)	(1.9)	(1.5)
赤字ダミー	0.254***	0.290***					
	(2.77)	(3.49)					
売上額	−0.046		−0.030				
	(−1.13)		(−0.86)				
資産額	0.050*			0.034			
	(1.92)			(1.49)			
相続額	−0.0002				−0.007		
	(−0.01)				(−0.38)		
売上伸び率（昨年度）	−0.140					−0.112	
	(−1.33)					(−1.39)	
売上伸び率（開業・事業継承時）	−0.001*						−0.001
	(−1.7)						(−1.47)
交差項：							
右腕社員ダミー	1.931	0.356	0.373	0.327	0.283	0.514	1.461
	(0.88)	(0.61)	(0.64)	(0.57)	(0.47)	(0.73)	(1.03)
赤字ダミー	−0.295	−0.222					
	(−0.46)	(−0.49)					
売上額	−0.408		−0.016				
	(−1.22)		(−0.09)				
資産額	0.394			0.087			
	(1.6)			(0.69)			
相続額	−0.017				0.015		
	(−0.18)				(0.19)		
売上伸び率（昨年度）	1.978					1.477	
	(1.32)					(1.51)	
売上伸び率（開業・事業継承時）	0.052						0.039*
	(1.48)						(1.72)
N	1,173	1,340	1,349	1,327	1,317	1,283	1,263
log likelihood	−667.578	−774.308	−786.148	−772.933	−768.457	−746.967	−734.303
chi2	66.29	43.89	33.65	36.15	34.72	36.49	37.36
Prob > chi2	0.001	0.011	0.1157	0.069	0.093	0.065	0.053
Pseudo R^2	0.047	0.028	0.021	0.023	0.022	0.024	0.025

注）上段：係数推定値，下段カッコ内：z 値．＊ $p<0.1$，＊＊ $p<0.05$，＊＊＊ $p<0.01$．説明変数には法人ダミー，産業ダミー，教育水準，を含む．右腕社員ダミーと女性ダミーの交差項を含まないケースでもほぼ同じ結果を得た．

手には十分に伝達されないので，資本市場に不完全性があると仮定した．例えば自営業・中小企業のなかには財務・経営状況に関する情報の整備が不十分であり，ある程度取引関係を継続することでこうした情報が明らかになるケースである．あるいは情報を入手できる場合でも，その信頼性に問題があるために取引を継続する中で判断せざるをえないケースである．

しかしこの仮定が不適切ならば，統計的差別と嗜好による差別を区別することはできない[13)]．ただいずれにせよ本章では，性差が確認されなかった．

本来ならば先行研究のように，個別金融機関ごとのシェアを用いた，ハーフィンダール指数のような明確な変数を用いるのが望ましい．しかし本章でのデータからは当該企業の所在地は都道府県レベルでしか明らかになっていない．したがって地域別に資本市場の不完全性を測定することにも限界があるので，ここで見てきたように，都市部ダミー以外の変数を用いる代替的な方法を行った．これらの点の改善については今後の検討課題である．

4.4　融資を受けにくい場合の対応

前節までは民間金融機関からの融資の有無や融資の可否について検討した．では資金調達に困難を感じた場合，経営者はどのような対応をとるのだろうか．そこで「融資を受けられない」あるいは「融資条件が厳しくなった」と回答した場合にどのように対処するのかを見ていく．特に事業の見直しや親戚・知人などの非金融機関からの借り入れ，資産売却を行うのはどのような場合かを考える．

まず表 9-8 から「融資を受けられない」あるいは「融資条件が厳しくなった」と回答した際の対応を見てみると，「廃業を検討している」のはかなり少なく，何らかの形で事業継続を試みていることが分かる．ただ約 23%から 35%は何らかの形で資金調達を行い事業を継続しようとしている一方で，業務の縮小が約 30%，新規業務への進出延期が 14%存在している点も注目される．このように企業は資金調達の状況に応じて様々な対応をとっているが，経営者

13）融資の可否では操業年数が短くとも不利な扱いは受けず，ソフト情報の収集つまりリレーションシップバンキングには取引期間は重要ではないと示唆される．よって財務や経営状況の情報蓄積でも取引期間は重要ではないかもしれない．

表 9-8　融資を受けにくい場合の対応

0 は回答なし，1 は回答していることを表す．

業務を縮小している

	頻度	比率（%）	累積（%）
0	390	70.52	70.52
1	163	29.48	100
合計	553	100	

新規業務への進出を延期している

	頻度	比率（%）	累積（%）
0	475	85.9	85.9
1	78	14.1	100
合計	553	100	

他の民間金融機関からの融資で賄っている

	頻度	比率（%）	累積（%）
0	422	76.31	76.31
1	131	23.69	100
合計	553	100	

公的金融機関からの借り入れで賄っている

	頻度	比率（%）	累積（%）
0	361	65.40	65.40
1	191	34.60	100
合計	552	100	

親戚，知人等の非金融機関からの借り入れで賄っている

	頻度	比率（%）	累積（%）
0	422	76.31	76.31
1	131	23.69	100
合計	553	100	

資産売却や内部留保の取り崩しによって賄っている

	頻度	比率（%）	累積（%）
0	424	76.67	76.67
1	129	23.33	100
合計	553	100	

廃業を検討している

	頻度	比率（%）	累積（%）
0	519	93.85	93.85
1	34	6.15	100
合計	553	100	

その他

	頻度	比率（%）	累積（%）
0	508	91.86	91.86
1	45	8.14	100
合計	553	100	

自身の安定的雇用と雇用創出にとっては，単に開業するだけではなく事業継続が重要なので廃業以外の選択肢について考察する．

では，これらの対応はどのような要因で規定されるのだろうか．回帰分析による検証を行うが，その際にはサンプルセレクションバイアスを考慮した推定が必要である．表 9-8 に掲げた対応は「融資を受けられない」あるいは「融資条件が厳しくなった」と回答した経営者のみが答えている．この場合，これらの設問に回答した者のみを用いて推定を行うと偏りが生じる．これをサンプルセレクションバイアスというが，この問題を解決するために以下のような方法を用いる．まず融資に困難を感じた場合の対応の有無を Y_{1i} とすると，

$$Y_{1i} = X_i\beta + \varepsilon_{1i} \tag{9.5}$$

$$Y_{1i} = \begin{cases} 1 & \text{if } Y_i^{*} > 0 \\ 0 & \text{otherwise} \end{cases} \tag{9.6}$$

である．ただし Y_{1i} が観測されるのは，融資に困難を感じた場合のみであり，Y_{2i} で困難を感じた（融資を受けられない，あるいは融資条件が厳しくなった）かどうかを表すと，

$$Y_{2i} = \mathrm{Z}_i\gamma + \varepsilon_{2i} \tag{9.7}$$

$$Y_{2i} = \begin{cases} 1 & \text{if } Y_{2i} > 0 \\ 0 & \text{otherwise} \end{cases} \tag{9.8}$$

で $Y_{2i} > 0$ のときである．また $\varepsilon_{1i} \sim N(0,\ 1)$，$\varepsilon_{2i} \sim N(0,\ 1)$，$Corr(\varepsilon_{1i},\ \varepsilon_{2i}) = \rho$ である．さらに係数の識別には Y_{2i} の推定式の説明変数について，少なくとも一つ Y_{1i} の推定式に含まれない変数が必要である．

この条件を満たそうとする場合，融資に困難を感じた場合の対応のうち，Y_{1i} 変数として「他の民間金融機関からの融資で賄っている」と「公的金融機関からの借り入れで賄っている」を被説明変数とする場合は，同じく民間金融機関からの借り入れを規定する Y_{2i} の推定式の説明変数と区別を設けるための基準があいまいとなる．

そこで本節では「親戚，知人等の非金融機関からの借り入れで賄っている」，「資産売却や内部留保の取り崩しによって賄っている」，「業務を縮小している」，「新規業務への進出を延期している」について見ていく[14]．

まず表 9-9 の「親戚，知人等の非金融機関からの借り入れ」について見ると，企業規模・資産額・売上伸び率・売上額が負の係数を持つ．また赤字ダミー・

14） Y_{2i} の推定式の結果は，前節とほぼ同じなので省略する．

表9-9　親戚，知人等の非金融機関からの借り入れ

	(1)	(2)	(3)	(4)	(5)	(6)	(7)
企業規模	−0.023*	−0.031**	−0.028***	−0.029***	−0.033***	−0.034***	−0.035***
	(−1.93)	(−2.23)	(−2.67)	(−2.9)	(−3.04)	(−3.09)	(−3.68)
女性ダミー	0.766*	0.380	0.486	0.515	0.406	0.466	0.729*
	(1.7)	(0.8)	(1.21)	(1.31)	(1.06)	(1.16)	(1.76)
操業年数（10年以下）	−0.013	−0.009	0.044	0.003	0.023	0.091	0.037
	(−0.08)	(−0.06)	(0.29)	(0.02)	(0.16)	(0.59)	(0.23)
右腕社員ダミー	0.300*	0.243	0.294*	0.302**	0.291*	0.244	0.291*
	(1.66)	(1.37)	(1.9)	(1.99)	(1.78)	(1.48)	(1.87)
開業ダミー	−0.023	0.060	−0.045	−0.147	−0.020	0.0004	−0.066
	(−0.13)	(0.41)	(−0.3)	(−0.9)	(−0.14)	(0.00)	(−0.41)
都市部ダミー	0.248	0.252*	0.323**	0.255	0.287**	0.297**	0.242
	(1.53)	(1.93)	(2.09)	(1.16)	(2.16)	(2.14)	(1.41)
赤字ダミー	0.516***	0.648***					
	(2.7)	(5.09)					
売上額	−0.063		−0.118**				
	(−0.9)		(−2.02)				
資産額	−0.077			−0.108**			
	(−1.32)			(−2.54)			
相続額	−0.024				−0.035		
	(−0.65)				(−1.07)		
売上伸び率（昨年度）	−0.295					−0.519**	
	(−1.21)					(−2.3)	
売上伸び率（開業・事業継承時）	0.0002						−0.0004
	(0.12)						(−0.26)
athrho	0.286	0.637	0.231	−0.085	0.529	0.484	0.001
	(0.35)	(0.59)	(0.33)	(−0.08)	(0.73)	(0.62)	(0.00)
N	1,173	1,340	1,349	1,327	1,317	1,283	1,263
log likelihood	−912.746	−1,051.258	−1,076.18	−1,060.25	−1,052.519	−1,021.89	−1,009.97
Censored obs	783	896	901	885	879	885	844
Uncensored obs	390	444	448	442	438	428	419
chi2	41.88	41.43	26.32	30.44	18.26	22.67	21.6
Prob > chi2	0.000	0.000	0.0004	0.0001	0.0108	0.0019	0.003

注）上段：係数推定値，下段カッコ内：z 値．＊ $p<0.1$，＊＊ $p<0.05$，＊＊＊ $p<0.01$．Y_{2i} 式の説明変数には法人ダミー，産業ダミー，教育水準，を含む．

右腕社員ダミー・都市部ダミーが正の係数を持つ．

資産額・売上伸び率・売上額などが一定程度大きければ，借り入れの必要性が減じるのであろう．資産額に関しては次に触れる資産売却を行う企業も存在するために係数が負になるという側面もあるだろう．売上伸び率・売上額が大きいと融資拒否確率低下に寄与することも作用していると考えられる．

企業規模が大きくなると必要な資金額も増えるため非金融機関からの借り入れは難しくなると考えられる．また先に見たように，企業規模が大きいと借り入れ確率が高くなり，融資拒否確率も低下することがここでの結果に反映されているのだろう．

赤字ダミーは資金調達の必要性を増すことを示し，親戚や知人等からの借り入れが金融機関による融資の代替策となっている．家森（2007）によると赤字企業にはリレーションシップバンキングが行われず，担保に基づく貸し出しが行われている．親戚や知人等からの借り入れはリレーションシップバンキングに基づく資金調達が困難となる問題を緩和する一面がある．

右腕社員は金融機関からだけではなく，非金融機関からの借り入れでも重要な役割を果たしており，親戚・知人等に対する返済を保証するシグナルとなっているようである．

表 9-10 の「資産売却や内部留保の取り崩し」では売上額と開業ダミーが負の係数を持ち，この方法による資金調達が行われにくいことを示している．資産額が正の係数を持つのは，被説明変数の定義上予想される結果である．また操業年数が短いほど資産売却等の方法をとらないのは，先述したように操業年数 10 年以下ではそもそも融資拒否確率が低くなることが作用しているのであろう．

最後に「業務の縮小」を被説明変数とした結果を見る．表 9-11 を見ると，赤字ダミーと売上伸び率からは企業業績が悪化すると事業の見直しを迫られていることが分かる．また女性ダミーが負であり，融資状況が厳しい場合でも事業継続が相対的に男性よりも円滑に行われている．操業年数が短いと業務の縮小が選択されにくくなるが，融資拒否確率が低くなることと，操業年数が短いためにそもそもの事業規模が大きくないことが作用していると言えそうである．

都市部ダミーも表 9-9 と表 9-10 と共に正の係数を持ち，金融機関以外から

表 9-10　資産売却や内部留保の取り崩し

	(1)	(2)	(3)	(4)	(5)	(6)	(7)
企業規模	0.007	0.002	0.004	−0.004	0.001	0.002	0.001
	(0.71)	(0.35)	(0.48)	(−0.65)	(0.16)	(0.24)	(0.1)
女性ダミー	0.206	−0.015	0.049	−0.107	0.076	0.103	0.128
	(0.48)	(−0.04)	(0.12)	(−0.41)	(0.19)	(0.26)	(0.29)
操業年数（10 年以下）	−0.329*	−0.363**	−0.359**	−0.243**	−0.338**	−0.317**	−0.403**
	(−1.92)	(−2.34)	(−2.33)	(−2.01)	(−2.17)	(−2.02)	(−2.53)
右腕社員ダミー	−0.045	−0.050	−0.013	−0.035	0.028	−0.043	−0.046
	(−0.3)	(−0.36)	(−0.09)	(−0.3)	(0.18)	(−0.29)	(−0.31)
開業ダミー	−0.262	−0.269	−0.338**	−0.151	−0.373**	−0.327*	−0.308
	(−1.2)	(−1.47)	(−2.00)	(−1.37)	(−2.27)	(−1.9)	(−1.61)
都市部ダミー	0.296**	0.194	0.218	0.237**	0.210	0.215	0.234*
	(2.01)	(1.5)	(1.38)	(2.32)	(1.27)	(1.31)	(1.71)
赤字ダミー	0.195	0.204					
	(0.93)	(1.15)					
売上額	−0.134**		−0.046				
	(−1.99)		(−0.78)				
資産額	0.111**			0.067**			
	(2.51)			(2.14)			
相続額	−0.016				−0.016		
	(−0.5)				(−0.49)		
売上伸び率（昨年度）	−0.042					−0.120	
	(−0.19)					(−0.64)	
売上伸び率（開業・事業継承時）	−0.0001						−0.0003
	(−0.07)						(−0.25)
athrho	0.479	0.652	0.300	3.188	0.206	0.278	0.477
	(0.51)	(0.74)	(0.37)	(0.03)	(0.25)	(0.33)	(0.54)
N	1,173	1,340	1,349	1,327	1,317	1,283	1,263
log likelihood	−914.117	−1,056.61	−1,075.41	−1,059.98	−1,050.24	−1,019.075	−1,007.023
Censored obs	783	896	901	885	879	855	844
Uncensored obs	390	444	448	442	438	428	419
chi2	21.71	13.93	10.96	16.62	11.4	10.3	11.22
Prob > chi2	0.041	0.052	0.140	0.020	0.122	0.172	0.129

注）上段：係数推定値，下段カッコ内：z 値．＊ p<0.1, ＊＊ p<0.05, ＊＊＊ p<0.01．Y_{2i} 式の説明変数には法人ダミー，産業ダミー，教育水準，を含む．

表 9－11　業務の縮小

	(1)	(2)	(3)	(4)	(5)	(6)	(7)
企業規模	−0.004	−0.007	−0.006	−0.010	−0.009	−0.009	−0.009
	(−0.59)	(−1.31)	(−0.86)	(−1.6)	(−1.64)	(−1.54)	(−1.52)
女性ダミー	−0.815*	−0.945**	−0.903**	−0.904**	−0.872**	−0.857**	−0.853**
	(−1.85)	(−2.19)	(−2.21)	(−2.2)	(−2.1)	(−2.08)	(−2.05)
操業年数（10年以下）	−0.189	−0.183*	−0.172	−0.171	−0.183*	−0.187*	−0.190*
	(−1.59)	(−1.68)	(−1.55)	(−1.54)	(−1.66)	(−1.68)	(−1.67)
右腕社員ダミー	0.013	−0.033	−0.027	−0.029	−0.031	−0.059	−0.008
	(0.11)	(−0.31)	(−0.25)	(−0.28)	(−0.29)	(−0.56)	(−0.07)
開業ダミー	0.060	0.012	−0.053	−0.038	−0.018	−0.040	−0.046
	(0.53)	(0.12)	(−0.51)	(−0.36)	(−0.17)	(−0.39)	(−0.43)
都市部ダミー	0.182*	0.182*	0.228**	0.212**	0.201**	0.209**	0.169*
	(1.73)	(1.92)	(2.34)	(2.23)	(2.09)	(2.17)	(1.72)
赤字ダミー	0.452***	0.503***					
	(4.19)	(5.07)					
売上額	−0.033		−0.064				
	(−0.67)		(−1.49)				
資産額	0.033			0.006			
	(1.02)			(0.22)			
相続額	0.018				0.004		
	(0.76)				(0.17)		
売上伸び率（昨年度）	−0.417**					−0.122	
	(−2.36)					(−1.18)	
売上伸び率（開業・事業継承時）	−0.0003						−0.001
	(−0.33)						(−0.81)
athrho	3.278	2.930	1.643*	1.890	1.748*	4.723	1.750*
	(0.09)	(0.09)	(1.86)	(1.51)	(1.87)	(0.06)	(1.73)
N	1,173	1,340	1,349	1,327	1,317	1,283	1,263
log likelihood	−938.126	−1,081.66	−1,103.84	−1,088.23	−1,079.38	−1,048.33	−1,032.81
Censored obs	783	896	901	885	879	855	844
Uncensored obs	390	444	448	442	438	428	419
chi2	38.75	39.50	17.29	15.51	15.07	17.04	13.39
Prob > chi2	0.0001	0.000	0.016	0.030	0.035	0.017	0.063

注）上段：係数推定値，下段カッコ内：z 値．＊ p<0.1, ＊＊ p<0.05, ＊＊＊ p<0.01．Y_{2i} 式の説明変数には法人ダミー，産業ダミー，教育水準，を含む．

の資金調達や業務の縮小を促す要因となっている．その背景には融資の可否でも述べたように，地域金融機関同士の競争が激しいとリレーションシップバンキングが行われにくくなることや企業間の競争の結果，業績が悪化する企業が生まれやすいことがあるのだろう．

表9-9から表9-11の結果によると，金融機関以外からの資金調達や業務の縮小が融資に困難を感じた場合の対処法としてとられている．そしてそれらの対応は経営状況のみならず，融資の可否およびそれを規定する要因の影響を受けていると解釈できる．民間金融機関からの借り入れとそれ以外の対処策は密接な関係があることが示唆される[15]．

このように民間機関からの融資が困難な場合は，個々の企業の状態に応じた対処が行われ，事業継続を試みている．しかしこうした企業側の対応は必ずしも望ましいものとは限らない．齋藤・橘木（2006）は倒産を回避するための資金調達は一時的な対処に過ぎず，倒産確率を高めてしまうとしている．もちろんすべての企業が倒産するわけではないし，一時的に事業の見直しを行ったとしても，再び新規業務への進出を検討することもある．

したがって一時的な資金調達のみに留まることなく，企業業績を改善させる根本的な対策が求められる．先の齋藤・橘木（2006）によると，商品・サービス開発などの企業努力が倒産確率を低下させる．こうした努力によって業績が改善すれば売上増加や赤字の縮小によって，金融機関からの融資が行われやすくなるはずである．

5. むすび

本章では事業を継続し，安定的な雇用を実現する一手段として，自営業・中小企業の事業継続の可能性を資金調達の観点から考察した．特に自営業・中小企業の資金調達について性差があるのか，そして企業と金融機関の情報の非対

15）「新規業務への進出を延期している」は有意な係数が少ないために，結果は省略する．企業規模の係数は正であるケースが見られるが，これは規模が大きいと融資拒否確率も低下するので，当面は経営環境を慎重に見極めながら現状を維持することが可能となるためと考えられる．

称性に対して，金融機関はどのように対処しているのかに注目した．またその際には，資金の借り手と貸し手の行動を区別しない借り入れの有無，資金の貸し手である金融機関の行動をそれぞれ検討してきた．

借り入れの有無については，全体的な傾向として，企業業績が安定していれば，借り入れは抑制される．また性別による違いはほとんどないこと，担保負担能力に合わせて借り入れの状態が変化することが分かる．

融資の可否については，女性が不利な扱いを受けているとは認められない．すべての推定結果でこのような結果が得られるわけではないし，金融機関がなぜ女性を有利に扱うかを分析するまでには至らないが，興味深い．また融資の可否の決定についても，金融機関は融資先の経営状況などを審査する一方で，情報の非対称性に基づく貸し倒れリスクに備えて，担保に応じた融資を行っていることが分かる．また操業年数が短くてもリレーションシップバンキングが機能せず，融資が拒否されるわけではないが，リレーションシップバンキングに関する先行研究と整合的な結果も得られた．

本章ではさらに融資の可否については統計的差別と嗜好による差別を区別する推定を行ったが，嗜好による差別は確認できない．またそれ以外の要因で女性が不利に扱われることもない．ただし本来用いるべき説明変数が十分利用できたわけではなく，特に過去の融資履歴や資本市場の不完全性を十分にコントロールできていない可能性は否定できない．

また民間金融機関からの借り入れが困難な場合は，金融機関以外からの資金調達や事業の見直しが行われる．そしてそうした対処は融資の可否およびそれを規定する要因と関連して行われている．

このように本章の結果からは融資に際しては，(1) 担保を基にした融資，(2) ソフトな情報を用いたリレーションシップバンキング，(3) 財務状態などについての情報蓄積と審査が用いられ，個々の企業が金融機関によって評価されていることが確認できた．そして非金融機関からの借り入れや資産の取り崩しが金融機関からの融資を補完している．こうした資金調達により事業の継続と雇用確保が図られている．

ただし事業を継続して経営者自身の安定雇用を実現すると共に，新たな雇用を創出する役割を自営業・中小企業に求めるならば，資金調達だけでは十分とは言えない．松繁（2002a）は融資を受けやすいと男性正社員の雇用が増えると述べている．しかし一方では女性正社員が減少する．雇用全体を増やすためには一時的な資金調達だけではなく，企業努力による業績改善が欠かせないし，有能な社員を中途採用などを通じて確保することも求められる．またそのことが融資拒否確率を低下させることにもなる．

なお本章では，Blanchflower, Levine and Zimmerman（2003）と同様に開業以降，存続し続けることができた企業のみを分析対象としている．推定においてはそのことによるバイアスが生じている可能性もあり，この点を改良することが課題として残されている．

付　記

本章は久留米大学『産業経済研究』第48巻第1号，2007年6月に収録された論文を，大幅に加筆したものである．

変数の説明

本文中で紹介した被説明変数以外については，以下のように定めた.

- 法人ダミー――経営形態が法人：1，それ以外：0.
- 産業ダミー――各産業に属する：1，それ以外：0.
- 教育水準――各教育水準に属する：1，それ以外：0.
- 企業規模（従業員数）――正社員，家族従業員，パートタイム・アルバイトの合計.
- 女性ダミー――女性：1，男性：0.
- 操業年数（10年以下）――現在の経営者の下での操業年数が10年以下：1，それ以外：0.
- 右腕社員ダミー――右腕となる社員がいる：1，それ以外：0.
- 開業ダミー――自ら開業している：1，それ以外：0.
- 都市部ダミー――所在地が東京都，埼玉県，神奈川県，千葉県，愛知県，京都府，大阪府，兵庫県のいずれか：1，それ以外：0.
- 赤字ダミー――昨年度，赤字：1，それ以外：0.
- 売上額――昨年度の売上（1から8の離散変数）.
- 資産額――資産額（1から8の離散変数）.
- 相続額――相続額（1から9の離散変数）.
- 売上伸び率（昨年度）――一昨年度と比べて昨年度の売上は何倍になったか.
- 売上伸び率（開業・事業継承時）――開業時・事業継承時と比べて昨年度の売上は何倍になったか.

終　章

雇用の確保を図るための政策

1. 失業率をゼロにする必要はないが，低くする必要は絶対にある

日本の失業率が5％前後に達する時代となり，安定成長期にあった1980年代という一昔前の失業率が2％以下であった頃と比較すると，隔世の感がある．失業者の数が激増したのが日本である．現代における公表失業率5％前後の数字は，他の先進諸国と比較するとまだ同等ないしやや低いが，潜在失業率においては10%を超えているので，他の先進国並になっていると言ってよい．この数値と推計方法に関しては例えばTachibanaki, Fujiki and Kuroda (2001) 参照．ちなみに潜在失業者（あるいは求職意欲喪失者）とは，求職活動を行っても職が見つかりそうにないので，一時的に労働力人口であることを諦める人のことをさし，本来ならば失業者としてカウントしてもよい人である．潜在失業者と公表失業者の合計がその国全体の真の失業者とみなせる立場からすると，日本の失業率の高さは深刻なのである．

潜在的に国民の10%前後に仕事がない，という現状は日本にとって重大な問題である．失業者の数を減少させる，すなわち雇用者の数や仕事のある人の数を増加させることは，最高の政策目標の一つであるといっても過言ではない．なぜ失業率がこれほどまでに高くなったかをまとめれば，多くの理由があるがそれは次のようになろう．

(1) バブル経済の破綻後に日本経済が低成長時代に入り，何度か深刻な不況に見舞われた．
(2) 産業構造が製造業中心からサービス産業中心に変化したが，雇用がそれ

にうまく呼応できなかった.

(3) 不景気の下で企業が生き残りを図れるように，政府が規制緩和を実施した.

(4) 公共部門と私企業の投資不足と家計消費の不振.

(5) 一部の労働者と経営者に高い賃金や報酬支払いが見られた.

(6) 労働市場におけるミスマッチが顕著になった.

などがある.

ここで述べた原因のかなりの部分については本書で論じたので，具体的にはそれぞれの章を参照されたい. 例えば，(1) については第5章，(2) については第8章，(3) については第1章，(5) については第2章，(6) については第8章と関連がある. (6) ミスマッチについては，本章で後に付随的に述べることにする.

その前に失業率をゼロにすることは不可能である，ということを確認し，かつ逆に失業率を減少させることは社会にとってなぜ大切であるかを理解しておこう. 前者に関しては，経済学では社会で避けることのできない失業者が存在すると考える.「自然失業率」の概念に近いもの，と言ってよい. あるいは失業率を許容範囲の率以下に下げると，むしろ弊害の発生することすらある，ということで説明できる.

第一に，ゼロ%の失業率は表面上完全雇用であるが，雇用されている人の中に，仕事や企業に満足していない人や，企業からみても生産性をうまく発揮していない人も存在している. そういう労働者は，別の職場に移って新しい仕事に就いた方が，労働者にとっても企業にとっても望ましい. 新しい職が見つかるまで，その人々は失業という状態にありながら，求職することがあってよい. この点は第8章で述べたことに関連している.

第二に，日本の企業，特に大企業では，たとえ企業の業績が悪くなっても，労働者を解雇せずに抱え込むことが多かった. 失業者を発生させない，あるいは労働者の持っている技能熟練を簡単に放棄しない，等々のコンセンサスが労使にあった. これは労使協調路線のメリットと言ってよい. しかし，低成長時代に入ると，企業の業績が非常に悪くなったにもかかわらず，人を抱え込むことは，むしろ企業経営を苦しめ，倒産の憂き目に遭うこともある．企業倒産は全員の解雇を意味するので最悪である．最悪を避けるために，このような場合には，失業中の所得保障を用意し，かつ次の職が容易に見つかるように最大の支援を行うことを条件にして，本人の納得の上に人減らし政策はあってもよい．この点は第7章で述べたことと関係しているのである．

第三に，ゼロ%の失業率は物価上昇率が相当高くなることを覚悟せねばならない．失業率がゼロ，物価上昇率もゼロ，という経済はほぼ存在しえない．しかも，賃金率が必要以上に高くなる恐れもある．インフレ率を低く抑えることのメリットは大きいので，非常に低い失業率は容認されうる．この点はフィリップス・カーヴで示されるケインズ経済学における物価と失業率のトレード・オフを念頭においている．

以上が失業率がゼロ%になる必要のない理由であるが，逆に失業率が高過ぎるのはもっと困る．なぜ失業率が高いといけないのか，理由を考えてみよう．

第一に，失業者はモノの生産やサービスの生産に貢献していない．人的資源をフルに活用していないことを意味するので，社会が遊休の人的資源を抱え込んでいることになる．人的資源のロスを避けることは，社会・経済の要請でもある．

第二に，日本には良い意味でも悪い意味でも，「働かざる者食うべからず」の伝統があった．そして多くの人が高い勤労意欲を持っていた．働くことの義務感や高い勤労意欲がやや減退していることは事実であるが，働きたい人に職のないことは，そういう人の意欲を生かせないので大きな社会的損失である．

第三に，失業期間中において，失業保険給付やその他の方法で所得を確保する機会はあるだろうが，日本では少なくとも失業保険制度は，第1章で見たように不十分な状況である．失業はいわば生活苦が一度に押し寄せてくることを意味する．最悪の場合，自殺やホームレスという悲惨な結末もある．憲法の生活権をもちだすまでもなく，働きたい人には職は与えられてしかるべきである．

第四に，失業保険給付によって所得保障をするよりも，働くことによって所得を得る方が，社会への貢献度は高いし，人的資源の有効利用にもつながる．ただし，これをもって日本の失業保険制度を充実させるな，とは主張しない．むしろ第3章で述べたように，充実策を図る必要性は高い．

第五に，失業率が高いと，人々は次は自分が失業するのではないか，と不安にかられる．民間の調査によると，現在ないし将来への失業不安を感じている人は80%を超えている．これだけ多くの人に失業の不安があれば，勤労意欲に悪影響がある．勤労意欲の低下は労働者の生産性を下げる恐れがある．

第六に，失業している人の生活不安が高いことは否定しえない．それが人を異常な行動に走らせて，犯罪への道に至ることもある．近年犯罪件数の増加が見られる．失業率が高くなると，いわば社会不安を増幅させるのである．失業率の増加と犯罪発生率の増加に相関関係があることは，各国の例から明らかである．

第七に，失業期間中は勤労していないので，職業訓練をどこかで受けていない限り，労働者は熟練を蓄積する機会を失っている．日本では若年層の失業者が多いが，これらの人に熟練獲得の機会がなければ，将来に未熟練労働者が多く発生することを意味する．しかも，就労経験不足によって，職業人としての自覚を醸成する機会を失う問題も深刻である．以上が失業率が高いことによる，種々の私的，そして社会的損失である．失業率がゼロ%である必要はないが，できるだけ低い数字になるよう努力することは望ましいことである．

2. サーチ理論とミスマッチ失業

本書のいくつかの箇所で，求職者と求人企業のミスマッチの存在が失業率を高めている一つの理由になっていると述べてきたが，この考え方をここで系統的に論じておこう．2010年のノーベル経済学賞において，ダイヤモンド，モルテンセン，ピサリデスの3教授が「サーチ理論」への貢献が評価されて受賞したが，ミスマッチ失業はこのサーチ理論と密接に関係があるし，非常に重要な概念なのでここで改めてミスマッチ失業を論じておこう．従来のミクロ経済学がワルラスの一般均衡論的な取引を前提にしていたのに対して，サーチ理論は「分権的取引」の役割を強調した貢献が評価された．分権的取引とは，ワルラスが想定したような取引関係者が一堂に会して交渉やオークション取引をするのではなく，個々の取引関係者がそれぞれに回を重ねて会い，交渉することである．

サーチ理論の考え方の出発点は，財の取引において，売り手と買い手がその価格を巡ってどういう交渉をするかを示したものである．これを労働市場に応用して，求職者と求人企業がどういう取引を続けるかを厳密に分析したのが，労働経済学上のサーチ理論である．労働経済学におけるサーチ理論は，失業中の求職者が，企業からの採用オファーを受諾する最低の賃金額（留保賃金）を考えることからスタートする．最初に交渉した企業のオファーする賃金が留保賃金よりも低ければ，オファーを受けずにすなわち働かずに求職活動を続ける．第二，第三の企業と交渉し続け，留保賃金より高い賃金をオファーする企業で働き始めると考える．

しかし，求職者が求職を続けて失業者であり続けるなら，生活が苦しくなるのは明らかなので，留保賃金は求職期間が長くなるにつれて，低下するものと予想できる．ただし，この想定であっても失業保険制度が存在すれば，生活保障があるので留保賃金は低下せず，失業（求職）を続けるものと考えられる．

一方，企業側が人を採用するときには，求職者がどのような資質を持っているかを見極めるのに時間とコストをかけねばならない．これらの負担を考慮しながら，企業も次々に現れる求職者と交渉を続けながら，最終的に職のオファーをするかどうか，そして採用者を決定するのである．

このように求職者と求人企業がお互いにサーチ活動を行った末に，うまくマッチすればよいのであるが，手間とコストがかかるのでうまくマッチせず，労働市場の調整機能に摩擦が生じて，失業者と企業での欠員の双方が同時に存在することになる．このときの失業を摩擦的失業，ミスマッチ失業，構造的失業と呼ぶこともある．

では労働市場にあっては，具体的にどのような情報や資質を巡ってミスマッチが存在するのであろうか．性，年齢，職種，地域，教育，賃金，企業規模，就業形態，賃金以外の例えば労働時間や職場環境などの労働条件，等々数多くの要因があるが，ここでは日本において深刻とみなせる要因を6つだけ挙げて簡単に解説しておこう．詳しくは橘木（2002）参照．

年　齢

中高齢者，特に高齢者が求職活動で苦労している大きな理由は年齢の壁である．「年齢差別禁止法」が日本にも導入されたが，現時点ではまだ不十分にしか機能していない．アメリカのように定年禁止とまでは主張しないが，これを罰則措置の導入をも含めて強化する必要がある．

年齢の壁を側面から打ち破る方法は，年功序列制度の下で高くなっている中高齢者の賃金を下げることである．年功制は見直しの過程にあるので，意外と抵抗感が少ないのではないか．中高年層の雇用拡大にも役立つ．賃金率を下げる方策は，年齢によるミスマッチの解消に役立つのである．

ついでながら日本政府は，企業に65歳までの雇用義務を法制化しようとしている．年金支給開始年齢の引き上げ策に対応するために雇用を確保して，所得のなくなることを避ける目的がある．この法制化は労働者にとっては望ましいことであるが，企業側が労働費用の増大を危惧することと，65歳までのすべての人の生産性が高いままにいることはないとして，この法制化に反対している．この問題も労働者の年齢と関係する話題である．

最近に特徴の現象として，若者や高校・大学の新卒生が仕事を見つけるのに困難に遭遇しているのも年齢によるミスマッチである．若者や学生が技能をしっかり身につけることができるような訓練や教育制度の充実が必要である．それに関しては橘木（2010a）が学校教育における職業教育のあり方を論じている．

職　業

IT（情報技術）やバイオ（生命科学）技術者，医療・薬学・福祉関係，営業等のサービス業関係，熟練技能工，等々の職は未充足にありながら，建設業従事者，一般事務，販売業種，未熟練労働，等々の職には余剰感がある．不足気味（すなわち空席）の職に就くには，相当の教育・職業訓練が必要である．教育と訓練には時間と資金がかかる．職業によるミスマッチ解消は政府，企業，労働者の三者による息の長い取り組みが期待される．特に，企業部門に資金の余裕がない時代だけに，公共部門による職業訓練の提供に期待が集まる．

地　域

関東，東海地方は比較的失業率が低く，関西，九州，北海道地方は逆にそれが高い．地域によるミスマッチの解消は，労働者が職のある地域に移るか，人の余っている地域に事業主が移るか，のどちらかしかない．基本的には前者に頼る方法が簡単である．しかし労働者にも事情によって他の地域に移れない人もいる．後者に関しては，企業への優遇措置がない限り，その実現は容易ではない．そこで，過密という問題に悩む都市部での企業への課税強化策の方が，企業を地方に移らせるのに有効である．

なおこれら地域の問題に関して，橘木・浦川（2012）は人々はどこに住むのか，企業はどこで生産活動を行うかということを分析して，日本の地域間格差を本格的・系統的に論じている．一つの結論は，東京一極集中を避けることが日本にとって必要であり，そのための施策を提言している．

就業形態

正社員か，それともパートのような非正規社員かに関して，ミスマッチが発生している程度を判定するのはむずかしい．短時間雇用，あるいは短期間雇用を望む人の数が相当存在するからである．一般論としては，企業は労働費用の節約につながる非正規労働者の雇用を増大させつつある．特に女性のパート労働者が急増している．オランダのワーク・シェアリングに習うのなら，この現象は別に悪いことではない．しかし，日本とオランダとの違いは，日本ではフル・タイマーとパート・タイマーの1時間当たり賃金率の差が大きいし，それが拡大傾向にすらある．パート・タイマーの勤労意欲を高くし，かつ生活水準の低下を阻止するために，1時間当たり賃金格差の拡大傾向を縮小傾向に変更する必要度は高い．

ではミスマッチ失業を解消するにはどのような政策があるのだろうか．本章でそれらをいくつか述べたが，それをまとめると次のようになる．

職業紹介機能の強化

職業紹介業務は労働者の保護を目的として，規制が相当強かった．規制緩和は進んだが，一層の緩和が必要である．情報公開も望ましい．労働側，企業側ともに求職・求人の情報を多く共有することが，ミスマッチの解消に大いに役立つ．職業紹介の自由化には賛成であるが，求人・求職・採用のルールを明確にしておかないと，労働者は弱い立場にいるだけに不利になることがあるので，歯止めをかけておく必要がある．そのルールに違反することがある時は，企業・労働の双方に罰則が適用されることが不可欠である．

新しい仕事，新しい企業，新しい産業の創出

産業構造の変化，衰退産業や衰退・倒産企業の存在等によって発生した余剰人員を吸収するには，新しい仕事，新しい企業，新しい産業の創出が不可欠である．具体的にどのような分野で期待されるかは，サービス産業，金融・保険，医療・福祉，教育，環境関連，インフラ関連などの諸分野である．この成功のためには，国民と経営者にリスクを進んでとるモチベーションの醸成，リスクをとる人を支援するための税制優遇，たとえ失敗してもリターン・マッチが容易にできる体制と雰囲気の確保，官民あげての研究開発に関する投資促進と教育・訓練の機会促進，等々の対応と政策が肝要である．

サーチ理論の話題に戻ると，サーチ理論が開発した失業と欠員が併存する「マッチ関数」が出発点である．そして，求職者と求人企業がどのような交渉を続けるのか，理論的に数学を用いて厳密に分析するのがサーチ理論である．そこでは賃金の額が雇用の調整機能としてうまく作用するかが検証される．また，失業保険制度が存在すればどのようなことが発生するのかも分析できる．ほかにも失業者と，企業に在職しながら求職する人（オン・ザ・ジョブ・サーチと呼ぶ）の間ではどう異なる帰結が起こるのか，といった様々な課題が分析されている．

サーチ理論は労働市場において種々の有用な命題を提出してきた．二つの命題を述べておこう．一つは，景気後退などのショックによって企業の生産量や売上高が減少したとしても，来期以降の生産性や売上高の回復が予想できれば，今期は労働者を解雇せずに雇用継続するだろうということである．これはレーバー・ホーディング（労働保蔵）と呼ばれる．日本が高度経済成長を続けた時代はまさにこれが作用して，日本企業は容易に労働者を解雇せず，労働者を抱え込んだのである．雇用調整は時間外勤務などの労働時間で行った．二つ目は，失業保険制度を充実させる（すなわち給付額を高くしたり，給付期間を長くしたりする）政策を採用すれば，失業者の数が増加したり，失業期間（すなわち求職期間）が長くなったりして，失業率が高くなる可能性があるということである．企業においても欠員数が増加して，生産量が減少する可能性がある．失業保険制度の充実には負の側面もある，と言える．

サーチ理論の理論的命題は種々あるが，現実の経済における実証面と政策面に注目しておこう．実証面を一言で述べれば，失業と欠員が同時に存在することはどうしても避けられないという事実である．これは既に述べた「自然失業率」に近い概念である．

政策の面からすると，求職者や求人企業は相手がどこにいるかわからないとか，技能が不足しているから仕事にありつけないなどの問題があるのだから，就職情報を求職者・求人企業でうまく共有したり，労働者の技能を上げたりする政策が考えられる．この政策に成功したのが，英国，オランダ，北欧諸国である．

英国は労働党のブレア政権時代（1997～2007年），ニューディール政策と称して若年失業者に1人の専門家を張りつけて職業紹介を行ったし，それでも職の見つからない場合には，技能訓練を半強制的に受けさせた．オランダは仕事の分かち合いで代表されるワーク・シェアリングで有名である．北欧諸国は「積極的労働市場政策」を展開した．これは，失業保険などで所得保障せずに，働いてもらうことによって所得保障を図る政策である．職業紹介，技能訓練，雇用創出策（例えば新規開業支援や，賃金支援，公共部門による直接雇用）などを強化することによって，雇用機会を増加するものである．これらの国では失業率を下げることに成功した．

日本ではどうだろうか．サーチ理論に基づく最近の分析によると，失業率を伝統的（ケインズ経済学的）需要不足による失業と，ミスマッチ失業（構造的失業）に分解して推計すると，2000年代初頭に前者が後者を上まわった時期もあったが，多くの時期ではミスマッチ失業の方がより深刻であった．

日本においても，欧州諸国で成功したようなサーチ理論に立脚したミスマッチ解消策への期待がかかる．伝統的な失業対策は，財政・金融政策による需要拡大策が中心であったが，労働市場の内部にまで手をつける政策の必要性を主張したのが，サーチ理論の最大の貢献なのである．とはいえ，伝統的なマクロ経済政策による需要拡大政策が価値を失ったとは主張しない．マクロ政策が雇用拡大に役立つ余地は現代でもかなりある．

3. 労働意欲を失わないような労働・社会政策のあり方

本書の主張を大胆に要約するならば次のようになろう．国民の大多数が働くことによって所得を稼ぎ，貧困者にならないためには，失業者の数を減少させ，雇用者の数を増加することが必要である．そのためには何がなんでも解雇を規制することだけが政策ではなく，失業保険などのセーフティネットを確保・充実しつつ，労働者が次の仕事を見つけることができるような制度にすることが肝心である．場合によっては効率性の悪い企業は市場から退場してもらい，別の新しい企業，特に効率性の高い企業に参入してもらうことが，新しい雇用の確保に役立つ．さらに企業の支払い能力が高まることにより，最低賃金以下で働く労働者の数を減少させることが可能となる．これによって最低賃金額のアップ策も容易に導入されうることにつながる．

日本社会が格差社会に突入したことは明白な事実である．労働の面に限定すれば，正規労働者とパート，派遣，雇用期限付きといった非正規労働者の間の格差は顕著になっている．それは賃金を含めた諸々の労働条件に関して明らかである．労働者の中には自分の好みから非正規労働を望む人もいるのであるから，非正規労働を社会から排除せよなどとは主張しない．すべての労働者を正規労働者にすることができるほど日本企業は強くない．むしろ問題はこれら非正規労働者の低所得にある．

それを補うのは政府の政策である．例えば税と社会保障制度をうまく活用して，労働者の勤労意欲を高めるような所得保障政策のあり方を検討して主張した．例えば，社会的排除をなくす政策，給付付き税額控除政策などがその候補である．これに関連してベーシック・インカムという思想に共鳴する人々も一部にいる．著者らのベーシック・インカムに対するスタンスは，貧困者を世の中から排除する目的としては，理想に燃えた政策手段として全面的に排斥するものではない．むしろその主旨を部分的に支持する．そのための具体的な方策は，ベーシック・インカムの支給を働くことのできない世代，すなわち子どもと引退した高齢者に限定する，というものである．この方策であれば働くことのできる世代に関するベーシック・インカム論の持つ諸々の短所を最小にできるし，貧困を世の中からなくするという理想にかなり近づくことのできる政策だからである．

次に雇用の問題について論じておこう．日本は解雇規制の厳しい国であると認識されてきた．このことが失業者の数を増加させない制度として機能してきたことは事実である．しかし本書の分析でわかった一つのことは，すべての企業において解雇規制を課するのではなく，冒頭で述べたことの繰り返しになるが減量経営を行った方がよい場合があることである．あるいは企業倒産にまで至った方が好ましいケースもある．しかし重要なことは，働き口を失った人へのセーフティネットの確保，次の職が早急に見つけられるような職業紹介機能や職業訓練機会の提供は，絶対に必要な政策であることを強調しておきたい．さらに，金融の分野においても，企業が融資を受けやすいようにして，企業の存続を図ったり，新規企業の開設を実行しやすくするような，制度の設計や支援が必要である．

最後に，日本では入職経路や転職経路がうまく機能していないことが明白となったことを再述しておこう．これは労働市場における求職者と求人企業のミスマッチが相当に深刻であることと同義である．これは新卒の高校生・大学生の求職者にもあてはまることである．新卒や中途採用の手順に関して言えば，これまでは新卒一括採用という慣習にとらわれすぎていたので，発想の転換が必要であることを強調した．必ずしも高成長経済が望めない日本経済にあっては，新規労働需要の飛躍的な増大が期待できないだけに，限られた仕事の数にうまく人を配置できるような手立てが必要なのである．

あとがき

本書では日本の労働市場の現状を踏まえて，現在既に施行されている様々な政策がもつ影響を検討した．さらには議論中であり，実現はまだ見送られている対策も紹介した．各章で扱われている施策や人事制度に関する我々の主張に対しては，賛否両論があるだろう．

さらに言えば，本書の内容が絶対的な真実とは限らないし，実証分析では方法論も含めてより精緻化する必要がある．それでもなお，今後の議論が発展するための材料を提供できたのではないかと自負している．

1990年代以降の日本の労働市場には従来とは異なる事象が観察され，それゆえに多くの観点から分析がなされてきた．経済格差の広がり，貧困の再出現，非正規雇用の増加，若年失業の深刻化などはそうした事象の代表例であり，盛んに議論がなされてきた．本書もそうした議論の一翼を担うものであるが，当然ながらこうした問題に解決の道筋が付くのにはまたかなりの時間を要するであろう．

ではなぜこうした議論が行われていながら，未だに解決に至っていないのだろうか．理由の一つとして経済学者の提言が実際の政策に反映されるには，その有効性が認識され，行政による実施の判断にいたるまでにタイムラグが存在することがある．もちろん労働市場の実態解明やそれに基づく有効な対策そのものが打ち出されていないという指摘もあるだろう．

それに加えて経済学者の考えが一般の人々や企業の経営者に対して十分伝達できていない可能性もある．いったい日本の労働市場の何が問題で，どういう問題が生じていて，どう対処すべきなのか．これらの議論については確かに多くの専門用語が並び，制度や分析方法も決してすぐに理解されるものではない．それでもなお常に問題提起を続け，それに対する対応策を提示し続けなければ困難な状況下にある人々を支援する手がかりを得ることができない．

しかも著者らが本書で示した主張では，様々な雇用に関する問題を解決するにはそれ相応の負担が必要なことも述べられている．例えば解雇規制を緩和するならば，雇用保険の内容を充実させても，既存正社員の失業リスクは高まる．最低賃金の引き上げは当然ながら企業にとっては労働コストの増加を意味するので，企業の負担を和らげる策も必要である．これらのメリット・デメリットの公平な評価が必要と言える．また給付付き税額控除やベーシック・インカムの実施にも相応の税による財源が必要である．

そのための負担を受け入れる素地が現時点でどの程度あるかは十分明らかにはなっていないが，様々な提言が人々に十分理解されていないのではなく，むしろ多くの人々が深く理解し，施策によってもたらされる負担と利益を慎重に判断しようと試みている途中なので，実施するか否かの意思決定がなされていないとも考えられる．

こうした場合でもやはり現状を正確に多くの人に伝え，議論の土台を作るためにも経済学の果たすべき役割は大きいし，そのことを本書で分かってもらえれば幸いである．

本書が以上で述べたような役割をどの程度果たせているかは，読者諸賢の判断を仰ぐ他ない．もちろん本書で取り上げた多くのテーマについて，全てを語り尽くせたわけではない．多様な見解のうちの一部分を主張として示しているのであり，既存研究と併せて用いられることによって，より深くそして多角的に雇用とは何か，結果として表れる経済格差とは何かを考えるヒントになればと願っている．もしそうであれば本書が世に出る意義も認められるであろう．

本書は同じ関心を有する京都大学時代の師弟が一緒に共同研究を始めて，その成果を世に問うものである．東京大学出版会の大矢宗樹氏はその成果の公表を勧めてくれた．本書の価値を高めるために編集上のことや，読みやすい文章にするために諸々の提案をしていただいた同氏に深く感謝する．

橘木俊詔・高畑雄嗣

参考文献

秋元美世（2008）「シティズンシップとベーシックインカムをめぐる権利の理論」武川正吾編『シティズンシップとベーシックインカムの可能性』法律文化社，第3章，pp. 63-84.

阿部正浩（2005）『日本経済の環境変化と労働市場』東洋経済新報社.

阿部正浩（2008）「増加する非正規雇用とあるべき政策対応」『経済セミナー』2008年9月, pp. 33-38，日本評論社.

阿部正浩（2010）「非正規雇用増加の背景とその政策対応」樋口美雄編『バブル／デフレ期の日本経済と経済政策6　労働市場と所得分配』慶應義塾大学出版会，第13章，pp. 439-468.

阿部正浩・黒澤昌子（2008）「企業業績への影響」佐藤博樹・武石恵美子編『人を活かす企業が伸びる人事戦略としてのワーク・ライフ・バランス』勁草書房，第7章，pp. 119-137.

阿部正浩・黒澤昌子（2009）「ワーク・ライフ・バランス施策と企業の生産性」平成20年度『ワーク・ライフ・バランス社会の実現と生産性の関係に関する研究』研究報告書　内閣府経済社会総合研究所.

安部由起子・田中藍子（2007）「正規－パート賃金格差と地域別最低賃金の役割1990年～2001年」『日本労働研究雑誌』No. 568，pp. 77-92.

安部由起子・玉田桂子（2007）「最低賃金・生活保護額の地域差に関する考察」『日本労働研究雑誌』No. 563，pp. 31-47.

有賀健（2007）「新規高卒者の労働市場」林文雄編『経済停滞の原因と制度』勁草書房，第8章，pp. 227-263.

有賀健・神林龍・佐野嘉秀（2008）「非正社員の活用方針と雇用管理施策の効果」『日本労働研究雑誌』No. 577，pp. 78-97.

安藤至大（2008）「解雇規制の論点と理論研究」『経済セミナー』9月号，日本評論社，pp. 48-55.

居神浩（2007）「規律訓練型社会政策のアポリア－イギリス若年就労支援政策からの教訓」埋橋孝文編『ワークフェア――排除から包摂へ？』法律文化社，第2章，pp. 46-64.

石原真三子（2003）「パートタイム雇用の拡大はフルタイムの雇用を減らしているのか」『日本労働研究雑誌』No. 518，pp. 4-16.

伊藤圭一（2009）「最低賃金の基礎賃金」最低賃金を引き上げる会編『最低賃金で1ヵ

月暮らしてみました』亜紀書房，pp. 16-25.
内田浩史（2007）「リレーションシップバンキングの経済学」筒井義郎・植村修一編『リレーションシップバンキングと地域金融』東洋経済新報社，第1章，pp. 13-46.
埋橋孝文（2007）「ワークフェアの国際的席捲」埋橋孝文編『ワークフェア——排除から包摂へ？』法律文化社，第1章，pp. 15-45.
江口匡太（2004）「整理解雇規制の経済分析」大竹文雄・大内伸哉・山川隆一編著『解雇規制を考える——法学と経済学の視点』東京大学出版会，第3章，pp. 59-90.
大日康史（2002a）「失業給付によるモラルハザード——就職先希望条件の変化からの分析」玄田有史・中田喜文編『リストラと転職のメカニズム』東洋経済新報社，第8章，pp. 175-194.
大日康史（2002b）「貸し渋りと審査機能」三谷直紀・脇坂明編『マイクロビジネスの経済分析』東京大学出版会，第6章，pp. 145-160.
太田清（2008）「フリーターの中高年齢化」『日本労働研究雑誌』No. 573，pp. 76-79.
太田聰一（1999）「景気循環と転職行動 1965〜94」中村二朗・中村恵編著『日本経済の構造調整と労働市場』日本評論社，第1章，pp. 13-42.
太田聰一（2002）「若年失業の再検討——その経済学的背景」玄田有史・中田喜文編『リストラと転職のメカニズム——労働移動の経済学』東洋経済新報社，第11章，pp. 249-275.
太田聰一（2009）「労働需要の年齢構造——理論と実証」大橋勇雄編著『労働需要の経済学』ミネルヴァ書房，第2章，pp. 74-106.
太田聰一（2010）『若年者就業の経済学』日本経済新聞出版社.
太田聰一・神林龍（2009）「労働需要の実現——企業によるサーチ行動と求人経路選択」大橋勇雄編著『労働需要の経済学』ミネルヴァ書房，第6章，pp. 192-228.
太田聰一・玄田有史（1999）「就業と失業——その連関と新しい視点」『日本労働研究雑誌』No. 466, pp. 2-13.
太田聰一・玄田有史・近藤絢子（2007）「溶けない氷河——世代効果の展望」『日本労働研究雑誌』No. 569, pp. 4-16.
太田聰一・玄田有史・照山博司（2008）「1990年代以降の日本の失業——展望」日本銀行ワーキングペーパーシリーズ No. 08-J-4.
太田聰一・照山博司（2003）「フローデータから見た日本の失業 1980〜2000」『日本労働研究雑誌』No. 516, pp. 24-41.
大竹文雄（2005）「誰が所得再分配政策を支持するのか？」『日本の不平等』日本経済新聞社，第5章，pp. 107-137.
大竹文雄・猪木武徳（1997）「労働市場における世代効果」浅子和美・福田慎一・吉野直行編『現代マクロ経済分析——転換期の日本経済』東京大学出版会，第10章，pp. 297-320.

大竹文雄・太田聰一（2002）「デフレ下の雇用対策」『日本経済研究』No. 44, pp. 22-45.
大橋勇雄（2009）「日本の最低賃金制度について——欧米の実態と議論を踏まえて」『日本労働研究雑誌』No. 593, pp. 4-15.
大橋勇雄・中村二朗（2002）「転職のメカニズムとその効果」玄田有史・中田喜文編『リストラと転職のメカニズム』東洋経済新報社，第7章，pp145-173.
岡村秀夫・齋藤隆志・橘木俊詔（2006）「中小企業金融における取引関係」橘木俊詔・安田武彦編『企業の一生の経済学——中小企業のライフサイクルと日本経済の活性化』ナカニシヤ出版，第2章，pp. 55-78.
奥平寛子（2008）「整理解雇判決が労働市場に与える影響」『日本労働研究雑誌』No. 572, pp. 75-92.
奥平寛子・大竹文雄（2008）「解雇規制——実証結果を巡る議論」『経済セミナー』10月号，日本評論社，pp. 38-45.
小倉義明（2007）「地域金融市場の競争度と新規参入企業の融資利用可能性」筒井義郎・植村修一編『リレーションシップバンキングと地域金融』東洋経済新報社，第3章，pp. 81-100.
小沢修司（2002）『福祉社会と社会保障改革——ベーシックインカム構想の新地平』高菅出版.
小沢修司（2008）「日本におけるベーシックインカムに至る道」武川正吾編『シティズンシップとベーシックインカムの可能性』法律文化社，第8章，pp. 194-215.
加納正二（2007）「リレーションシップバンキングはどのような場合に中断されるのか——関西地域における実証分析」筒井義郎・植村修一編『リレーションシップバンキングと地域金融』東洋経済新報社，第4章，pp. 101-123.
亀山俊朗（2007）「シティズンシップと社会的排除」福原宏幸編『社会的排除／包摂と社会政策』法律文化社，第3章，pp. 74-100.
川口大司（2003）「性差別のマーケットテスト」『わが国における統治構造の変化と生産性の関係に関する調査研究（3）』，pp. 157-176.
川口大司（2004）「女性従業員比率と企業の収益——企業活動基本調査を用いた分析」『経済統計研究』第31巻4号，pp. 75-81.
川口大司（2009）「最低賃金と雇用」大橋勇雄編『労働需要の経済学』ミネルヴァ書房，第8章，pp. 263-291.
川口大司・森悠子（2009）「最低賃金労働者の属性と最低賃金引き上げの雇用への影響」『日本労働研究雑誌』No. 593，pp. 41-54
神林龍（2009）「解雇規制」大橋勇雄編著『労働需要の経済学』ミネルヴァ書房，第9章，pp. 292-317.
北明美（2008）「日本の児童手当制度とベーシックインカム」武川正吾編『シティズンシップとベーシックインカム』法律文化社，第7章，pp. 160-193.

久米良昭（2006）「解雇規制がもたらす社会の歪み」福井秀夫・大竹文雄編著『脱格差社会と雇用法制』日本評論社，第4章，pp. 97-117.
黒澤昌子（2002）「中途採用市場のマッチング――満足度，賃金，訓練，生産性」『日本労働研究雑誌』No. 499, pp. 71-85.
黒澤昌子・玄田有史（2001）「学校から職場へ――「七・五・三」転職の背景」『日本労働研究雑誌』No. 490, pp. 4-18.
経済産業研究所金融・産業研究ネットワーク研究会（2009）「金融危機下の中小企業金融の現状「企業・金融機関との取引実態調査（2008年2月実施）」「金融危機下における企業・金融機関との取引実態調査（2009年2月実施）」の結果概要」, *RIETI Discussion Paper Series09-J-020*.
玄田有史（1997）「チャンスは一度――世代と賃金格差」『日本労働研究雑誌』No. 449, pp. 2-12.
玄田有史（2001）『仕事のなかの曖昧な不安――揺れる若者の現在』中央公論新社.
玄田有史（2004）「転換としての「1997年」」『ジョブクリエイション』日本経済新聞社, 第2章，pp. 39-53.
玄田有史（2008a）「前職が非正社員だった離職者の正社員への移行について」『日本労働研究雑誌』No. 580, pp. 61-77.
玄田有史（2008b）「内部労働市場下位層としての非正規」『経済研究』Vol. 59, pp. 340-356.
玄田有史（2009）「正社員になった非正社員――内部化と転職の先に」『日本労働研究雑誌』No. 586, pp. 34-48.
玄田有史（2010）「2009年の失業――過去の不況と比べた特徴」『日本労働研究雑誌』No. 598, pp. 4-17.
小原美紀，チャールズ・ユウジ・ホリオカ（1999）「借入れ制約と消費行動」樋口美雄・岩田正美編著『パネルデータからみた現代女性』東洋経済新報社，第8章, pp. 225-257.
小原美紀（2002）「失業者の再就職活動――失業給付制度との関係」玄田有史・中田喜文編『リストラと転職のメカニズム』東洋経済新報社，第9章，pp. 195-210.
児玉直美・小滝一彦・高橋陽子（2005）「女性雇用と企業業績」『日本経済研究』No. 52, pp. 1-18.
齋藤隆志・橘木俊詔（2006）「中小企業の存続と倒産」橘木俊詔・安田武彦編『企業の一生の経済学――中小企業のライフサイクルと日本経済の活性化』ナカニシヤ出版, 第6章，pp. 202-226.
坂口尚文（2009）「企業にとっての最低賃金――認識と対応」『日本労働研究雑誌』No. 593，pp. 29-40.
篠崎武久・石原真三子・塩川崇年・玄田有史（2003）「パートが正社員との賃金格差に

納得しない理由は何か」『日本労働研究雑誌』No. 512, pp. 58-73.
島貫智行（2007）「パートタイマーの基幹労働力化が賃金満足度に与える影響――組織内公正性の考え方をてがかりに」『日本労働研究雑誌』No. 568, pp. 63-76.
下山昭夫（2001）「離転職者の求職活動と再就職」猪木武徳・連合総合生活開発研究所編『「転職」の経済学――適職選択と人材育成』東洋経済新報社，第2章，pp. 45-72.
菅野和夫（2008）『労働法（第8版）』弘文堂.
諏訪康雄（2009）「労働法学は労働市場制度改革とどう向き合ってきたか」鶴光太郎・樋口美雄・水町勇一郎編著『労働市場改革』日本評論社，第3章，pp. 71-84.
瀬下博之・中川雅之・山崎福寿（2008）「解雇規制と有期雇用保障契約」『経済セミナー』11月号，日本評論社，pp. 48-56.
高畑雄嗣（2007）「中小企業の資金調達における借り手と貸し手の行動，およびリレーションシップバンキング」『産業経済研究』No. 48，pp. 1-19.
武川正吾（2008）「21世紀社会政策の構想のために――ベーシックインカムという思考実験」武川正吾編『シティズンシップとベーシックインカムの可能性』法律文化社，第1章，pp. 11-42.
橘木俊詔（2000）『セーフティ・ネットの経済学』日本経済新聞社.
橘木俊詔（2001）「失業リスクとワーク・シェアリング」橘木俊詔編『ライフサイクルとリスク』東洋経済新報社，第5章，pp. 103-124.
橘木俊詔（2002）『失業克服の経済学』岩波書店.
橘木俊詔（2005）『消費税15%による公的年金改革』東洋経済新報社.
橘木俊詔（2009a）「働くということ」橘木俊詔編『働くことの意味』ミネルヴァ書房，第1章，pp. 3-29.
橘木俊詔（2009b）「人間にとって余暇とは」橘木俊詔編『働くことの意味』ミネルヴァ書房，第3章，pp. 57-76.
橘木俊詔（2010a）『日本の教育格差』岩波新書.
橘木俊詔（2010b）『安心の社会保障改革――福祉思想史と経済学で考える』東洋経済新報社.
橘木俊詔（2011a）『無縁社会の正体』PHP研究所.
橘木俊詔（2011b）『いま，働くということ』ミネルヴァ書房.
橘木俊詔・浦川邦夫（2006）「“貧困との戦い”における最低賃金の役割」『日本の貧困研究』東京大学出版会，第5章，pp. 151-184.
橘木俊詔・浦川邦夫（2012）『日本の地域間格差（仮題）』日本評論社，近刊.
立道信吾（2005）「人材マネジメント戦略と企業業績」労働政策研究・研修機構，労働政策研究報告書No. 40『成果主義と働くことの満足度――2004年JILPT「労働者の働く意欲と雇用管理のあり方に関する調査」の再集計による分析』，第1章，pp.

4-28.
田中聡一郎（2007）「ワークフェアと所得保障――ブレア政権下の負の所得税型の税額控除の変遷」埋橋孝文編『ワークフェア――排除から包摂へ？』法律文化社，第3章，pp. 65-87.
田村哲樹（2008）「シティズンシップとベーシックインカム」武川正吾編『シティズンシップとベーシックインカムの可能性』法律文化社，第4章，pp. 85-111.
中馬宏之（1998）「「解雇権濫用法理」の経済分析――雇用契約理論の視点から」三輪芳明・神田秀樹・柳川範之編著『会社法の経済学』東京大学出版会，第14章，pp. 425-451.
常木淳（2006）「不完備契約理論に基づく解雇規制法理正当化の問題点」福井秀夫・大竹文雄編著『脱格差社会と雇用法制』日本評論社，第2章，pp. 59-68.
照山博司（2010）「1990年代以降の労働市場と失業率の上昇」『日本労働研究雑誌』No. 597, pp. 2-5.
照山博司・玄田有史（2002）「雇用機会の創出と喪失の変動―― 1986年から1998年の「雇用動向調査」に基づく分析」『日本労働研究雑誌』No. 499, pp. 86-100.
照山博司・玄田有史（2010）「1990年代後半から2000年代前半の雇用深刻化に関する検証――雇用創出・消失の動向と存続・開廃効果への分解」樋口美雄編『バブル／デフレ期の日本経済と経済政策6　労働市場と所得分配』慶應義塾大学出版会，第4章，pp. 137-158.
照山博司・戸田裕之（1997）「日本の景気循環における失業率変動の時系列分析」浅子和美・大瀧雅之編『現代マクロ経済動学』東京大学出版会，第7章，pp. 227-279.
冨田安信（2002）「中小企業における右腕従業員――そのキャリアと貢献度」三谷直紀・脇坂明編『マイクロビジネスの経済分析』東京大学出版会，第8章，pp. 181-195.
中村二朗（2001）「誰が企業を辞めるのか――離職性向と企業内におけるマッチング」猪木武徳・連合総合生活開発研究所編『「転職」の経済学――適職選択と人材育成』東洋経済新報社，第1章，pp. 21-44.
中村二朗（2002）「転職支援システムとしての公的職業紹介機能」『日本労働研究雑誌』No. 506, pp. 26-37.
西本万映子・今野浩一郎（2003）「パートを中心にした非正社員の均衡処遇と経営パフォーマンス」『日本労働研究雑誌』No. 518，pp. 47-55.
八田達夫（2006）「効率化原則と既得権保護原則」福井秀夫・大竹文雄編著『脱格差社会と雇用法制』日本評論社，序章，pp. 1-36.
原ひろみ（2003）「正規労働と非正規労働の代替・補完関係の計測――パート・アルバイトを取り上げて」『日本労働研究雑誌』No. 518, pp. 17-30.
原ひろみ（2005）「新規学卒労働市場の現状――企業の採用行動から」『日本労働研究雑

誌』No. 542, pp. 4-17.
原ひろみ（2009）「非正社員から正社員への転換——正社員登用制度の実態と機能」佐藤博樹編著『人事マネジメント』ミネルヴァ書房，第 9 章，pp. 246-272.
樋口美雄（2001）『雇用と失業の経済学』日本経済新聞社.
樋口美雄（2008）「経済学から見た労働市場の二極化と政府の役割」『日本労働研究雑誌』No. 571, pp. 4-11.
久本貴志（2007）「アメリカにおける福祉離脱者とワーキング・プア——ワークフェアとの関連で」埋橋孝文編『ワークフェア——排除から包摂へ？』法律文化社，第 4 章，pp. 88-139.
平野光俊（2009）「内部労働市場における雇用区分の多様化と転換の合理性」『日本労働研究雑誌』No. 586, pp. 5-19.
福井秀夫（2006）「解雇規制が助長する格差社会」福井秀夫・大竹文雄編著『脱格差社会と雇用法制』日本評論社，第 1 章，pp. 37-58.
福原宏幸（2007）「社会的排除／包摂論の現在と展望」福原宏幸編『社会的排除／包摂と社会政策』法律文化社，第 1 章，pp. 11-39.
堀田聰子（2009）「ミスマッチを軽減する採用のあり方—— RJP を手がかりにして」佐藤博樹編著『人事マネジメント』ミネルヴァ書房，第 4 章，pp103-132.
松繁寿和（2002a）「開業，成長，廃業と雇用創出」三谷直紀・脇坂明編『マイクロビジネスの経済分析』東京大学出版会，第 2 章，pp. 69-82.
松繁寿和（2002b）「中小・零細企業の経営における女性起業家の特徴」『マイクロビジネスの経済分析』東京大学出版会，第 4 章，pp. 69-82.
宮本大・中田喜文（2002）「正規従業員の雇用削減と非正規労働の増加—— 1990 年代の大型小売業を対象に」玄田有史・中田喜文編『リストラと転職のメカニズム——労働移動の経済学』東洋経済新報社，第 4 章，pp. 81-102.
守島基博（2001）「転職経験と満足度——転職ははたして満足をもたらすのか」猪木武徳・連合総合生活開発研究所編『「転職」の経済学——適職選択と人材育成』東洋経済新報社，第 6 章，pp. 141-165.
森信茂樹編（2006）『給付つき税額控除——日本型児童税額控除の提言』中央経済社.
安田武彦（2006）「企業成長と企業行動，加齢効果」橘木俊詔・安田武彦編『企業の一生の経済学——中小企業のライフサイクルと日本経済の活性化』ナカニシヤ出版，第 4 章，pp. 134-164.
八代尚宏（2001）「雇用保険の再検討」猪木武徳・大竹文雄編『雇用政策の経済分析』東京大学出版会，第 8 章，pp. 225-257.
八代尚宏（2009）『労働市場改革の経済学——正社員「保護主義」の終わり』東洋経済新報社.
山本勲（2010）「賃金調整・雇用調整とフィリップス曲線の変化—— 1990 年代の変化と

その背景」樋口美雄編『バブル／デフレ期の日本経済と経済政策 6　労働市場と所得分配』慶應義塾大学出版会，第 2 章，pp. 47-80.
山本拓（1988）『経済の時系列分析』創元社.
山森亮（2009）『ベーシックインカム入門——無条件給付の基本所得を考える』光文社新書.
家森信善（2007）「リレーションシップバンキング機能は強化されたか——関西地域企業アンケートに基づく分析」筒井義郎・植村修一編『リレーションシップバンキングと地域金融』東洋経済新報社，第 2 章，pp. 47-80.
勇上和史（2001）「転職時の技能評価——過去の実務経験と転職後の賃金」猪木武徳・連合総合生活開発研究所編『「転職」の経済学——適職選択と人材育成』東洋経済新報社，第 4 章，pp. 93-113.
勇上和史（2005）「都道府県データを用いた地域労働市場の分析——失業・無業の地域格差に関する考察」『日本労働研究雑誌』No. 539，pp. 4-16.
ラスコン・カストロ・クリスティーナ，松繁寿和（2004）「起業時の借入を決定する要因——企業家の性差は存在するか」『国民生活金融公庫　調査季報』第 70 号，pp. 26-36.
脇田成（2010）『ナビゲート！ 日本経済』筑摩書房.

Atkinson, A. B. (1995), *Incomes and the Welfare State: Essays on the Britain and Europe*, Cambridge: Cambridge University Press.
Autor, D. (2003), "Outsourcing at Will: The Contribution of Unjust Dismissal Doctrine to the Growth of Employment Outsourcing", *Journal of Labor Economics*, Vol. 21(1), pp. 1-42.
Autor, D., Donohue, J. and Schwab, S. (2006), "The Cost of Wrongful Discharge Laws", *The Review of Economics and Statistics*, Vol. 88(2), pp. 211-231.
Blanchflower, D, G., P, B. Levine and D, J. Zimmerman (2003), "Discrimination in the Small-Business Credit Market", *The Reviewof Economics and Statistics*, Vol. 85 (4), pp. 930-943.
Brown, C., C. Gilroy and A. Kohen (1982), "The Effect of the Minimum Wage on Employment and Unemployment", *Journal of Economic Literature*, Vol. 20, No. 2, pp. 487-528.
Card, D. and A, B. Kruger (1995), Myth and *Measurement: The New Economics of the Minimum Wage*, Princeton, Princeton University Press.
Cavalluzzo, K. S., and L. C. Cavalluzzo (1998), "Markets Structureand Discrimination: The Case of Small Business", *Journal of Money, Credit, and Banking*, Vol. 30(4), pp. 771-792.

Dickens, R., S. Machin and A. Manning (1994), "Minimum Wages and Employment: Theory and Evidence from Britain", *Journal of Labor Economics*, Vol. 17, pp. 1-22.

Feldstein, M. (1976), "Temporary Layoffs in the Theory of Unemployment", *Journal of Political Economy*, Vol. 84(5), pp. 937-957.

Fitzpatrick, T. (1999), *Freedom and Security: An Introduction to the Basic Income Debate*, Macmillan.（武川正吾・菊池英明訳（2005）『自由と保障――ベーシック・インカム論争』勁草書房）

Friedman, M. (1962), *Capitalism and Freedom*, Chicago: Universityof Chicago Press.（熊谷尚夫・西山千明・白井孝昌訳『資本主義と自由』マグロ一ヒル好学社，1975年）

Giddens, A. (1982), *Profiles and Critiques in Social Theory*, London:Macmillan Press.

Giddens, A. (1994), *Beyond Left and Right*, Cambridge: Polity Press.（松尾精文・立花隆介訳『左派右派を超えて』而立書房，2002年）

Gough, I. (1979), *The Political Economy of the Welfare State*, London: Macmillan Press.（小谷義次他訳『福祉国家の経済学』大月書店，1992年）

Hardt, M. and A. Negri (2000), *Empire*.（水島一憲・酒井隆史・浜邦彦・吉田俊実訳『帝国――グローバル化の世界秩序とマルチチュードの可能性』以文社，2003年）

Hayek, F. A. (1960), *The Constitution of Liberty*, London and Chicago: Routledge and Kegan Paul, and University of Chicago Press.（気賀建三・古賀勝次郎訳『自由の条件』春秋社，1986/87年）

Heater, D. (1999), *What is Citizenship*, Oxford: Polity Press.（田中俊郎・関根政美訳『市民権とは何か』岩波書店，2002年）.

Iwamoto, Y. and J. Hamaaki (2010), "A Reappraisal of the Incidenceof Employer Contributions to Social Security in Japan", *The Japanese Economic Review*, Vol. 61, No. 3, September, pp. 427-441.

Kawaguchi, D. and K. Yamada (2007), "The Impact of the MinimumWage on Female Employment in Japan", *Contemporary Economic Policy*, Vol. 25, No. 1, pp. 107-118.

Lazear, E. (1990), "Job Security Provisions and Employment", *Quarterly Journal of Economics*, Vol. 105(3), pp. 699-726.

Levitas, R. (2006), *The Inclusive Society*, 2nd edition, Basingstoke:Macmillan Press.

Machin, S. and A. Manning (1994), "The Effects of MinimumWage Dispersion and Employment: Evidence from the U, K, Wages Councils", *Industrial and Labor Relations Review*, Vol. 47, pp. 319-329.

Marshall, T. H. (1965), *Social Policy*, Hutchinson Publishing Group.（岡田藤太郎訳

『社会政策』相川書房，1981 年）
Marshall, T. H.（1981）, *The Right to Welfare*, London: Heinemann.（岡田藤太郎訳『福祉国家・福祉社会の基礎理論』相川書房，1989 年）
Miles, D.（2000）, "Common Law Exceptions to Employment at Will and U, S. Labor Markets", *Journal of Law, Economics and Organaizations*, Vol. 16(1), pp. 74–101.
Munnell, A. G., M. B. Tootell, L. E. Browne and J. McEneaney(1996), "Mortgage Lending in Boston:Interpreting HMDA Data ", *American Economic Review*, Vol. 86(1), pp. 25–53.
Neumark, D., and M. Schuweitzer and W. Wascher（2004）, "Minimum Wage Effects throughout the Wage Distribution", *Journalof Human Resources*, Vol. 39, No. 2, pp. 425–450.
Neumark, D. and W. Wascher（2002）, "Do Minimum Wages Fight Poverty?", *Economic Inquiry*, Vol. 40, No. 3, pp. 315–333.
Neumark, D. and W. Wascher（2007）, "Minimum Wages and Employment:A Review of Evidence from the New Minimum Wage Research", *NBER Working Paper 12663*.
Neumark, D. and W. Wascher（2008）, *Minimum Wages*, MIT Press.
O'Conner, J.（1979）, *The Fiscal Crisis of the State*, New York: St, Martin's Press（1973）.（池上惇・横尾邦夫監訳『現代国家の財政危機』御茶の水書房，1981 年）
Offe, C（1987）"Democracy against the Welfare State", *Political Theory*, Vol. 4, pp. 501–537.
Peck, J.（2001）, *Workfare States*, The Guilford Press.
Petersen, M. A., and R. G. Rajan（1994）, "The Benefits of Lending Relationships: Evidence from Small Business Data", *Journal of Finance*, Vol. 49(1), pp. 3–37.
Pierson, C（1991）, *Beyond the Welfare State*?, Oxford: Basic Blackwell.（田中浩・神谷直樹訳『曲がり角にきた福祉国家』未来社，1996 年）
Rawls, J.（2001）, *Justice as Fairness: A Restatement*, The Belknap Press of Harvard University Press.（田中成明・亀本洋・平井亮輔訳『公正としての正義再説』岩波書店，2004 年）
Shannon, M.（1996）, "Minimum Wages and the Gender Wage Gap", *Applied Economics*, December, pp. 1567–1576.
Silver, H.（2006）"Social Exclusion", Encyclopedia of Sociology, Oxford: Blackwell.
Stiglitz, J., and A. Weiss（1981）, "Credit rationing in markets with imperfect information", *American Economic Review*, Vol. 71, pp. 393–410.
Tachibanaki, T., H. Fujiki and S. Nakata（2001）, "Structural Issues in the Japanese Labor Market: An Era of Variety, Equity, and Efficiency or an Era of

Bipolarization", *Bank of Japan Monetaryand Economic Studies*, Vol. 19, pp. 177–211.

Tachibanaki, T. and Y. Yokoyama (2008), "The Estimation of the Incidence of Employer Contributions to Social Security in Japan", *The Japanese Economic Review*, Vol. 59, No. 1, March, pp. 75–83.

Uchida, H., G. F. Udell and N. Yamori (2006), "Loan officers and relationship lending", *RIETI Discussion Paper Series* 06-E-31.

Van Parijs, P. (2006a) "Basic Income: A Simple and Powerful Idea for the Twenty-First Century" in E, O, Wright ed. *Redesigning Dis-194 tributive Basic Income and Stakeholder grants at Alternative Cornerstones for a more egalitarian capitalism*, Verso.

Van Parijs, P. (2006b) "Basic Income: A Just Idea—" a paper prepared for the presentation at the IPSA Congress.

Waldfogel, Joel (1993), "The Deadweight Loss of Christmas", *American Economic Review*, Vol. 83(5), pp. 1328–1336.

Werner, G. (2007)『ベーシックインカム——基本所得のある社会へ』渡辺一男訳，現代書館.

White, S. (2003), *The Civic Minimum: On the Rights and Obligations of Economic Citizenship*, Oxford University Press.

索　引

た　行

な　行

は　行

ま　行

や　行

ら・わ　行

アルファベット

[著者紹介]

橘木　俊詔（たちばなき・としあき）
1943年生まれ．小樽商科大学卒業，大阪大学大学院，米ジョンズ・ホプキンス大学大学院修了（Ph. D.）．京都大学教授を経て，現在，同志社大学経済学部教授．
【主要著書】
『日本の経済格差』（1998年，岩波新書）
『戦後日本経済を検証する』（編著，2003年，東京大学出版会）
Confronting Income Inequality in Japan（2005，MIT Press）
『格差社会：何が問題なのか』（2006年，岩波新書）
『女女格差』（2008年，東洋経済新報社）
『学歴格差の経済学』（2009年，勁草書房）
『いま，働くということ』（2011年，ミネルヴァ書房）

高畑　雄嗣（たかばたけ・ゆうじ）
1975年生まれ．京都大学経済学部卒業，京都大学大学院経済学研究科博士課程修了．博士（経済学）．現在，久留米大学経済学部准教授．
【主要論文】
「税・社会保障制度と女性の働き方」橘木俊詔編『日本経済の実証分析』（東洋経済新報社，2007年）．

働くための社会制度

2012年3月19日　初　版

[検印廃止]

編　者　橘木俊詔（たちばなきとしあき）・高畑雄嗣（たかばたけゆうじ）

発行者　財団法人　東京大学出版会
代表者　渡辺　浩
113-8654　東京都文京区本郷7-3-1 東大構内
電話 03-3811-8814　FAX 03-3812-6958
振替 00160-6-59964

印刷所　株式会社平文社
製本所　矢嶋製本株式会社

ISBN 978-4-13-040254-5　Printed in Japan